자기주도 한자

저자 박종대

북치는마을

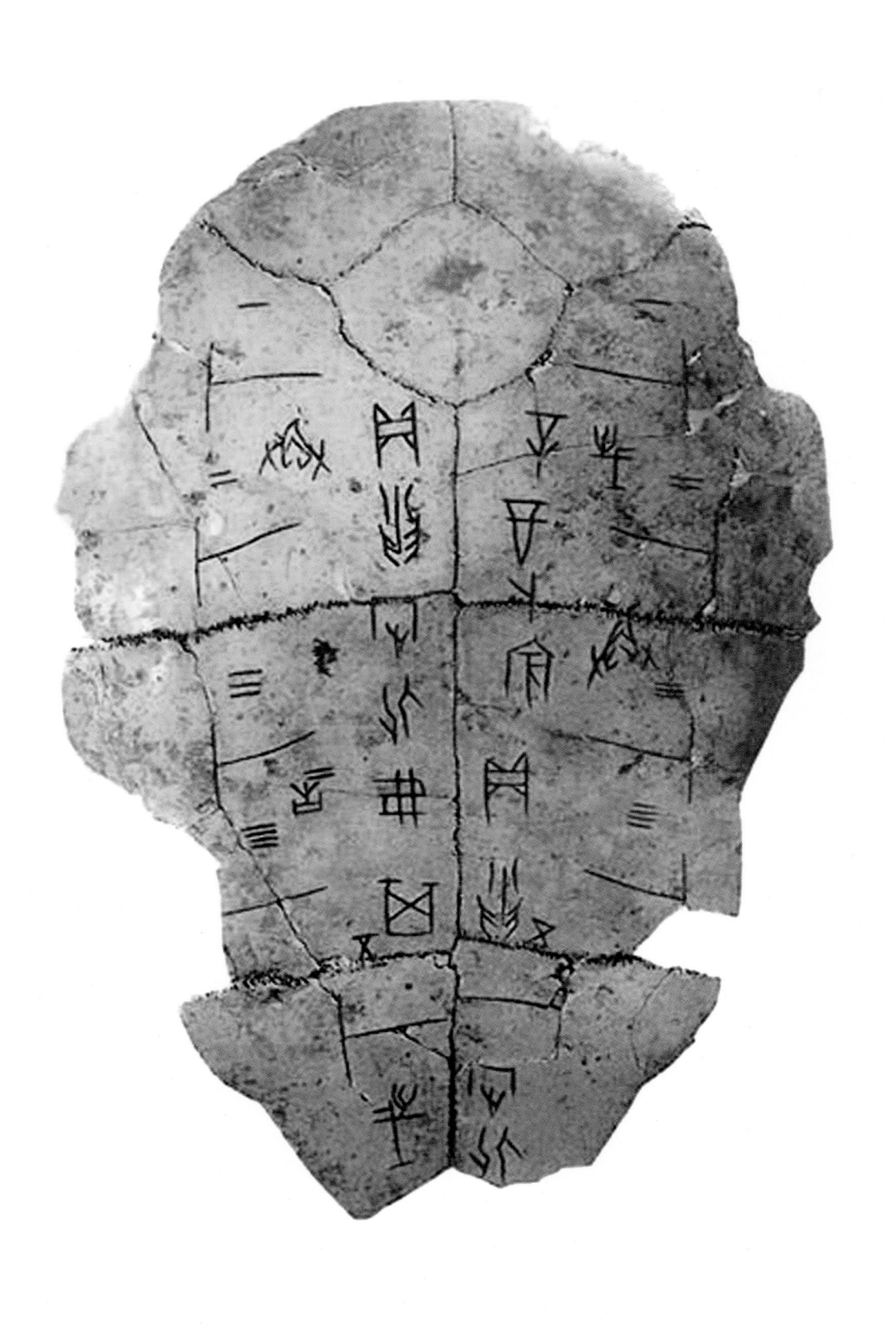

龜腹甲刻辭(귀복갑각사)

은나라 갑골문자

牛肩胛骨刻辭(우견갑골각사)

은나라 갑골문자

머리말

　21세기는 한자 문화권 안에서의 의사소통이 이루어져야 하는 시대가 왔다. 역사의 흐름이다. 동양 문화에 대한 관심이 날로 커지면서 한자 사용 빈도는 기업체를 중심으로 더욱 늘어나고 있는 것이 오늘날의 추세다. 우리 언어생활 가운데 한자가 차지하는 비중이 70%가 넘는다. 한자를 공부하여야 하는 주된 이유는 우리 국어를 좀 더 분별력 있게 학습하기 위함이다.

　2005년도 수능부터 제2외국어로 한문이 추가됨은 물론, 대학입시에서 특기자 전형이나 면접에 가산점을 부여하고 있으며 대학조차 졸업 논문을 대신할 정도로 한자 자격증을 필요로 하는 학교가 늘어나고 있다. 기업체까지 가세하여 한자 자격증 소지자를 원하고 있는 것이 오늘날의 실정임을 되새겨 볼 필요가 있다. 이에 한자를 어떻게 하면 배우기 쉽고 이해할 수 있는 책은 없는지? 늘 고민하던 중 옛 고도로 발달한 은(상)나라의 상형 문자인 갑골문 서체부터 현대 해서적 필사에 이르기까지 당대별 서체를 보여주면서, 자원풀이와 함께 읽고 써 나갔더니 기존의 학습 방법보다는 이해 속도가 훨씬 빠르다는 것을 학생들을 지도하면서 알게 되었다.

　필자는 한자 강의안을 토대로 하여 집필하기로 펜을 든 후 많은 시행착오를 겪으면서 지면에 옮기기로 하였다. 책장을 넘겨보면 활자가 선명히 눈에 들어올 수 있도록 일면에 다섯 자씩 배열한 후, 눈으로 보면서 고대 문자인 갑골문·금문과 대조해가며 읽고 써본 결과 학생들의 반응이 좋았음을 강의를 통해 입증되었다. 이러한 강의 해설서를 책으로 엮어 놓은 것이 학생들을 위시하여 일반인(기초한자)에 이르기까지 보기 좋도록 꾸며 놓은 책이라 보면 될 것이다. 학부모와 학생들의 반응이 상대적으로 좋았으며 이해 속도가 빠르다는 것을 이구동성으로 이야기를 해 주었다.

　본 저자는 잡다한 설명은 가급적 피하고 한자의 형성 발전과 그 설명 및 쓰기에 무게를 두었다. 한자 급수대비는 물론이거니와 자원 설명이 주는 의미가 최초의 은나라 갑골문자에 그 숨은 비밀이 있다는 것을 독자는 이 책을 통하여 확인할 수 있으시길 바란다. 당대의 서체별 단계는 갑골문-금문-소전-예서-해서(첫 글자)-초소-행서로 선정하였으며 5백 자의 기초한자를 통하여 3千 한자에 이르기까지 다양한 서체를 감상해보고 써보기를 권한다. 특히 서예를 공부하시는 서예학우에게도 더 없는 기초 자료가 될 것으로 믿는다.

　끝으로 이 책이 쓰여질 수 있도록 묵정밭을 일구어낸 숨은 갑골학자 및 국내외 서예가, 문자학자께 머리 숙여 감사드린다.

청단

남산곡 청예학당에서　박종대 씀

일러두기

1. 훈·음과 필순 등은 한국어문회에 따랐으며 한자검정대비 5급 학습 교재로 엮었다.

2. 이해하기 쉽도록 강의용 한자지도안을 수정·보완하여, 1면은 자원설명 2면은 한자 쓰기 부분을 두어 익히기 쉽도록 꾸몄다.

3. 한자의 서체는 전각상용자자전(서법대가) 등을 참고하여 동일한 굵기로 필자가 손수 붓으로 그렸다.

4. 갑골문 자형부터 해서의 자형에 이르기까지, 자형변화별로 7서체를 가로로 배열하여 시각효과를 극대화하였다.

5. 검색을 위하여 모든 한자의 급수는 가나다순으로 배열시켰다. 책장을 넘기면 첫 글자(해서)를 중심으로 35자를 한 눈에 볼 수 있도록 꾸몄으며 다음 장에는 곧바로 한자를 쓰도록 구성하였다.

6. 서체의 다양성으로 인해 각 서체별로 가장 일반적인 대표한자 1개만을 선정하여야 하는 아쉬움이 있다.

7. 자형이 아직 발견되지 않았거나 연구 중에 있는 한자는 비워(□로 표시) 두었으며, 고대문자(갑골·금문·소전)가 궐루(빠진)된 자형이라도 동자인 한자가 존재하는 경우에는 그에 해당하는 서체를 첨가하여 이해의 폭을 높였다.

8. 자원설명은 학계에서 인정된 제학설 및 갑골문과 일치된 합리성을 바탕으로 정리하여 썼다고는 하나 천학비재한 필자로서는 오류를 범한 부분이 적지 않을 것이며 설명이 부족한 부분은 각설을 달았다.

9. 참고한 국·내외 문헌은 이 책의 후미에 책명 및 저자를 밝혀 두었다.

10. 한자의 훈과 음에 이어 부수의 뜻과 놓인 위치에 따른 명칭을 모두 보였다.

11. 8~5급까지 급수별로 분리되어 1단계가 끝나면 곧바로 훈과 음 및 쓰기 연습을 하도록 중간 점검문제를 수록하였다.

12. 자원설명 바로 하단에 ☞ 이나 ※표시는 중요하거나 좀 더 깊게 알기 위한 참고 표시로, 초보자는 그냥 넘어가도 좋다. 문자 터득 후 나중이라도 꼭 읽기를 권한다.

13. 부록에는 급수별로 일목요연하게 한눈으로 볼 수 있도록 재정리하여 두었다.

14. 서예를 배우는 서예 학우에게도 고대 서체를 익히는 데 조금이라도 도움이 되기를 희망한다.

15. 한자 원류를 통하여 한자 익힘은 물론 한자의 기초를 닦는 데 밑거름이 되길 소원하며 내용의 폭과 깊이에 대한 애독자 여러분들의 고견을 기다린다.

육서(六書 : 한자가 만들어지는 원리)

중국 후한 때의 경전학자이며 문자학자인 허신이 편찬한(A.D. 100년) 설문해자(9,353字)에 그의 사상과 육서라는 방법에 잘 드러나 있으며, 글자 창제 당시의 본의를 밝히는 문자학의 최고 원류를 형성했던 인물이다. 육서란! 한자의 성립을 6가지로 나누어 설명하는 분류법을 말하는데 부수를 도입하여 그 명칭을 최초로 사용한 인물이기도 하다.

☞ 부수(部首) : 뜻을 결정하는 기본 요소
☞ 한자의 3요소 : 形(형=모양)·音(음=소리)·義(의=뜻)

1. 상형문자(象形文字)

구체적인 사물의 모양을 본떠서 만든 글자를 상형문자라 한다

$$⊟ → ⊙ → 日 → 日 (해 \quad 일)$$
$$☽ → ☾ → 尹 → 月 (달 \quad 월)$$
$$龍 → 龍 → 龍 → 龍 (용 \quad 룡)$$
$$虎 → 虎 → 虎 → 虎 (범 \quad 호)$$

2. 지사문자(指事文字)

구체적인 모양으로 나타낼 수 없는 개념이나 관념 등을 점(·)이나 선(—) 또는 부호로 나타낸 글자를 지사문자라 한다

$$⌣ → ⌣ → 上 → 上 (위 \quad 상)$$
$$⌢ → ⌢ → 下 → 下 (아래 \quad 하)$$
$$丹 → 丹 → 中 → 丹 (붉을 \quad 단)$$
$$中 → 中 → 中 → 中 (가운데 \quad 중)$$

3. 회의문자(會意文字)

이미 만들어진 두 개 이상의 글자(상형과 지사의 방법)가 독음과는 관계없이 뜻과 뜻으로 결합하여 새로운 뜻을 가진 글자를 만드는 방법이 있는데 이것을 회의문자라 한다

☞ 日+生=星(별 \quad 성)

$$好 → 好 → 好 → 好 (좋을 \quad 호)$$
$$男 → 男 → 男 → 男 (사내 \quad 남)$$
$$明 → 明 → 明 → 明 (밝을 \quad 명)$$

4. 형성문자(形聲文字)

뜻을 나타내는 부분과 음을 나타내는 부분이 결합하여 만들어진 글자를 **형성문자**라 한다

$$\text{ᛊ} \rightarrow \text{ᛊᛊ} \rightarrow \text{聞} \rightarrow \text{聞 (들을 문)}$$

$$\text{ᛊ} \rightarrow \text{ᛊᛊ} \rightarrow \text{洋} \rightarrow \text{洋 (큰바다 양)}$$

☞ 회의문자는 '**음**'과 상관이 없이 오로지 새로운
뜻만을 나타내나, 형성문자는 그 한자 속에
발음이 들어있다는 것이 다르다

5. 전주문자(轉注文字)

글자 자형은 그대로이나 그 글자가 가지고 있는 본래의 뜻(본의)이 확대되어 기존의 뜻과는
전혀 다른 뜻과 음으로 사용되는 경우가 있는데 이것을 **전주문자**라 한다

$$\text{ᛊ} \rightarrow \text{ᛊᛊ} \rightarrow \text{降} \rightarrow \text{降 (내릴 강)} \quad \text{전의 : 항복할(항)}$$

$$\text{ᛊ} \rightarrow \text{ᛊᛊ} \rightarrow \text{樂} \rightarrow \text{樂 (풍류 악)} \quad \begin{array}{l}\text{전의 : 즐거울(락)} \\ \text{전의 : 좋아할(요)}\end{array}$$

$$\text{ᛊ} \rightarrow \text{ᛊᛊ} \rightarrow \text{惡} \rightarrow \text{惡 (악할 악)} \quad \text{전의 : 미워할(오)}$$

6. 가차문자(假借文字)

새로운 개념을 표기하고자 하나 그러한 글자가 없을 때에는 본래의 뜻과는 상관없이 음이
같은 다른 글자를 빌어서 쓰는 문자다. 즉 음역하여 쓰이는 문자를 **가차문자**라 한다

이집트 → 埃及(애급)	오스트레일리아 → 濠洲(호주)
그리스 → 希臘(희랍)	잉글랜드 → 英國(영국)
로마 → 羅馬(라마)	인디아 → 印度(인도)
아시아 → 亞細亞(아세아)	로스엔젤레스 → 羅城(나성)
베트남 → 越南(월남)	이탈리아 → 伊太利(이태리)
네덜란드 → 和蘭(화란)	달러(dollar) → 弗(불)
홍콩 → 香港(향항)	베를린 → 伯林(백림)
스웨덴 → 瑞典(서전)	덴마크 → 丁末(정말)
프랑스 → 佛蘭西(불란서)	인도네시아 → 印尼(인니)
필리핀 → 比率賓(비율빈)	폴란드 → 波蘭(파란)
스페인 → 西班牙(서반아)	파리 → 巴利(파리)
유럽 → 歐羅巴(구라파)	예수 → 耶蘇(야소)
터어키 → 土耳其(토이기)	코카콜라 → 可口可樂(가구가락)
포루투갈 → 葡萄牙(포도아)	丁丁(정정) → 쩡쩡(나무 찍는 소리)
러시아 → 露西亞(로서아), 俄羅斯(아라사)	翩翩(편편) → 훨훨(나는 모양)

부수의 위치에 따른 8가지 명칭 (한자의 모양을 □로 볼 때)

부수란! 자형 형태의 성립에 따라 분류하는 방법으로, 그 분류된 무리들을 각각 '부'라고 하며 그 대표문자를 부수라 칭한다. 부수의 숫자는 우리나라에서 총 214자로 쓰이고 있다.

변(邊) : 부수가 글자의 왼쪽 부분을 차지하는 한자

仙 : 사람   인(亻=人)변부

祝 : 보일   시(示=礻)변부

院 : 언덕   부(阝=阜)변부   ☞ 阝 : 좌부변

방(傍) : 부수가 글자의 오른쪽 부분을 차지하는 한자

郡 : 고을   읍(阝=邑)방부   ☞ 阝 : 우부방

別 : 선칼   도(刂=刀)방부

放 : 칠   복(攵=攴)방부

머리(관) : 부수가 글자의 위쪽 부분을 차지하는 한자

答 : 대   죽(⺮=竹)머리부

安 : 집   면(宀)머리부

雪 : 비   우(雨)머리부

발(다리) : 부수가 글자의 아래쪽 부분을 차지하는 한자

然 : 불   화(灬=火)발부

念 : 마음   심(心=忄)발부

盟 : 그릇   명(皿)발부

엄(밑=수) : 부수가 글자의 위쪽에서부터 왼쪽에 걸쳐 있는 한자

展 : 주검   시(尸)엄부

考 : 늙을   로(老=耂)엄부

病 : 병들어 누울 녁(疒)엄부   ☞ 疒 : 병질(病疾)엄이라고도 함

몸(에운담) : 부수가 글자를 에워싸거나 위·아래·옆이 터진 3면으로 감싼 한자

間 : 문   문(門)몸부   ☞ 口, 凵, 冂, 匚, ｜｜

出 : 입벌릴 감(凵)몸부,   國 : 에울   위(囗)몸부

區 : 감출 혜(匚)몸부,   術 : 다닐   행(行)몸부

받침 : 부수가 왼쪽에서부터 아래쪽에 걸쳐있는 한자

道 : 쉬엄쉬엄 갈 착(辶=辶=辵)받침부

建 : 길게 걸을 인(廴)받침부   ☞ 辶 : 책받침이라고도 함

起 : 달릴   주(走)받침부   ☞ 廴 : 민책받침이라고도 함

제(諸)부수 : 한 글자 전체가 그대로 부수인 한자(주로 **'상형문자'**에 해당)

龍 : 용   룡(龍)부

弓 : 활   궁(弓)부

山 : 산   산(山)부

한자의 일반적 필순

한자를 쓸 때에는 일정한 규칙이 따른다. 이것은 순서에 따라 편리하게 쓰기 위함과 바른 글씨를 쓰는데 그 목적이 있다. 붓을 종이에 한 번 대었다가 뗄 때까지 이루어진 **점**이나 **선**을 **획**이라 하고, 획을 그어 글자를 만들어 가는 일련의 순서를 **획순**(畫順) 또는 **필순**(筆順)이라 한다.

필순에는 다음과 같은 기본 원칙이 있다

1. 위에서 아래로 쓴다.
　　예) 二, 三, 言

2. 왼쪽에서 오른쪽으로 쓴다.
　　예) 刂, 川, 湖

3. 가로획과 세로획이 교차될 때에는 가로획을 먼저 쓰고, 세로획은 나중에 쓴다.
　　예) 十, 士, 木

4. 좌우 대칭일 때는 가운데 획을 먼저 쓰고, 왼쪽과 오른쪽의 순서로 쓴다.
　　예) 小, 水, 樂

5. 몸(둘러싼 모양)을 먼저 쓴다.
　　예) 國, 同, 門

6. 글자 전체를 꿰뚫는 가로획은 맨 나중에 쓴다.
　　예) 女, 母, 子

7. 글자 전체를 꿰뚫는 세로획은 맨 나중에 쓴다.
　　예) 車, 中, 事

8. 삐침(丿)과 파임(㇏)이 만날 때에는 항상 삐침을 먼저 쓴다.
　　예) 人, 入, 八

9. 오른쪽 위의 점이나 아래쪽 점은 맨 나중에 찍는다.
　　예) 犬, 代, 太

10. 받침은 맨 나중에 쓴다.　☞ 廴(길게 걸을 **인**)과 辶(쉬엄쉬엄 갈 **착**)
　　예) 建, 近, 直

11. 받침으로 쓰이는 글자가 있어도 走(주)나 是(시), 免(면) 등은 먼저 쓴다.
　　예) 起, 題, 勉

　　　　<예외>　世 : 가로획(一)을 먼저 쓴다.
　　　　　　　　火 : 가운데(人)획은 나중에 쓴다.

한자의 서체 시대적 변화

1. 갑골문(甲骨文) : **B.C. 15세기경 은왕조 시대 때 사용된 문자**

갑골문은 3500년 전 중국 은왕조 때 사용된 것으로 현존하는 중국 최고의 문자다. 거북의 등딱지나 배딱지(대부분 배딱지에 새김) 혹은 소의 어깨뼈 등에 거북점을 치고 그 내용을 정인(貞人)이 칼로 새겨 기록한 문자로, 갑골문 대다수가 그림의 성격이 강하며 서체가 가늘고 긴 것이 특징이다. 귀갑수골문자, 은허문자, 계문, 복사(卜辭)라고도 칭한다.

2. 금문(金文) : **B.C. 11세기초 주왕조가 들어선 서주시대(西周時代) 때 사용된 문자**

청동기를 제작할 때 주물 틀에 새겨 넣어 만든 글자다. 종이나 솥에 새겼다 하여 종정문(鐘鼎文)이라고도 하며 아직까지도 그림의 성격에서 크게 벗어나지 않은 서체로서, 갑골문에 비해 자형이 굵고 둥근 형태가 특징이다. 명문(銘文), 길금문, 이기문자, 종정이기문자라고도 칭한다.

3. 소전(小篆) : **B.C. 3세기 진시황제(秦始皇帝) 때 사용된 문자**

진시황제 때 통일 서체로 발전한 전서는 대전(통일 이전)과 소전으로 나누지만 우리가 말하는 전서라 함은 주로 소전을 지칭한다. 모든 획이 둥글며 가지런하여 가장 아름다운 서체라 할 수 있으며 주로 서예나 인장 등에 새길 때 전서를 많이 애용한다. 진전(秦篆)이라고도 칭한다.

4. 예서(隷書) : **B.C. 3세기 소전과 함께 진시황제(秦始皇帝) 때 사용된 문자**

관청의 하급관리들이 행정적 실용성이 중시되었던 진나라 시절에 쉽고 빠른 필사를 위해 소전의 둥근 획을 직선형으로 넓게 변형시킨 서체다. 소전에서 예서로의 변형(예변)으로 인하여 이체자가 상당수에 이른다. 한자의 자형이 예서에 와서 모두 갖추게 되었다. → 한대의 공식서체로 발전.

5. 초서(草書) : **B.C. 2세기 중국 전한(前漢)시대 때 사용된 문자**

한자를 쓸 때 흘려서 쓴 서체로 발전하기는 하였으나, 정도가 지나쳐 실용성 면에서는 그 가치가 현저히 떨어져 예술의 세계인 서예가들에게 주로 통용되는 서체로 자리 매김하고 있다. 왕희지, 왕헌지 부자에 이르러 초서의 절정기를 이루었다. 흘림체, 반초라고도 칭한다.

6. 행서(行書) : **A.D. 1세기 후한(後漢) 때 사용된 문자**

방정하고 규격화된 해서의 단점과 지나치게 흘려 쓴 초서의 단점을 보완한 간단한 필기형의 중간서체로서의 그 가치가 있다. 중국 후한 초기의 류덕승(劉德昇)에 의해 쓰기 시작하였다고 알려져 있다. 해서와 초서의 중간서체로 반 흘림체라고도 칭한다. → 서체 중 행서는 가장 실용적 서체.

7. 해서(楷書) : **A.D. 2세기 진한 교체기인 후한(後漢) 때 예서와 함께 사용된 문자**

후한 때부터 사용되기 시작하여 위진남북조를 거치면서 당대 표준 서체가 된 해서는 서체 중 가장 방정하고 모범적인 자형으로 굳어졌다. 일점일획이라는 규격에 대표자형으로 삼을만하다 하여 붙여진 명칭으로, 현재 우리가 일반적으로 보고 쓰는 한자의 대표적 자형이다. 眞書(진서)라고도 칭한다. 그 후 중국 정부가 문자개혁의 일환으로 번잡한 한자를 간략화 하여 한자간화방안을 공포함으로써 간체자가 공인 실용화에 서게 되었다. 〈1956年 간화자 보급〉

※ 간화자를 간체자로도 부름
☞ 한국해서(번체자), 중국해서(간체자)

한자의 서체 변천표

形音義 명칭	馬 말 마	鹿 사슴 록	象 코끼리 상	射 쏠 사	眉 눈썹 미	母 어미 모
갑골문						
금문						
소전						
예서	馬	鹿	象	射	眉	母
해서	馬	鹿	象	射	眉	母
초서						
행서	馬	鹿	象	射	眉	母
간화자	马	鹿	象	射	眉	母

목 차

主夏二千十二年 潯暑之日
惠和書學堂主人拈筆

安居不用架高堂
書中自有黃金屋

거처를 편안히 하려고
높은 집 지을 필요도 없으니
책 속에 절로 황금의
집이 있다오

배움은
추구할 때는
따라잡지 못할 듯
걱정하며

열심히 노력하고

또하려
그렇듯한 것을
잃어 버릴까

두려워 해야 한다

乙丑 菊秋佳日 錄論語句
惠和堂主人書

8級 50字 漢字 읽고 쓰기

8 級
배정한자 50字(부수 포함)

教	가르칠 교 칠 복(攵=攴)방부	先	먼저 선 어진 사람 인(儿)발부
校	학교 교 나무 목(木)변부	小	작을 소 작을 소(小)부
九	아홉 구 새 을(乙=乚)부	水	물 수 물 수(水=氵=氺=水)부
國	나라 국 에울 위(囗)몸부	室	집 실 / 방 실 집 면(宀)머리부
軍	군사 군 수레 거(車)발부	十	열 십 열 십(十)부
金	쇠 금 / 성(姓) 김 쇠 금(金)부	五	다섯 오 두 이(二)부
南	남녘 남 열 십(十)머리부	王	임금 왕 구슬 옥(王=𤣩=玉)부
女	계집 녀 계집 녀(女)부	外	바깥 외 저녁 석(夕)변부
年	해 년 방패 간(干)부	月	달 월 달 월(月)부
大	큰 대 큰 대(大)부	二	두 이 두 이(二)부
東	동녘 동 나무 목(木)부	人	사람 인 사람 인(人=亻)부
六	여섯 륙 여덟 팔(八=八)발부	一	한 일 한 일(一)부
萬	일만 만 풀 초(艹=艸)머리부	日	날 일 / 해 일 해 일(日)부 / 날 일(日)부
母	어미 모 말 무(毋)부	長	긴 장 / 어른 장 긴 장(長)부
木	나무 목 나무 목(木)부	弟	아우 제 활 궁(弓)부
門	문 문 문 문(門)부	中	가운데 중 뚫을 곤(丨)부
民	백성(百姓) 민 성씨 씨(氏)부 / 각시 씨(氏)부	青	푸를 청 푸를 청(青)부
白	흰 백 흰 백(白)부	寸	마디 촌 마디 촌(寸)부
父	아비 부 아비 부(父)부	七	일곱 칠 한 일(一)부
北	북녘 북 / 달아날 배 비수 비(匕)방부	土	흙 토 흙 토(土)부
四	넉 사 에울 위(囗)몸부	八	여덟 팔 여덟 팔(八=八)부
山	메 산 메 산(山)부	學	배울 학 아들 자(子)발부
三	석 삼 한 일(一)부	韓	한국 한 / 나라 한 다룸가죽 위(韋)방부
生	날 생 날 생(生)부	兄	형 형 어진 사람 인(儿)발부
西	서녘 서 덮을 아(西=覀=襾)부	火	불 화 불 화(火=灬)부

1	갑골문	금 문	소 전	예 서	초 서	행 서	
教	教	教	教	教	教	教	教室(교실)

| | 教學(교학) |
| 가르칠 교 | (字源풀이) 한 손으로 회초리를 들고 아이에게 셈 공부를 하도록 독려하고 있는 모습으로 '가르치다'의 뜻이 나왔다. ※첫 글자 教자는 시대적 서체 가운데 해서체로, 예서체에서 변한 서체이다
※教(교) : 우리의 약자이며 중국의 간화자(간체자)에 해당한다 | 國教(국교)
外教(외교) |

2	갑골문	금 문	소 전	예 서	초 서	행 서
校	校	校	校	校	校	校

校外(교외)
校長(교장)
母校(모교)
學校(학교)

(字源풀이) 나무(木)를 서로 교차하여 만든 책, 걸상이 있는 장소에서 공부를 하는 곳이라는 데서 '학교'의 뜻이 되었다.
※우리는 이제 한자의 원조라고 하는 갑골문부터 현재 사용하고 있는 해서체에 이르기까지 시간 여행을 하게 될 것이다

학교 교

3	갑골문	금 문	소 전	예 서	초 서	행 서
九	九	九	九	九	九	九

九門(구문)
九十(구십)
九月(구월)
九日(구일)

(字源풀이) 갑골문 자형은 사람의 팔꿈치를 본뜬 글자(肘)다. 손목과 팔꿈치 부분에서 두 번 겹쳐 굽혔다 폈다하는 모습으로, 오늘날 숫자 9로 빌려 쓰게 되어 '아홉'의 뜻이 되었다.
☞ 肘(팔꿈치 주)

아홉 구

4	갑골문	금 문	소 전	예 서	초 서	행 서
國	國	國	國	國	國	國

國軍(국군)
國民(국민)
國外(국외)
國土(국토)

(字源풀이) 창(戈)을 들고 국민과 영토를 지키는 구역이 나라라는 데서 '나라'의 뜻이 되었다.
※國文(국문) : 자기 나라에서 쓰는 고유한 글
※國字(국자) : 우리나라에서는 한글과 한자

나라 국

5	갑골문	금 문	소 전	예 서	초 서	행 서
軍	軍	軍	軍	軍	軍	軍

軍民(군민)
軍人(군인)
大軍(대군)
一軍(일군)

(字源풀이) 전차 부대로 둘러싸여(勹)있는 군영 모습을 그린 글자다. '군영', '군사'의 뜻이 되었다.
※軍營(군영) : 군대가 주둔하는 곳. 營(경영할 영)
※軍談(군담) : 전쟁 이야기. 談(말씀 담)

군사 군

한자 쓰기

教 攵=攴, 총11획 가르칠 교	ノ メ メ 差 差 差 孝 孝 教 教 教						
校 木, 총10획 학교 교	一 十 才 木 木 才 术 术 术 校 校						
九 乙=し, 총2획 아홉 구	ノ 九						
國 口, 총11획 나라 국	丨 冂 冂 用 用 用 同 同 國 國 國 國						
軍 車, 총9획 군사 군	ノ 冖 冖 冚 冚 冒 冒 宣 軍						

6	갑골문	금 문	소 전	예 서	초 서	행 서
金	金	⽫	金	金	金	金

쇠 　 금 성 　 김	(字源풀이) 도가니에 든 쇳물을 주입구에 붓고 있는 모습이다. 튀는 쇳물을 검은 점으로 표시하여 '쇠'의 뜻이 되었다. ※사람의 성 앞에 쓰이는 경우나 특수한 지명일 때 '김'으로 발음한다 ※전라북도 金堤(김제), 경상북도 金泉(김천), 경기도 金浦(김포)

金門(금문)
萬金(만금)
白金(백금)
金先生
(김선생)

7	갑골문	금 문	소 전	예 서	초 서	행 서
南	峕	南	南	南	甴	南

남녘 　 남	(字源풀이) 타악기의 일종인 鐘(종) 모양을 본뜬 글자다. 중국 남방민족이 사용하였던 '남'이라는 악기 이름으로, 그 음을 빌려 '남녘', '남쪽'의 뜻이 되었다. ※南大門(남대문) : 예전에 숭례문으로 현 우리나라 국보 1호

南門(남문)
南山(남산)
南韓(남한)
南大門
(남대문)

8	갑골문	금 문	소 전	예 서	초 서	행 서
女	屮	屮	虔	女	屮	女

계집 　 녀	(字源풀이) 한 여자가 두 손을 얌전히 모아 가슴에 올려놓은 채 무릎을 꿇고 다소곳이 앉아있는 모습으로 '여자', '계집'의 뜻이 되었다. ※두음법칙(頭音法則) : 우리말의 첫소리의 ㄹ과 중모음 앞의 ㄴ이 각각 ㄴ·ㅇ으로 발음되는 것. ※녀군(X), 여군(O)

女軍(여군)
女大(여대)
女人(여인)
女大生
(여대생)

9	갑골문	금 문	소 전	예 서	초 서	행 서
年	秀	秀	秊	年	年	年

해 　 년	(字源풀이) 익은 벼를 어깨에 짊어지고 가는 모습이다. 벼농사에서 벼를 수확하려면 1년이란 시간과 노력이 필요함과 동시에 한 해가 간다는 의미에서 '나이', '해'의 뜻이 되었다. ☞ 年=秊(동자 이체자) : 훈과 음이 같으면서 자체가 다른 글자

年金(연금)
年中(연중)
中年(중년)
學年(학년)

10	갑골문	금 문	소 전	예 서	초 서	행 서
大	大	大	大	大	大	大

큰 　 대	(字源풀이) 정면을 바라보고 두 팔과 두 다리를 벌리고 서있는 성숙한 사람의 모습(大人)을 그린 글자로 '크다'의 뜻이 되었다. ※大丈夫(대장부) : 사내답고 씩씩한 남자 ☞ 犬(개 견), 太(클 태), 丈(어른 장)

大國(대국)
大門(대문)
大王(대왕)
大韓(대한)

한자 쓰기

金	ノ 人 人 全 全 全 金 金					
金, 총8획 쇠 금						

南	一 十 十 十 内 内 内 南 南 南					
十, 총9획 남녘 남						

女	く 女 女					
女, 총3획 계집 녀						

年	ノ ヒ ヒ ヒ 上 年					
干, 총6획 해 년						

大	一 ナ 大					
大, 총3획 큰 대						

11	갑골문	금 문	소 전	예 서	초 서	행 서
東						
동녘 동	(字源풀이) 갑골문에는 전대 모양의 양쪽 끝이 터진 **자루** 안에 **물건**을 넣은 후, 양쪽 끝을 끈으로 꽉 묶은 모습이다. '동쪽'이란 말이 필요하게 되자 이 글자를 빌려 쓰게 되어 '**동녘**'의 뜻으로 새겼다. ☞ 옛부터 중국에서는 물건을 **뚱시**(東西:dōngxi)라 불리고 있다					

東南(동남)
東山(동산)
東學(동학)
東西南北
(동서남북)

12	갑골문	금 문	소 전	예 서	초 서	행 서
六						
여섯 륙	(字源풀이) 지붕과 기둥 두 개가 세워져 있는 허름하게 지은 소박한 오두막집을 정면에서 바라본 모습이다. 사방과 위아래가 합쳐 여섯 방향과 서로 통한다는 데서 '**여섯**'의 뜻으로 빌려 쓰게 되었다. ※廬(오두막집 려)에서 음을 따옴					

六十(육십)
六寸(육촌)
六七(육칠)
五六月
(오뉴월)

13	갑골문	금 문	소 전	예 서	초 서	행 서
萬						
일만 만	(字源풀이) 전갈 모양을 본뜬 글자. 전갈은 집게발과 타원형의 몸통, 갈고리처럼 휘어진 독 꼬리가 있다. 전갈은 열대지방의 음지에 살며 한 번에 새끼를 많이 낳는다. 고대사회는 전갈이 많았으므로 '**많다**'의 뜻으로 빌려 쓰게 되어, '일만'의 뜻이 되었다. ☞ 蠆(전갈 채)					

萬國(만국)
萬年(만년)
萬民(만민)
萬王(만왕)

14	갑골문	금 문	소 전	예 서	초 서	행 서
母						
어미 모	(字源풀이) 한 여자가 두 손을 공손히 마주잡고, 양쪽 젖가슴은 드러낸 채로 다소곳이 앉아있는 모습이다. 이것은 아기에게 어미젖을 먹이려고 할 때의 자세로, 어머니를 상징적으로 표현한 것이다. 여기서 '어미', '어머니'의 뜻이 나왔다.					

母國(모국)
母女(모녀)
父母(부모)
生母(생모)

15	갑골문	금 문	소 전	예 서	초 서	행 서
木						
나무 목	(字源풀이) 뿌리, 줄기, 가지가 모두 갖춘 나무를 본뜬 글자로 '나무'의 뜻이 되었다. ※木皮(목피) : 나무껍질. 皮(가죽, 껍질 피) ※木理(목리) : 나뭇결. 理(다스릴, 결 리)					

木人(목인)
小木(소목)
土木(토목)
火木(화목)

한자 쓰기

공부한 날　　　月　　　日

東	一 厂 币 币 币 東 東 東						
木, 총8획							
동녘 동							

六	、 亠 六 六						
八, 총4획							
여섯 륙							

萬	一 卄 芇 芇 芇 苗 苗 萬 萬 萬 萬						
++=艸, 총13획							
일만 만							

母	乚 乜 母 母 母						
母, 총5획							
어미 모							

木	一 十 才 木						
木, 총4획							
나무 목							

16	갑골문	금문	소전	예서	초서	행서	
門							門人(문인)
							門中(문중)
							校門(교문)
							東門(동문)

문 문	(字源풀이) 양쪽 기둥 사이로 닫혀 있는 두 짝의 문 모양을 정면에서 그린 글자다. '문'의 뜻이다.
	※戶(지게 호) : 여닫는 한쪽 문. <지게=사립문>
	※門戶(문호) : 문

17	갑골문	금문	소전	예서	초서	행서	
民							民軍(민군)
							民生(민생)
							人民(인민)
							大韓民國
							(대한민국)

백성 민	(字源풀이) 갑골문 자형은 전쟁에 패한 포로의 한쪽 눈을 날카로운 무기로 찌른 끔찍한 모습이다. 이것은 눈을 멀게 하여 저항력을 없앤 후에 노예로 삼기 위한 것이었다. 오늘날 '백성'의 뜻으로 빌려 쓰게 되어 고문자에서나마 그 흔적을 엿볼 수 있다. ※氓(백성 맹)

18	갑골문	금문	소전	예서	초서	행서	
白							白軍(백군)
							白水(백수)
							白月(백월)
							白人(백인)

흰 백	(字源풀이) 엄지손톱 모양을 본뜬 글자다. 손톱은 흰 색깔을 띠므로 '희다'의 뜻이 나왔다. ☞ 촛불 모양, 눈부신 햇빛 모양, 도토리 모양, 밤톨, 사람 머리 모양 등의 여러 학설을 펼치고 있는 글자다. 독자는 어떤 모습을 상형한 글자라고 보는가! ☞ 百(백) 참조

19	갑골문	금문	소전	예서	초서	행서	
父							父女(부녀)
							國父(국부)
							生父(생부)
							學父兄
							(학부형)

아비 부	(字源풀이) 한 손에 돌도끼를 들고 있는 모습을 본뜬 글자다. 밭에서 일하거나 사냥을 하여 가족을 부양하는 남자로 '아버지'의 뜻이 되었다. ※父(보) : 남자의 美稱(미칭)일 경우는 보로 발음
	☞ 羽父(우보), 尙父(상보)

20	갑골문	금문	소전	예서	초서	행서	
北							北門(북문)
							北西(북서)
							北韓(북한)
							南北(남북)

북녘 북 달아날 배	(字源풀이) 갑골문은 두 사람이 서로 등지고 서 있는 모습을 그린 글자다. 금문은 등지고 앉아있는 모습을 하고 있고, 앉을 때는 북쪽을 향하여 등지고 앉는다고 한다는 데서 '북녘'의 뜻이 되었다.
	※본래 '등'의 뜻임. 고기 육(肉=月)을 더해 背(등 배)를 다시 만듦

한자 쓰기

공부한 날 　月　　日

門 門, 총8획 문 문	ﾉ ﾏ ﾏ ﾔ ﾔ 門 門 門					
民 氏, 총5획 백성 민	ﾂ ﾆ ﾋ 民 民					
白 白, 총5획 흰 백	ﾉ ﾉ 白 白 白					
父 父, 총4획 아비 부	ﾉ ﾉ 父 父					
北 匕, 총5획 북녘 북	ﾉ ﾆ ﾆ 北 北					

21	갑골문	금 문	소 전	예 서	초 서	행 서	
四	三	四	四	四	四	四	四山(사산) 四月(사월) 四人(사인) **四大門** (사대문)
넉 사	(字源풀이) 수를 헤아리던 산가지를 가로로 그어 '넷'의 뜻으로 새김. ※셈 치는데 쓰는 도구인 산가지는 삼국시대에 들어와 대나무와 뼈를 이용하여 만들었다 ☞ 갑골문에는 1~4의 숫자를 가로로 칼로 새겼다. 一 二 三 三						

22	갑골문	금 문	소 전	예 서	초 서	행 서	
山	山	山	山	山	山	山	山中(산중) 西山(서산) 先山(선산) 一山(일산)
산 산	(字源풀이) 갑골문은 지면에 연이어 서 있는 세 개의 산봉우리를 본뜬 글자로 '메', '산'의 뜻이 되었다. ※山(산)=메=뫼=묗 ※山門(산문) : 산의 어귀						

23	갑골문	금 문	소 전	예 서	초 서	행 서	
三	三	三	三	三	三	三	三國(삼국) 三軍(삼군) 三月(삼월) 三韓(삼한)
석 삼	(字源풀이) 산가지 '세 개'를 가로로 그어 '셋'을 가리키는 글자다. '셋', '세 개'의 뜻이 되었다. ※三三五五(삼삼오오) : 두서너, 또는 너 댓 사람 ※三軍(삼군) : 육군, 해군, 공군을 통틀어 말함						

24	갑골문	금 문	소 전	예 서	초 서	행 서	
生	生	生	生	生	生	生	生水(생수) 敎生(교생) 人生(인생) 一生(일생)
날 생	(字源풀이) 흙에서 풀의 새 싹이 돋아 나오는 것을 그렸다. '생기다', '나다', '살다'의 뜻이 되었다. ※生命(생명) : 목숨. 命(목숨 명) ※出生(출생) : 태어남. 出(날 출)						

25	갑골문	금 문	소 전	예 서	초 서	행 서	
西	西	西	西	西	西	西	西南(서남) 西人(서인) 西學(서학) 東西(동서)
서녘 서	(字源풀이) 갑골문을 보면 대나무로 엮어 만든 바구니를 본뜬 글자로, 서녘 해질 무렵이면 새들이 자기 둥지로 깃든다는 데서 '서쪽', '서녘'의 뜻이 나왔다. 즉, 갑골문과 금문은 확실한 대바구니 모습이며, 소전에 와서 새 한 마리를 그려 넣어 그 뜻을 분명히 했다.						

한자 쓰기

공부한 날   月   日

四	丨 冂 冂 四 四					
口, 총5획 넉 사						
山	丨 山 山					
山, 총3획 산 산						
三	一 二 三					
一, 총3획 석 삼						
生	ノ ㇗ ㇗ 牛 生					
生, 총5획 날 생						
西	一 一 冂 冏 两 西					
西=两=覀, 총6획 서녘 서						

26	갑골문	금문	소전	예서	초서	행서	
先				先		先	先金(선금) 先生(선생) 先王(선왕) 先人(선인)
먼저 선	(字源풀이) 사람 머리 위에 발을 그린 모습이다. 이것은 다른 사람보다 한발 먼저 앞서 걸어간다는 의미로 '먼저'의 뜻이 나왔다. ※先忘後失(선망후실) : 자꾸 잊어버리기를 잘함. 忘(잊을 망) ※先妣(선비) : 돌아가신 어머니. 妣(죽은 어머니 비)						

27	갑골문	금문	소전	예서	초서	행서	
小			川	小	小	小	小生(소생) 小人(소인) 小學(소학) 大小(대소)
작을 소	(字源풀이) 세로로 내리 그은 '세 개의 작은 점'을 본뜬 글자다. 이 점들은 작은 모래알로 물체가 작다는 데서 '작다'의 뜻이다. ※少(적을 소), 少(적을 절) ※小生(소생) : 웃어른 앞에서 자기를 낮추어 이르는 말						

28	갑골문	금문	소전	예서	초서	행서	
水				水		水	水軍(수군) 水門(수문) 水中(수중) 山水(산수)
물 수	(字源풀이) 흐르는 물 모양을 본뜬 글자다. '물'의 뜻이다. ※물[H_2O] : 산소와 수소로 이루어진 액체 ※水瓜(수과) : 수박. ☞ 瓜(오이 과) ※水刺(수라) : 임금에게 올리는 진지. 刺(수라 라)						

29	갑골문	금문	소전	예서	초서	행서	
室				室	室	室	室外(실외) 室長(실장) 小室(소실) 王室(왕실)
집 실 방 실	(字源풀이) 갑골문 자형은 집 안에 화살 한 개가 꽂혀 있는 모습을 하고 있다. 이것은 사람이 이르는 곳에 머물러 사는 집이라는 데서 '집'의 뜻이 나왔다. ※正室(정실) : 본마누라. 室(아내 실)						

30	갑골문	금문	소전	예서	초서	행서	
十				十	十	十	十萬(십만) 十人(십인) 十日(십일) 十月(시월)
열 십	(字源풀이) 갑골문 가로선 'ㅡ'은 하나라는 숫자를 나타냈으며, 세로선 'ㅣ'으로 열을 나타냈다. 금문에 오면 세로선 가운데가 두툼하여 오늘날 ㅓ → 十으로 변형되어 감을 볼 수 있다. ☞ 갑골문 十= 7 ※十(열 십) 廿(스물 입) 卅(서른 삽) 卌(마흔 십)						

한자 쓰기

공부한 날   月   日

先 儿, 총6획 먼저 선	ノ ト 生 生 步 先				
小 小, 총3획 작을 소	亅 亅 小				
水 水, 총4획 물 수	亅 沭 水 水				
室 宀, 총9획 집 실	丶 宀 宀 宀 宀 宗 室 室 室				
十 十, 총2획 열 십	一 十				

31	갑골문	금문	소전	예서	초서	행서	
五	X	X	X	五	予	丘	五萬(오만) 五十(오십) 五月(오월) 五日(오일)

(字源풀이) 산가지 다섯 개를 포개 쓴 모습으로 '**다섯**'의 뜻이 되었다. ☞ 산가지 다섯 개를 가로로 그어 숫자 5인 갑골문도 있다

다섯 오

※ X=X=五=5

※五六月(오륙월 → 오뉴월), 吾(나 오)

32	갑골문	금문	소전	예서	초서	행서	
王	大	王	王	王	玉	王	王國(왕국) 王女(왕녀) 女王(여왕) 王中王 (왕중왕)

(字源풀이) 갑골문 자형은 자루가 달려있는 큰 도끼의 모습이다. 섬뜩한 날이 아래를 향하고 있는데, 절대 권력을 상징한 도끼로 표현하여 '**왕**'의 뜻이 되었다.

임금 왕

※玉(王=구슬 옥), 玊(구슬 숙)

33	갑골문	금문	소전	예서	초서	행서	
外	卟	卟	外	外	外	外	外國(외국) 外人(외인) 中外(중외) 外四寸 (외사촌)

(字源풀이) 달과 점괘 모습을 그렸다. 점은 아침에 쳐야지 저녁(달밤)에 점을 치면 바깥으로 빠져 잘 맞지 않거나 제대로 된 점괘가 나오지 않는다는 데서 '**바깥**'의 뜻이 되었다.

바깥 외

※갑골문에는 外=卜 혼용

34	갑골문	금문	소전	예서	초서	행서	
月	冃	卩	卩	月	月	月	月水(월수) 月日(월일) 月中(월중) 日月(일월)

(字源풀이) 이지러진 반달〉모양을 본뜬 글자다. '**달**'의 뜻이다.

달 월

※이지러지다 : 한 쪽이 차지 않다

※月(달 월), 月(육달 월)=肉

※半月(반월) : 반달

35	갑골문	금문	소전	예서	초서	행서	
二	二	二	二	二	乙	乙	二十(이십) 二月(이월) 二人(이인) 二日(이일)

(字源풀이) 산가지 두 개를 가로로 그린 지사 글자로 '**둘**'의 뜻이다.

두 이

※二의 갖은자 : 貳(두 이) ☞ 一(한 일) 참조

※唯一無二(유일무이) : 오직 하나뿐이고 둘은 없음

※唯(오직 유), 無(없을 무)

한자 쓰기

공부한 날   月   日

五	一 丁 五 五					
二, 총4획 다섯 오						
王	一 二 干 王					
王=玉, 총4획 임금 왕						
外	丿 夕 夕 列 外					
夕, 총5획 바깥 외						
月	丿 刀 月 月					
月, 총4획 달 월						
二	一 二					
二, 총2획 두 이						

36	갑골문	금 문	소 전	예 서	초 서	행 서	
人							人山(인산)
							敎人(교인)
							萬人(만인)
사람 인	(字源풀이) 양팔을 앞으로 쭉 편 채 엉덩이는 뒤로 약간 내밀고 서 있는 사람의 옆모습을 그린 글자다. '사람'의 뜻이다.						中人(중인)
	※亻(사람 인)변						
	※人死留名(인사유명) : 사람은 죽어서 이름을 남긴다. 留(머무를 류)						
37	갑골문	금 문	소 전	예 서	초 서	행 서	
日							日日(일일)
							日中(일중)
							白日(백일)
해 일 날 일	(字源풀이) 해 ☀의 모양을 본뜬 글자다. '해', '날'의 뜻이 되었다.						生日(생일)
	※日母(일모) : 해						
	※曰(가로 왈)						
	※旦(아침 단)						
38	갑골문	금 문	소 전	예 서	초 서	행 서	
一							一人(일인)
							一日(일일)
							一寸(일촌)
한 일	(字源풀이) 산가지 한 개를 가로로 그어 그린 글자다. '하나'의 뜻.						萬一(만일)
	※壹(한 일) : 一의 갖은자(계약서나 증서를 쓸 때 위조 방지)						
	※갖은자 : 같은 글자로서 획을 많이 쓰는 한문 글자						
	※壹(일) 貳(이) 參(삼) 肆(사) 伍(오) 陸(륙) 柒(칠) 捌(팔) 玖(구) 拾=什(십)						
39	갑골문	금 문	소 전	예 서	초 서	행 서	
長							長女(장녀)
							長年(장년)
							年長(연장)
긴 장	(字源풀이) 머리카락이 길고 허리가 굽은 노인이 지팡이에 의지 한 채 서 있는 모습을 그린 글자다. '길다', '어른'의 뜻이 나왔다.						學長(학장)
	※長幼有序(장유유서) : 어른과 어린이 사이에는 지켜야 할 차례가 있어야 한다. 幼(어릴 유), 序(차례 서)						
40	갑골문	금 문	소 전	예 서	초 서	행 서	
弟							弟兄(제형)
							女弟(여제)
							王弟(왕제)
아우 제	(字源풀이) 땅속에 박힌 말뚝 위에 새끼줄을 감을 때에는 순서, 차례 가 있어야 한다. 따라서 형제지간에도 차례가 있어야 함으로 '아우' 의 뜻이 나왔다.						外兄弟 (외형제)
	※弟子(제자) : 스승의 가르침을 받았거나 받는 사람						

한자 쓰기

공부한 날   月   日

人 人, 총2획 사람 인	ノ 人					
日 日, 총4획 해 일	l 冂 冃 日					
一 一, 총1획 한 일	一					
長 長, 총8획 긴 장	l ⼁ ⼁ ⼁ 匤 튽 兵 長					
弟 弓, 총7획 아우 제	⼂ ⼂ 竺 竺 芦 弟 弟					

41	갑골문	금 문	소 전	예 서	초 서	행 서	
中	中	中	中	中	中	中	中國(중국) 中東(중동) 軍中(군중) 韓中(한중)

가운데 중	(字源풀이) 깃대가 꽂혀있는 네모(구역) 또는 둥근 원 가운데에 깃발이 바람에 펄럭 ㍒이고 있는 모습에서 '가운데'의 뜻이 나왔다. ※中心(중심) : 한 가운데 ※中央(중앙) : 사방의 중심이 되는 곳

42	갑골문	금 문	소 전	예 서	초 서	행 서	
青	青	青	青	青	青	青	青軍(청군) 青年(청년) 青山(청산) 青青(청청)

푸를 청	(字源풀이) 갑골문은 흙에서 풀이 나는 모습(生)과 광구 모습(井)이, 금문의 자형은 광석(•)이 추가된 글자로(井), 광석에서 빛나는 푸른 빛깔의 돌이라는 데서 '푸르다'의 뜻이 나왔다. ※青青(청청)하다 : 싱싱하게 푸르다

43	갑골문	금 문	소 전	예 서	초 서	행 서	
寸	寸	寸	寸	寸	寸	寸	寸外(촌외) 寸寸(촌촌) 寸土(촌토) 八寸(팔촌)

마디 촌	(字源풀이) 사람의 손바닥 끝에서 1寸 되는 곳에 동맥이 있는데, 맥박이 뛰는 곳까지의 길이가 바로 1마디(3㎝)임을 나타냈다. 주로 손이란 뜻을 나타내지만 드린다는 의미도 있다. **1마디=1촌** ☞ 촌수(寸數)의 의미는 파생된 것임

44	갑골문	금 문	소 전	예 서	초 서	행 서	
七	十	十	七	七	七	七	七十(칠십) 七月(칠월) 七人(칠인) 七日(칠일)

일곱 칠	(字源풀이) 물건을 열십자 (十)형태로 칼로 자른 모습이다. 열십(十)과 구분키 위해서, 세로획 끝을 (十→七)의 형태로 구부렸다. 본래의 뜻은 '자르다', '끊어버리다'의 뜻이었으나, 현재는 '일곱'의 뜻임. ※갑골문 ㅣ = 十(십), 十 = 七(칠). ☞ 七은 切(끊을 절)의 본래자

45	갑골문	금 문	소 전	예 서	초 서	행 서	
土	土	土	土	土	土	土	土金(토금) 土民(토민) 土人(토인) 白土(백토)

흙 토	(字源풀이) 갑골문 자형은 지면(__)위로 흙덩이가 볼록 솟아 있는 모습을 본뜬 글자로 '흙', '땅'의 뜻이 되었다. ☞ 갑골문 土¹ : → ⊥(흙의 의미) → 土壤(토양) ※壤(흙덩이 양) ☞ 갑골문 土² : → ⊥(수컷의 의미) → 雄性(웅성) ※牡(수컷 모)

한자 쓰기

中 丨, 총4획 가운데 중	ㅣ 冂 口 中				
青 青, 총8획 푸를 청	一 二 キ 圭 主 青 青 青				
寸 寸, 총3획 마디 촌	一 寸 寸				
七 一, 총2획 일곱 칠	一 七				
土 土, 총3획 흙 토	一 十 土				

46	갑골문	금 문	소 전	예 서	초 서	행 서	
八	丿八	丿	丿	八	八	八	八九(팔구) 八十(팔십) 八月(팔월) 八日(팔일)
여덟 팔	(字源풀이) 양쪽으로 나뉘어져 있는 모양을 그린 글자로 '나누다'가 본뜻이나, 오늘날 '여덟'의 뜻으로 빌려 씀. ※서체상 : 丿= 삐침 별, ㇏= 파임 불 ☞ 八=八=팔, 入=入=입, 人=人=인						

47	갑골문	금 문	소 전	예 서	초 서	행 서	
學	學	學	學	學	學	學	學生(학생) 學兄(학형) 大學(대학) 中學生 (중학생)
배울 학	(字源풀이) 두 손으로 산가지를 들고 서당에서 배우고 있는 아이라는 데서 '배우다'의 뜻이다. ※臼(양손 맞잡을 국), 乂=五=5 ※爻(사귈 효)						

48	갑골문	금 문	소 전	예 서	초 서	행 서	
韓		韓	韓	韓	韓	韓	韓國(한국) 韓人(한인) 韓日(한일) 韓土(한토)
한국 한 나라 한	(字源풀이) 낭떠러지 위에는 풀이 돋아나있고, 그 하단에는 제단 하나가 세워져 있는 가운데 아침의 태양이 막 떠올라 햇살이 낭떠러지 부근을 비치고 있는 모습. 즉, 해돋는 쪽에 에워싸인 아침의 나라라는 데서', '한국'의 뜻이 되었다. ☞ 韓은 해돋을 간(倝)자와 동일한 자로 나타남						

49	갑골문	금 문	소 전	예 서	초 서	행 서	
兄	兄	兄	兄	兄	兄	兄	兄弟(형제) 大兄(대형) 父兄(부형) 長兄(장형)
형 형	(字源풀이) 입을 크게 벌려 하늘을 향해 무언가를 바라고 있는 사람 모습이다. 옛날에 신에게 빌 수 있는 사람은 연장자인 '어른' 또는 '형'이었다고 한다. '형'의 뜻이 되었다. 難(어려울 난) ※難兄難弟(난형난제) : '누구를 형이라 아우라 하기 어렵다'는 뜻						

50	갑골문	금 문	소 전	예 서	초 서	행 서	
火	火	火	火	火	火	火	火山(화산) 火中(화중) 大火(대화) 小火(소화)
불 화	(字源풀이) 불꽃이 위로 솟구치며 활활 타 오르는 불 모양을 본뜬 글자다. '불'의 뜻이다. ※火石(화석) : 부싯돌. 石(돌 석) ※火光衝天(화광충천) : 화염이 하늘을 찌름. 衝(찌를 충)						

한자 쓰기

공부한 날   月   日

八	ノ 八				
八=八, 총2획 여덟 팔					
學	` ´ ´ ᵁ ᵁ ᵁ ᵁ ᵁ ᵁ 段 段 段 段 段 學 學 學				
子, 총16획 배울 학					
韓	一 十 十 古 古 卓 卓 卓 卓 卓 卓 卓 卓 韓 韓 韓 韓				
韋, 총17획 한국 한					
兄	` ᑎ ᑎ ᑎ 兄				
儿, 총5획 형 형					
火	` ` ´ 少 火				
火=灬, 총4획 불 화					

8 級 (훈음 쓰기) — 1
배정한자 50字 【정답 : 배정한자 참고】

敎		先	
校		小	
九		水	
國		室	
軍		十	
金		五	
南		王	
女		外	
年		月	
大		二	
東		人	
六		一	
萬		日	
母		長	
木		弟	
門		中	
民		靑	
白		寸	
父		七	
北		土	
四		八	
山		學	
三		韓	
生		兄	
西		火	

8 級 (한자 쓰기) — 1

배정한자   50字 【정답 : 배정한자 참고】

훈	음		훈	음	
가르칠	교		먼저	선	
학교	교		작을	소	
아홉	구		물	수	
나라	국		집	실	
군사	군		열	십	
쇠	금		다섯	오	
남녘	남		임금	왕	
계집	녀		바깥	외	
해	년		달	월	
큰	대		두	이	
동녘	동		사람	인	
여섯	륙		한	일	
일만	만		날	일	
어미	모		긴	장	
나무	목		아우	제	
문	문		가운데	중	
백성	민		푸를	청	
흰	백		마디	촌	
아비	부		일곱	칠	
북녘	북		흙	토	
넉	사		여덟	팔	
메	산		배울	학	
석	삼		한국	한	
날	생		형	형	
서녘	서		불	화	

士志於道而恥惡衣
惡食者未足與議也
論語 里仁編

선비가 도를 터득하겠다고 마음을 두고서도 남보다 허름한 옷을 입고

소박한 음식을 먹는 것을 부끄러워 한다면 그와 함께 道를 논의할 수 없다

7級 100字 漢字 읽고 쓰기

7 級

배정한자 100字(부수 포함)

한자	훈음	부수	한자	훈음	부수
家	집 가	집 면(宀)머리부	林	수풀(forest) 림	나무 목(木)부
歌	노래 가	하품 흠(欠)방부	立	설 립	설 립(立)부
間	사이 간	문 문(門)몸부	每	매양(每樣) 매	말 무(毋)발부
江	강 강	물 수(氵=氵=水=氺)변부	面	낯 면	낯 면(面)부
車	수레 거 / 수레 차	수레 거(車)부	名	이름 명	입 구(口)발부
工	장인(匠人) 공	장인 공(工)부	命	목숨 명 / 명령할 명	입 구(口)부
空	빌 공	구멍 혈(穴=穴)머리부	問	물을 문	입 구(口)부
口	입 구	입 구(口)부	文	글월 문	글월 문(文)부
旗	기(旗) 기	모 방(方=方)변부	物	물건 물	소 우(牛=牛)변부
記	기록(記錄)할 기	말씀 언(言)변부	方	모 방	모 방(方=方)부
氣	기운 기	기운 기(气)엄부	百	일백 백	흰 백(白)발부
男	사내 남	밭 전(田)머리부	夫	지아비 부	큰 대(大)부
內	안 내	들 입(入=入)부	不	아닐 불 / 아닐 부	한 일(一)머리부
農	농사(農事) 농	별 진(辰)발부	事	일 사	갈고리 궐(亅)부
答	대답(對答) 답	대 죽(竹=竹)머리부	算	셈 산 / 산가지 산	대 죽(竹=竹)머리부
道	길 도	쉬엄쉬엄 갈 착(辶=辶=辵=辶)받침부	上	윗 상	한 일(一)발부
冬	겨울 동	얼음 빙(冫=冫)발부	色	빛 색	빛 색(色)부
動	움직일 동	힘 력(力)방부	夕	저녁 석	저녁 석(夕)부
同	한가지 동 / 같을 동	입 구(口)부	姓	성(姓) 성 / 성씨 성	계집 녀(女)변부
洞	골 동 / 밝을 통	물 수(氵=氵=水=氺)변부	世	인간(人間) 세	한 일(一)부
登	오를 등	필 발(癶)머리부	少	적을 소	작을 소(小)머리부
來	올 래	사람 인(人=亻)부	所	바 소	지게 호(戶)변부
力	힘 력	힘 력(力)부	手	손 수	손 수(手=扌=才)부
老	늙을 로	늙을 로(耂=老)엄부	數	셈 수 / 자주 삭 / 촘촘할 촉	칠 복(攵=攴)방부
里	마을 리	마을 리(里)부	時	때 시	해 일(日)변부 / 날 일(日)변부

7 級
배정한자 100字(부수 포함)

한자	훈음 / 부수	한자	훈음 / 부수
市	저자 시 / 수건 건(巾)발부	住	살(dwell) 주 / 사람 인(亻=人)변부
植	심을 식 / 나무 목(木)변부	重	무거울 중 / 마을 리(里)부
食	밥 식 / 먹을 식 / 밥 식(食=飠=食)부	地	따 지 / 땅 지 / 흙 토(土)변부
心	마음 심 / 마음 심(心=忄=㣺)부	紙	종이 지 / 실 사(糸=糹)변부
安	편안 안 / 집 면(宀)머리부	直	곧을 직 / 눈 목(目)부
語	말씀 어 / 말씀 언(言)변부	千	일천 천 / 열 십(十)발부
然	그럴 연 / 불 화(火=灬)발부 / 연화발부	天	하늘 천 / 큰 대(大)발부
午	낮 오 / 열 십(十)발부	川	내 천 / 내 천(川=巛)부 / 개미허리 천부
右	오를 우 / 오른 우 / 입 구(口)발부	草	풀 초 / 풀 초(艹=艸)머리부
有	있을 유 / 육(肉)달월(月=肉)발부	村	마을 촌 / 나무 목(木)변부
育	기를 육 / 육(肉)달월(月=肉)발부	秋	가을 추(=秌) / 벼 화(禾)변부
邑	고을 읍 / 고을 읍(邑=阝)부	春	봄(spring) 춘 / 해 일(日)발부
入	들 입 / 들 입(入=入)부	出	날 출 / 입 벌릴 감(凵)몸부
子	아들 자 / 아들 자(子)부	便	편할 편 / 똥오줌 변 / 사람 인(亻=人)변부
字	글자 자 / 아들 자(子)발부	平	평평할 평 / 방패 간(干)부
自	스스로 자 / 스스로 자(自)부	下	아래 하 / 한 일(一)머리부
場	마당 장 / 흙 토(土)변부	夏	여름 하 / 천천히 걸을 쇠(夂=夊)발부
全	온전 전 / 들 입(入=入)머리부	漢	한수 한 / 한나라 한 / 물 수(氵=氺=水=氺)변부
前	앞 전 / 선칼 도(刂=刀)부	海	바다 해 / 물 수(氵=氺=水=氺)변부
電	번개 전 / 전기 전 / 비 우(雨)머리부	花	꽃 화 / 풀 초(艹=艸)머리부
正	바를 정 / 그칠 지(止)발부	話	말씀 화 / 말씀 언(言)변부
祖	할아비 조 / 보일 시(示=礻)변부	活	살 활 / 물 수(氵=氺=水=氺)변부
足	발 족 / 발 족(⻊=足)부	孝	효도 효 / 아들 자(子)발부
左	왼 좌 / 장인 공(工)부	後	뒤 후 / 자축거릴 척(彳)변부
主	임금 주 / 주인 주 / 점 주(丶)머리부	休	쉴 휴 / 사람 인(亻=人)변부

1	갑골문	금 문	소 전	예 서	초 서	행 서	
家							家門(가문)
							家長(가장)
							國家(국가)
							王家(왕가)
집 가	(字源풀이) 갑골문에는 집안에 돼지(豖) 한 마리가 그려져 있다. 사람이 사는 곳에 가축(家畜)은 있기 마련인데, 집에서 기르는 돼지(豕)는 뱀의 천적(天敵)으로 보기만 하면 잘 잡아먹었다고 한다. 또한, 집 바로 아래에 돼지를 키우며 살아왔다는 데서 '집'의 뜻이 되었다.						

2	갑골문	금 문	소 전	예 서	초 서	행 서	
歌							歌手(가수)
							校歌(교가)
							國歌(국가)
							軍歌(군가)
노래 가	(字源풀이) 오늘날 (哥:노래 가) + (欠:하품 흠)구조로 이루어진 형성문자다. 갑골문은 한 사람이 무릎을 꿇고 입을 크게 벌려 노래를 부르고 있는 모습으로 '노래하다'의 뜻이 나왔다. ※歌唱(가창) : 노래를 부름. 唱(부를 창)						

3	갑골문	금 문	소 전	예 서	초 서	행 서	
間							間食(간식)
							民間(민간)
							人間(인간)
							中間(중간)
사이 간	(字源풀이) 갑골문은 닫혀있는 문(門)과 문 아래에 달(月)을 함께 그린 글자다. 즉, 양쪽 문틈 사이로 달빛이 스며들어오고 있는 모습에서 '사이', '틈'의 뜻이 나왔다. ※月→日로 변형(間의 본자는 閒) ☞ 고대에는 閒(간)=閑(한)은 혼용. (오늘날 동자 이체자로 사용)						

4	갑골문	금 문	소 전	예 서	초 서	행 서	
江							江南(강남)
							江山(강산)
							江村(강촌)
							漢江(한강)
강 강	(字源풀이) 중국 남서부 북동부에서 발원하는 가장 큰 長江(장강) 즉, 양자강(揚子江)만을 뜻하는 고유명사였으나, 후에 江이란 보통명사로 쓰이게 됨. 강물이 세차게 '공공(꿍꿍)' 소리를 내며 흐르는 모습을 의성 부사화 시킨 글자로 '강'의 뜻이 되었다.						

5	갑골문	금 문	소 전	예 서	초 서	행 서	
車							車道(차도)
							車主(차주)
							下車(하차)
							火車(화차)
							人力車
							(인력거)
수레 거 수레 차	(字源풀이) 자동차의 전신이라 할 수 있는 상나라 시대의 전통 수레 모양을 실물 그대로 옮긴 글자다. 손잡이와 수레바퀴 2개를 그렸다가 소전에 와서 1개의 바퀴와 차축과 양쪽에 바퀴가 빠지지 않도록 굴대 머리 구멍에 끼우는 轄(할)이란 대못이 박혀 있다. '수레'의 뜻이 되었다. ☞ 轄(비녀장 할)						

한자 쓰기

공부한 날   月   日

家 宀, 총10획 집　가	⺀ 宀 宀 宀 宀 宁 宁 家 家 家	
歌 欠, 총14획 노래　가	一 一 一 一 亜 亜 哥 哥 哥 哥 哥 歌 歌 歌	
間 門, 총12획 사이　간	丨 丨 丨 丬 丬 丬 門 門 門 問 問 間	
江 氵=水=氺, 총6획 강　강	丶 丶 氵 汀 江 江	
車 車, 총7획 수레　거	一 一 一 一 亘 車 車	

6	갑골문	금문	소전	예서	초서	행서	
工	舌	工	工	工	三	乙	工事(공사) 工場(공장) 手工(수공) 人工(인공)
장인 공	(字源풀이) 땅을 다질 때 쓰는 도구로, 손잡이가 달려있는 절굿공이의 모습이다. 그 일의 전문가를 匠人(장인)이라 하여 '장인'의 뜻이 되었다. ☞ 도끼 모양이라는 설도 보임 ※匠人(장인) : 물건을 만듦을 업으로 하는 사람. 匠(장인 장)						

7	갑골문	금문	소전	예서	초서	행서	
空	舍	空	空	空	空	空	空間(공간) 空軍(공군) 空氣(공기) 空中(공중)
빌 공	(字源풀이) 공구로 땅속을 파면, 만든 굴 안의 공간은 텅 비게 된다는 데서 '비다'의 뜻이 되었다. ※空手來空手去(공수래공수거) : 빈손으로 왔다가 빈손으로 가는 것이 인생이라는 데서 인생의 허무함을 이름. 來(올 래), 去(갈 거)						

8	갑골문	금문	소전	예서	초서	행서	
口	口	ㅂ	ㅂ	口	口	�13	口文(구문) 口語(구어) 食口(식구) 人口(인구)
입 구	(字源풀이) 사람의 입 모양을 본뜬 글자로 '입'의 뜻이다. ※口尚乳臭(구상유취) : 입에서 아직 젖 내가 난다는 뜻 ※尚(오히려 상), 臭(냄새 취) ※口吻(구문) : 입술. 吻(입술 문)						

9	갑골문	금문	소전	예서	초서	행서	
旗	旗	旗	旗	旗	旗	旗	校旗(교기) 國旗(국기) 軍旗(군기) 白旗(백기)
기 기	(字源풀이) 바람에 펄럭이는 깃발 㫃의 모습이다. 소리 부호 其(기)를 덧붙여 '기'의 뜻이 되었다. ☞ 㫃(깃발 언) ※旗葉(기엽) : 깃발. 葉(잎 엽) ※太極旗(태극기) : 우리나라의 국기. 極(끝, 다할 극)						

10	갑골문	금문	소전	예서	초서	행서	
氣	舞	气	气	氣	氣	氣	氣力(기력) 生氣(생기) 人氣(인기) 電氣(전기)
기운 기	(字源풀이) 쌀로 밥을 지을 때 피어오르는 구름 모양의 증기와 쌀로 이루어진 글자로 '기운', '기체'의 뜻이 되었다. ※三(气→氣)로 새겨진 갑골문도 보임 ☞ 餼(음식 대접할 희)가 본래자라는 설도 보임						

한자 쓰기

공부한 날   月   日

工	⼀ ⼯ 工						
工, 총3획							
장인 공							
空	丶 丷 宀 穴 空 空 空 空						
穴, 총8획							
빌 공							
口	丨 冂 口						
口, 총3획							
입 구							
旗	丶 ⼀ ⺈ 方 方 方 扩 扩 於 旅 旌 旗 旗 旗						
方=方, 총14획							
기 기							
氣	ノ ⺁ ⺁ �="气 气 气 氡 氧 氧 氣						
气, 총10획							
기운 기							

11	갑골문	금 문	소 전	예 서	초 서	행 서	
記	記	記	記	記	記	記	記名(기명) 記事(기사) 手記(수기) 日記(일기)
기록할 기	(字源풀이) 己(기)는 기억하기 위해서 새끼줄에 매듭을 지어 사실을 기록한 모습으로, 言(말씀 언)을 붙여 말한 바를 기록한다는 뜻을 분명히 하여 '기록하다'의 뜻으로 새겼다. ※記錄(기록) : 어떤 사실을 뒤에 남기려고 적음. 錄(새길 록)						

12	갑골문	금 문	소 전	예 서	초 서	행 서	
男	甼	甼	男	男	男	男	男女(남녀) 男子(남자) 男便(남편) 長男(장남)
사내 남	(字源풀이) 쟁기로 논이나 밭을 가는(甼) 역할을 맡은 사람은 전통적으로 바깥에서 일하는 사내였다는 데서 '사내', '남자'의 뜻이 나왔다. ※南男北女(남남북녀) : 남자는 남방 사람이 잘 나고 여자는 북방 사람이 아름다움을 이름						

13	갑골문	금 문	소 전	예 서	초 서	행 서	
內	內	內	內	內	內	內	內面(내면) 內心(내심) 校內(교내) 國內(국내)
안 내	(字源풀이) 집으로 나가고 들어가는 출입구 모습을 그렸다. 들어가는 입구가 집의 안쪽을 향하고 있으므로 '안쪽', '안'의 뜻이 나왔다. ※內(정자), 内(약자) ☞ 부수가 入 ☞ 内(고딕체의 일종으로 정자 범주에 든다)						

14	갑골문	금 문	소 전	예 서	초 서	행 서	
農	農	農	農	農	農	農	農事(농사) 農場(농장) 農學(농학) 大農(대농)
농사 농	(字源풀이) 대합조개 껍데기는 신석기 유적지에서 발굴된 유물이다. 조개껍데기로 예리하게 만든 농기구를 손에 단단히 쥐고 경작하고 있는 모습으로 '농사'의 뜻이 나왔다. ☞ 갑골문 = = =之(갈 지) ※農者天下之大本也 : 농사라는 것은 천하의 큰 근본이다. ※也(이다)						

15	갑골문	금 문	소 전	예 서	초 서	행 서	
答	答	答	答	答	答	答	答紙(답지) 名答(명답) 自答(자답) 正答(정답)
대답 답	(字源풀이) 음식을 담는 대나무 그릇이다. 이것은 선물 꾸러미로, 상대에게 신세를 갚는다는 데서 '갚다', '대답'의 뜻이 나왔다. ※答辭(답사) : 답례로 하는 사례. 辭(사례할 사) ※直答(직답) : 즉석에서 곧 대답함						

한자 쓰기

공부한 날   月   日

記	ヽ 亠 亠 亖 亖 言 言 記 記 記				
言, 총10획 기록할 기					
男	﹅ 冂 曱 田 田 罗 男				
田, 총7획 사내 남					
內	﹅ 冂 冃 內				
入=入, 총4획 안 내					
農	﹅ 冂 曱 曲 曲 曲 芦 芦 芦 農 農 農				
辰, 13획 농사 농					
答	ノ ← ← ← 竹 竹 竺 竺 答 答 答 答				
⺮=竹, 총12획 대답 답					

16	갑골문	금문	소전	예서	초서	행서	
道							道民(도민) 水道(수도) 力道(역도) 人道(인도)
길 도	(字源풀이) 갑골, 금문을 보면 다니는 길 안에 큰 눈 한 개가 그려져 있고, 소전에 와서 머리가 잘린 해골 모양으로 변하면서 손은 사라지고 발이 그려짐. 곧, 조상의 머리를 들고 조심스럽게 길을 냈다는 데서 '길'의 뜻이 나왔다. ☞ 바르게 쓰기 道=道(O), 道(X)						
17	갑골문	금문	소전	예서	초서	행서	
冬							三冬(삼동) 立冬(입동) 春夏秋冬 (춘하추동)
겨울 동	(字源풀이) 한 가닥의 노끈을 양쪽 끝에 각각 매듭을 지어 끝남을 상형한 것(Ω)이다. 4계절 중 새끼 가닥을 꼬는 추운 계절이 겨울이라는 데서 '겨울'의 뜻이 나왔다. ☞ 본래의 뜻을 나타내고자 終(마칠 종)을 또 만듦						
18	갑골문	금문	소전	예서	초서	행서	
動							動力(동력) 生動(생동) 手動(수동) 出動(출동)
움직일 동	(字源풀이) 농사를 중시했던 고대사회는 해가 뜨면 밭에 나가 손·발 움직여 힘써 일하였다는 데서 '움직이다'의 뜻이 되었다. ☞ 重참조 ※色動(색동) : 얼굴빛이 변함 ※自動(자동) : 스스로 움직임						
19	갑골문	금문	소전	예서	초서	행서	
同							同門(동문) 同生(동생) 同心(동심) 一同(일동)
한가지 동 같을 동	(字源풀이) 凡(무릇 범) + 口(입 구)로 구성된 글자다. 대부분의 사람들이 뜻을 하나로 모은다는 데서 '한가지', '같다'의 뜻이 되었다. ※그릇과 그 그릇의 위 뚜껑의 크기가 같다는 설명도 보임 ☞ 同=仝(동자 이체자)						
20	갑골문	금문	소전	예서	초서	행서	
洞							洞口(동구) 洞里(동리) 洞長(동장) 木洞(목동)
골 동 동네 동 밝을 통	(字源풀이) 물이 막힘없이 잘 흐르는 데서 '골', '통하다', '밝다'인데, 물을 함께 쓰는 지역이 마을을 이룬다는 데서 '동네'의 뜻이 되었다. ※洞察(통찰) : 온통 밝혀서 살핌 ※察(살필 찰)						

한자 쓰기

道	` ` ` ` ` ` ` ` ` ` 首 首 首 道 道 道					
辶 = 辵, 총13획 길 도						
冬	ノ ク 久 冬 冬					
冫, 총5획 겨울 동						
動	ー ニ 千 舌 舌 舌 重 重 重 動 動					
力, 총11획 움직일 동						
同	丨 冂 冂 同 同 同					
口, 총6획 한가지 동						
洞	` ` 冫 氵 汩 泂 泂 洞 洞					
氵 =水, 총9획 골 동						

21	갑골문	금 문	소 전	예 서	초 서	행 서	
登							登校(등교) 登記(등기) 登山(등산) 登場(등장)
오를　등	(字源풀이) 두 손으로 제기(제사에 쓰는 음식 그릇)를 공손히 받쳐 들고 제단 위로 걸어 올라가는 모습으로 '오르다'의 뜻이 되었다. ※登龍門(등용문) : 용문에 오름. 입신출세에 연결되는 어려운 관문 ※登天(등천) : 하늘에 오름. 尨 → 龍(용 룡)						
22	갑골문	금 문	소 전	예 서	초 서	행 서	
來							來年(내년) 來世(내세) 來月(내월) 來韓(내한)
올　래	(字源풀이) 길게 뻗은 뿌리와 고개를 숙인 보리 모습인데, 보리는 논이나 밭에 심으며 줄기가 곧고 속은 비어 있는 재배 식물이다. 이른 봄에는 땅이 얼었다 녹으므로 보리를 반드시 밟아 주고 와야 뿌리를 잘 내린다는 데서 '오다'의 뜻이 되었다. ☞ 麥(보리 맥)이 본래 뜻						
23	갑골문	금 문	소 전	예 서	초 서	행 서	
力							國力(국력) 水力(수력) 全力(전력) 活力(활력)
힘　력	(字源풀이) 갑골문 자형은 논, 밭을 가는데 필요한 원시적 농기구인 쟁기 모습을 그린 글자로, 밭을 갈려면 힘을 필요로 함으로 '힘'의 뜻이 되었다. ☞ 刀(칼 도), 刃(칼날 인), 丸(알 환)						
24	갑골문	금 문	소 전	예 서	초 서	행 서	
老							老年(노년) 老人(노인) 老後(노후) 長老(장로)
늙을　로 노인　로	(字源풀이) 머리카락이 위로 길게 뻗친, 허리 굽은 노인이 한 손으로 지팡이에 의지하며 힘없이 걸어가는 모습에서 '노인', '늙다'의 뜻이 되었다. ※老者安之(노자안지) : 노인들은 편안하게 해 주어야 한다.《논어》						
25	갑골문	금 문	소 전	예 서	초 서	행 서	
里							里長(이장) 萬里(만리) 一里(일리) 海里(해리)
마을　리	(字源풀이) 밭(田)과 흙(土)으로 이루어진 글자다. 농사지을 수 있는 밭과 거주할 땅이 있는 곳에 사람들이 모여 마을을 이루었다는 데서 '마을'의 뜻이 되었다. ※一里 : 옛날 이정의 단위가 되는 거리						

한자 쓰기

공부한 날   月   日

登	⁀ ⁀ ⁀ ⁀ ⁀ ⁀ 癶 癶 癶 登 登 登 登 登						
癶, 총12획 오를 등							
來	一 ㇒ ㇒ 巫 巫 來 來 來						
人, 총8획 올 래							
力	㇖ 力						
力, 총2획 힘 력							
老	一 十 土 耂 老 老						
耂=老, 총6획 늙을 로							
里	丶 冂 曱 曱 曱 甲 里						
里, 총7획 마을 리							

26	갑골문	금문	소전	예서	초서	행서	
林	林	林	林	林	弗	狀	林木(임목) 農林(농림) 山林(산림) **國有林** **(국유림)**
수풀 림	(字源풀이) 두 그루의 나무가 나란히 세워져 있는 모습이다. 나무가 모여 숲을 이룬다는 데서 '수풀'의 뜻이다. ※木(나무 목), 林(수풀 림), 森(나무 빽빽할 삼 燊) ※森林地帶(삼림지대) : 나무가 많이 우거져 있는 땅. 帶(띠 대)						
27	갑골문	금문	소전	예서	초서	행서	
立	立	立	立	立	之	立	立場(입장) 國立(국립) 自立(자립) 中立(중립)
설 립	(字源풀이) 양팔과 다리를 벌린 채 땅(一)에 우뚝 선 사람의 모습을 그린 글자로 '서다'의 뜻이 나왔다. ※立身揚名(입신양명) : 출세하여 세상에 이름을 들날림 ※揚(날릴 양), 竝(아우를 병)						
28	갑골문	금문	소전	예서	초서	행서	
每	每	每	每	每	每	每	每年(매년) 每事(매사) 每時(매시) 每月(매월)
매양 매	(字源풀이) 갑골문 자형(𣎏)은 다소곳이 무릎을 꿇고 앉아있는 성숙 한 여인의 머리 위에 예쁜 비녀 하나가 곱게 꽂혀있다. 이러한 모습 이 항상 한결같아 '매양'의 뜻이 나왔다. ☞海(바다 해 𣷒)참조 ※每樣(매양) : 언제나, 한결같은. ※樣(모양 양)						
29	갑골문	금문	소전	예서	초서	행서	
面	面	面	面	面	面	面	面長(면장) 一面(일면) 場面(장면) 正面(정면)
낯 면	(字源풀이) 마름모꼴 안에 한쪽 눈동자를 그린 모습이다. 눈 하나로 얼굴 전체를 강조한 그림으로 '얼굴', '낯'의 뜻이 되었다. ※面民(면민) : 면내의 주민 ※人面(인면) : 사람의 얼굴						
30	갑골문	금문	소전	예서	초서	행서	
名	名	名	名	名	名	名	名門(명문) 名山(명산) 名色(명색) 地名(지명)
이름 명	(字源풀이) 저녁때는 상대방의 얼굴을 명확히 볼 수 없었기 때문에 큰 소리로 이름을 불러야만 서로 알아들을 수 있다는 데서 '이름'의 뜻이 나왔다. ※名山大川(명산대천) : 이름난 산과 큰 내						

한자 쓰기

공부한 날   月   日

林	一 十 十 才 木 村 材 林				
木, 총8획 수풀 림					

立	、 一 亠 亢 立				
立, 총5획 설 립					

每	ノ 亠 仁 与 每 每 每				
毋, 총7획 매양 매					

面	一 一 一 万 而 而 而 面 面				
面, 총9획 낯 면					

名	ノ ク タ タ 名 名				
口, 총6획 이름 명					

31	갑골문	금 문	소 전	예 서	초 서	행 서	
命	令	命	命	命	命	命	生命(생명) 王命(왕명) 人命(인명) 天命(천명)
목숨 **명** 명령할 **명**	(字源풀이) 명령권자가 목탁을 쳐서 무릎 꿇은 아랫사람에게 직접 명령을 내리는 모습으로 '**명령**'의 뜻이다. 명령권자는 생명을 좌우하는 권위를 가졌기에 '**목숨**'의 뜻도 나왔다. ※갑골문 命=令은 통함 ※命(명) : 구두명령, 令(령) : 문서명령						
32	갑골문	금 문	소 전	예 서	초 서	행 서	
問	問	問	問	問	問	问	問答(문답) 問安(문안) 下問(하문) 學問(학문)
물을 **문**	(字源풀이) 대문 앞에서 손님이 집 안의 사람에게 무언가 묻고 있는 장면을 연상시키는 모습을 그렸다. '**묻다**'의 뜻이 되었다. ※不恥下問(불치하문) : 자기보다 못한 사람에게 묻는 것을 부끄러워하지 않음. ☞ 恥(부끄러울 **치**)						
33	갑골문	금 문	소 전	예 서	초 서	행 서	
文	文	文	文	文	文	文	文民(문민) 文學(문학) 名文(명문) 漢文(한문)
글월 **문**	(字源풀이) 사람의 가슴 안팎에 선을 교차하여 만든 文身(문신)이나 글씨를 새긴 무늬로 '**문신**', '**글월**'의 뜻이 나왔다. ※紋(무늬 문)의 본래자다 ※1文=2.4cm(신발 치수의 단위로도 쓰임)						
34	갑골문	금 문	소 전	예 서	초 서	행 서	
物	物	物	物	物	物	物	物色(물색) 動物(동물) 名物(명물) 文物(문물)
물건 **물**	(字源풀이) 칼로 소를 잡고 있는 동안 피가 튀고 있는 장면을 그림. 이것은 제물로 쓰게 될 동물 중에서 소를 물건 중에 물건이라는 데서 '**물건**'의 뜻이 되었다. ※勿(피 묻은 칼의 상형)						
35	갑골문	금 문	소 전	예 서	초 서	행 서	
方	方	方	方	方	方	方	方面(방면) 方正(방정) 南方(남방) 地方(지방)
모 **방**	(字源풀이) 농기구를 본뜬 글자다. 이 농기구는 사용할 때 양 손으로 방향을 잘 잡을 수 있는 핸들(handle)모습과 유사하다. 어느 방향이든지 땅을 잘 갈아 엎을 수 있다는 데서 '**방향**', '**모**'의 뜻이 나왔다. ☞ 모 : 물건이 거죽으로 쑥 나온 끝. =모서리						

한자 쓰기

공부한 날   月   日

命	ノ 人 亼 仐 合 合 命 命 命					
口, 총8획 목숨 명						

問	l l l l l l l l l l l l l l l l l l l l l l l l l l l l 問 問					
口, 총11획 물을 문						

文	` 一 ナ 文					
文, 총4획 글월 문						

物	ノ ㇒ 牛 牛 牜 牜 物 物 物					
牜=牛, 총8획 물건 물						

方	` 一 亍 方					
方=方, 총4획 모 방						

36	갑골문	금문	소전	예서	초서	행서	百萬(백만)
百	百	百	百	百	百	百	百世(백세) 百日(백일)

일백 백	(字源풀이) 엄지손톱 모양을 본뜬 것에 지사부호 (ˉ)를 얹어 숫자 100을 뜻했다. '일백'의 뜻이다. ※2개=200, 3개=300, 4개=400
	※우리말 : 하나(一), 열(十), 온(百), 즈믄(千), 골(萬), 잘(億), 울(兆)
	※百口(백구) : 백 사람의 식구란 뜻으로, 많은 가족을 의미

百花(백화)

37	갑골문	금문	소전	예서	초서	행서	夫人(부인)
夫	夫	夫	夫	夫	夫	夫	工夫(공부) 農夫(농부)

사내 부 남편 부 지아비 부	(字源풀이) 大(큰 대)와 뿌리가 동일한 글자인데, 사람의 머리 위에 상투를 틀어 비녀를 꽂은 것은 성인남자가 되었음을 의미한다. 한 아내를 얻어 집안을 거느리는 사내가 남편이라는 데서 '사내', '남편', '지아비'의 뜻이 되었다.

兄夫(형부)

38	갑골문	금문	소전	예서	초서	행서	不動(부동)
不	不	不	不	不	不	不	不正(부정) 不便(불편)

아닐 부 아닐 불	(字源풀이) 갑골문 상단의 가로획(一)은 지표면을 표시하고, 땅 아래로 세 가닥의 수염털 모양의 선들은 씨앗이 싹틀 때 땅 밑으로 뿌리를 내리는 모습이다. 반대로 자라나기 때문에 '아니다'의 뜻이 되었다. ☞ 다음에 오는 글자의 첫소리가 ㄷ·ㅈ일 때는 '부'로 발음한다. ☞ 예외) 不實(부실), 獨不將軍

不平(불평)

39	갑골문	금문	소전	예서	초서	행서	事物(사물)
事	事	事	事	事	事		萬事(만사) 時事(시사)

일 사 섬길 사	(字源풀이) 장식이 달린 깃대를 손으로 잡고 있는 모습을 본뜬 글자. 이것은 사관(史官)이 역사의 사실적 기록을 남기는 일을 한다는 데서 '일', '섬기다'의 뜻이 되었다. ☞ 史(사) 참조

食事(식사)

40	갑골문	금문	소전	예서	초서	행서	算數(산수)
算	算	算	算	算	算	算	算入(산입) 算出(산출)

셈 산 산가지 산	(字源풀이) 대나무로 만든 산가지(주판)를 가지고 손으로 셈을 하고 있는 모습을 그렸다. '셈', '산가지'의 뜻이다.
	※算學(산학) : 셈에 관한 학문
	※珠算(주산) : 주판으로 치는 셈. 珠(구슬 주)

電算(전산)

한자 쓰기

공부한 날　　月　　日

百 白, 총6획 일백　백	一 一 プ 万 百 百				
夫 大, 총4획 사내　부	一 二 夫 夫				
不 一, 총4획 아닐　부	一 ア 不 不				
事 亅, 총8획 일　사	一 一 一 亘 亘 写 写 事				
算 ⺮=竹, 총14획 셈　산	ノ ト ⺮ ⺮ ⺮ ⺮ 竺 笛 筲 筲 筲 算 算 算				

41	갑골문	금 문	소 전	예 서	초 서	행 서	
上	二	二	上	上	之	上	山上(산상) 祖上(조상) 地上(지상) 海上(해상)
윗 상	(字源풀이) 갑골문은 ᐁ(=상=上)로 표현했다. 어떤 기준선 위에 지사 부호인 짧은 가로 횡선(-)을 그어, 그곳이 위쪽임을 표시하여 '위'의 뜻으로 새겼다. ☞ 下참조 ※上席(상석) : 윗자리. 席(자리 석)						

42	갑골문	금 문	소 전	예 서	초 서	행 서	
色	珍	곡	곡	色	色	色	色紙(색지) 氣色(기색) 生色(생색) 青色(청색)
빛 색	(字源풀이) 갑골문은 서 있는 사람과 무릎 꿇은 사람과의 애정을 스케치한 작품이다. 소전은 엎드려 있는 여인 위에 남성이 무릎 꿇어 말 탄 자세로 서로 사랑을 나누는 모습으로 그려져 있다. 즉, 성교를 뜻하는 글자로, 얼굴빛을 통해 드러난다는 데서 '빛'의 뜻이 되었다.						

43	갑골문	금 문	소 전	예 서	초 서	행 서	
夕	Ɗ	⊃	夕	夕	夕	夕	夕食(석식) 一夕(일석) 日夕(일석) 七夕(칠석)
저녁 석	(字源풀이) 초저녁에 ⟩반달이 떠오른 모습을 본뜬 글자다. '저녁'의 뜻이 되었다. ※月(달)과 구분키 위해 한 획을 뺏다 ※夂(뒤져서 올 치), 久(오랠 구), 夊(천천히 걸을 쇠), 攵(등글월 문)						

44	갑골문	금 문	소 전	예 서	초 서	행 서	
姓	娳	姓	姓	姓	姓	姓	姓名(성명) 大姓(대성) 同姓(동성) 百姓(백성)
성 성	(字源풀이) 여자가 아이를 낳아서는 자신의(어미) 성을 따르게 하였는데, 이것은 당시 사회가 모계사회였음을 엿볼 수 있는 대목으로 '성'의 뜻이 되었다. ※異姓(이성) : 성이 다름. 異(다를 이)						

45	갑골문	금 문	소 전	예 서	초 서	행 서	
世	世	世	世	世	芚	世	世上(세상) 一世(일세) 前世(전세) 出世(출세)
인간 세	(字源풀이) 十을 3개(卅:서른 삽) 겹쳐 30년 오랜 세월을 의미하는 회의문자로 '인간', '세대', '세상'을 뜻하게 되었다. ※卅=世 ☞ 1세대=30년, 2세대=60년, 3세대=90년						

한자 쓰기

공부한 날   月   日

上 一, 총3획 윗 상	ㅣ ㅏ 上					
色 色, 총6획 빛 색	ノ ㇗ 夕 亽 名 色					
夕 夕, 총3획 저녁 석	ノ ク 夕					
姓 女, 총8획 성 성	㇑ 女 女 女 女 妒 妒 姓					
世 一, 총5획 인간 세	一 十 卄 廿 世					

46	갑골문	금문	소전	예서	초서	행서	
少							少年(소년) 少數(소수) 少長(소장) 年少(연소)
적을 소	(字源풀이) 갑골문은 작은 점 네 개를 세로로 내리 그었다. 금문에 와서 아래의 획을 길게 삐치게 하여(丿: 덜어 버림 표시) 양이 적음을 추상적으로 표현했다. 小(작을 소)가 물체가 작음에 대해서 양이 '적다'의 뜻으로 새겼다. 少(적을 절)						

47	갑골문	금문	소전	예서	초서	행서	
所							所出(소출) 名所(명소) 便所(변소) 住所(주소)
바 소 곳 소 장소 소	(字源풀이) 갑골문은 문과 도끼가 그려져 있다. 중요한 생활 도구의 하나인 도끼가 놓여있는 방(戶)이 사람이 사는 곳이라는 데서 '곳', '장소'의 뜻이 되었다. ※설문해자 : 나무를 베는 소리[伐木聲也(벌목성야)]라고 했다						

48	갑골문	금문	소전	예서	초서	행서	
手							手中(수중) 旗手(기수) 木手(목수) 上手(상수)
손 수	(字源풀이) 사람의 손목과 다섯 손가락을 쫙 편 모습을 본뜬 글자. 즉, ✋엄지, 식지, 중지, 약지, 새끼손가락을 모두 갖춘 뼈대를 사실적으로 그렸다. '손'의 뜻이다. 釋(풀 석), 卷(책 권) ※手不釋卷(수불석권) : 손에서 책을 내려놓지 않고 늘 글을 읽음						

49	갑골문	금문	소전	예서	초서	행서	
數							數日(수일) 數學(수학) 數字(숫자) 正數(정수)
셈 수 자주 삭 촘촘할 촉	(字源풀이) 오른손에 큰 바늘을 들고 새끼 매듭을 짓고 있는 모습이다. 매듭을 하나하나 지어 나가야 확실하게 셈할 수 있다는 데서 '셈'의 뜻이 나왔다. ※數罟(촉고) : 눈을 촘촘하게 떠서 만든 그물. 罟(그물 고)						

50	갑골문	금문	소전	예서	초서	행서	
市							市國(시국) 市民(시민) 市場(시장) 市中(시중)
저자 시	(字源풀이) 옛날에 시장이 설 때는 시장이 섰음을 보이기 위해 높은 곳에 펄럭이는 깃발을 세워 시장이 선다는 의미를 나타냈다. '저자', '시장'의 뜻이 되었다. ※市 : 슬갑 불(4획), 市 : 저자 시(5획), 帀(돌 잡) ☞ 특별시(特別市)ㅇ, 특별불(特別市)×						

한자 쓰기

공부한 날   月   日

少	ㅣ 亅 小 少				
小, 총4획 적을 소					
所	` ` ` 户 户 所 所 所				
戶, 총8획 바 소					
手	` ` 三 手				
手=扌, 총4획 손 수					
數	` ` ` ` ` ` ` ` ` ` ` 數 數				
攵=攴, 총15획 셈 수					
市	` 亠 广 广 市				
巾, 총5획 저자 시					

51	갑골문	금문	소전	예서	초서	행서	
時	岀	峕	曀	時	呍	時	時間(시간) 同時(동시) 四時(사시) 平時(평시)

때 시	(字源풀이) 갑골, 금문에는 태양 위에 발 하나가 그려져 있고, 소전에 와서 손이 추가됨을 볼 수 있다. 고로, 해가 떠 있는 동안에 손, 발맞추어 농사일을 제 때에 한다는 데서 '때'의 뜻이 나왔다. ☞ 时=時 ※四時春風(사시춘풍) : 사철 봄바람. 누구에게나 잘 대해 주는 사람

52	갑골문	금문	소전	예서	초서	행서	
植	柚	糧	糚	植	桔	植	植木(식목) 植物(식물) 植民(식민) 植木日 (식목일)

심을 식	(字源풀이) 나무를 심을 때는 눈을 똑바로 보고 곧게 심어야 된다는 데서 '심다'의 뜻이 나왔다. ※植木(식목) : 나무를 심음 ※植林(식림) : 나무를 심어 수풀을 만듦

53	갑골문	금문	소전	예서	초서	행서	
食	盒	食	食	食	飠	佥	食水(식수) 小食(소식) 外食(외식) 大食家 (대식가)

밥 식 먹을 식 밥 사	(字源풀이) 음식이 담겨진 그릇과 식지 않도록 뚜껑으로 덮어 놓은 사이로 김이 아래로 흐르고 있는 모습을 사실적으로 그린 글자다. 여기서 '밥', '먹다'의 뜻이 나왔다. 簞(도시락 단), 瓢(표주박 표) ※簞食瓢飮(단사표음) : 도시락밥과 표주박의 물. <검소한 생활>

54	갑골문	금문	소전	예서	초서	행서	
心	日	由	心	心	心	心	心中(심중) 民心(민심) 天心(천심) 孝心(효심)

마음 심	(字源풀이) 심장 ♡ 모양을 본뜬 글자다. 염통과 대동맥, 대정맥을 곡선을 사용하여 표현하였다. 옛날 사람들은 무엇을 생각 하는 것이 심장 곧, 마음에 있다고 여겼던 데서 '마음'의 뜻이 나왔다. ☞ 必(반드시 필) 참조

55	갑골문	금문	소전	예서	초서	행서	
安	安	帘	帘	安	安	安	安家(안가) 安民(안민) 安心(안심) 不安(불안)

편안할 안	(字源풀이) 한 여자(안사람)가 집안에 다소곳이 앉아 있는 모습을 그린 글자다. 여자가 집안일을 잘 돌보아야 마음이 편안하여져 집안이 편안해진다는 데서 '편안하다'의 뜻이 나왔다. ※安生(안생) : 편안한 삶

한자 쓰기

時	丨 冂 日 日 日- 旷 旷 旷 時 時					
日, 총10획 때　시						
植	一 十 才 木 术 朾 朾 桁 柿 柿 植 植					
木, 총12획 심을　식						
食	丿 人 人 今 今 今 食 食 食					
食=飠=飠, 총9획 밥　식						
心	丶 心 心 心					
心=忄=㣺, 총4획 마음　심						
安	丶 丷 宀 灾 安 安					
宀, 총6획 편안할 안						

56	갑골문	금문	소전	예서	초서	행서	
語	語	語	語	語	語	語	語文(어문) 語學(어학) 日語(일어) 主語(주어)

말씀 어

(字源풀이) 말을 할 때는 나의 의사를 상대방에게 분명히 한다는 데서 '말', '말씀'의 뜻이 나왔다. ☞ 吾(나 오)의 갑골문 → 吾
☞ 음가가 오 → 어로 변음
※國語(국어) : 그 나라의 언어. 古語(고어) : 옛말

57	갑골문	금문	소전	예서	초서	행서	
然	然	然	然	然	然	然	然後(연후) 不然(불연) 所然(소연) 天然(천연)

그럴 연

(字源풀이) 갑골문 자형은 개고기를 불에 그슬리거나 굽고 있는 모습으로 '그러하다'는 뜻인 접속사로 바뀜. 설문해자의 저자 허신은 然이란 '타는 것'이라 했다. ☞ 火를 더하여 燃(태울 연)자를 또 만듦
※肰(개고기 연)

58	갑골문	금문	소전	예서	초서	행서	
午	午	午	午	午	午	午	午前(오전) 午後(오후) 上午(상오) 正午(정오)

낮 오

(字源풀이) 벼의 껍질과 알곡을 분리하기 위해 절구에 넣고 찧는데 사용하는 절굿공이를 본뜬 글자다. 갑골문은 이미 일곱 번째 地支(지지)로 사용하였고 띠로는 말띠, 시간대는 오전 11시에서 오후 1시다. 여기에서 '낮'의 뜻이 나왔다. ☞ 杵(절굿공이 저)가 본래자

59	갑골문	금문	소전	예서	초서	행서	
右	又	右	右	右	右	右	右記(우기) 右方(우방) 右便(우편) 左右(좌우)

오를 우
오른 우

(字源풀이) 오른손이 있는 쪽을 말한다는 의미인데 '오른손', '오른쪽'의 뜻이 되었다.
☞ 又(오른손 우)가 본래자
※石(돌 석)

60	갑골문	금문	소전	예서	초서	행서	
有	又	有	有	有	有	有	有力(유력) 有名(유명) 有夫(유부) 所有(소유)

있을 유

(字源풀이) 갑골문에는 오른손만 있다가 금문에 와서야 고깃덩이가 손에 붙어 있다. 한 손으로 한 개의 묵직한 고깃덩이를 든 모습으로 -내 손 안에 고기가 들려져 있다-라는 데서 '있다'의 뜻이 나왔다.
※갑골문에는 又(오른손 우)=有 ☞ 冇(없을 유)

한자 쓰기

語 言, 총14획 말씀 어	丶 ㄴ ㅗ ㅗ 言 言 言 訂 訂 訪 語 語 語 語						
然 灬=火, 총12획 그럴 연	丿 ㄅ ㄅ ㄅ ㄅ ㄅ 妷 然 然 然 然 然						
午 十, 총4획 낮 오	丿 ㅗ ㅗ 午						
右 口, 총5획 오를 우	丿 ナ ナ 右 右						
有 月=月=肉, 총6획 있을 유	丿 ナ ナ 冇 有 有						

61	갑골문	금 문	소 전	예 서	초 서	행 서	
育	㐬	㐬	育	育	育	育	育林(육림) 敎育(교육) 事育(사육) 生育(생육)
기를 육 맏아들 주	(字源풀이) 한 여인의 엉덩이 밑으로 한 아기가 머리를 거꾸로 한 채 나오는 모습이다. 옆에는 산모의 몸에서 양수가 흘러내리고 있음을 사실적으로 그렸다(출산장면). 아기를 낳아 잘 기른다는 데서 '기르다'의 뜻이 나왔다. ※厶(아이 낳을 돌) ☞ 毓=育(동자 이체자)						

62	갑골문	금 문	소 전	예 서	초 서	행 서	
邑	邑	邑	邑	邑	邑	邑	邑民(읍민) 邑長(읍장) 邑村(읍촌) 食邑(식읍)
고을 읍	(字源풀이) 갑골문에는 口은 고을을 표현하고, 아래는 사람이 꿇어 앉아 있는 모습 卩(병부 절)을 하고 있다. 이는 사람이 항상 살고 있는 지역임을 상징적으로 표현한 글자로 '마을', '고을'의 뜻이 되었다. ※邑=阝(변형 부수)						

63	갑골문	금 문	소 전	예 서	초 서	행 서	
入	入	入	入	入	入	入	入校(입교) 入場(입장) 記入(기입) 出入(출입)
들 입	(字源풀이) 나무에 박을 수 있는 끝이 뾰족한 화살촉이나 쐐기 ∧모양을 한 도구를 그린 글자다. 끝이 날카로워야 힘을 줄때 어떤 물체에 쉽게 들어간다는 데서 '들어가다'의 뜻이 되었다. ※入山(입산) : 산에 들어감						

64	갑골문	금 문	소 전	예 서	초 서	행 서	
子	子	子	子	子	子	子	子女(자녀) 子弟(자제) 母子(모자) 女子(여자)
아들 자	(字源풀이) 어린아이의 큰머리와 치켜 올린 두 팔, 포대기에 잘 감싸인 발을 그린 글자다. 갓 태어난 생명체인 아이의 특징을 잘 묘사한 작품으로 '남자아이', '자식', '아이', '아들'의 뜻이 되었다. ☞ 孑(외로울 혈)						

65	갑골문	금 문	소 전	예 서	초 서	행 서	
字	字	字	字	字	字	字	字母(자모) 植字(식자) 八字(팔자) 活字(활자)
글자 자	(字源풀이) 집안에 어린 아이가 있는 것으로 보아, 아이를 낳아 기르다가 본뜻이다. 상형 문자인 文에 대하여 文과 결합하여 기초문자 두 개 이상의 새로운 글자, 즉 새끼 친 글자를 字라 한다. 文字의 뜻이 여기서 나왔다. '문자', '글자'의 뜻이다. ※許愼(설문해자)-乳也라 함						

한자 쓰기

育 月=肉, 총8획 기를 육	、亠亠云产育育育	
邑 邑=阝, 총7획 고을 읍	、口口口写吕吕	
入 入=入, 총2획 들 입	ノ入	
子 子, 총3획 아들 자	了了子	
字 子, 총6획 글자 자	、丶宀宀宁字	

66	갑골문	금문	소전	예서	초서	행서	
自	自	自	自	自	自	自	自動(자동) 自然(자연) 自重(자중) 自活(자활)
스스로 자	(字源풀이) 사람의 코 모습을 본뜬 글자(自:코 자). 중국에서는 지금도 손가락으로 자기 코를 가리켜 자기라는 뜻으로 쓰이게 되자 畀(give, 줄 비)를 덧붙여 鼻(코 비)를 본래의 뜻으로 회복. '자기', '스스로'의 뜻은 파생된 뜻이다.						

67	갑골문	금문	소전	예서	초서	행서	
場	場	場	場	場	場	場	場內(장내) 場所(장소) 場外(장외) 出場(출장)
마당 장	(字源풀이) 土(흙 토)와 昜(볕 양)을 합친 회의자로, 햇볕이 따사롭게 잘 드는 넓은 땅이라는 데서 '마당'의 뜻이 나왔다. ※場面(장면) : 어떤 장소의 겉으로 드러난 면이나 광경 ※場所(장소) : 곳						

68	갑골문	금문	소전	예서	초서	행서	
全	全	全	全	全	全	全	全國(전국) 全面(전면) 全文(전문) 安全(안전)
온전 전	(字源풀이) 잘 다듬어진 아름다운 玉(⽟옥)으로 완전하게 가공을 마쳤다는 데서 '온전'의 뜻이 되었다. ※穩全(온전) : 흠결이 없이 완전함 ※穩(평온할 온)						

69	갑골문	금문	소전	예서	초서	행서	
前	前	前	前	前	前	前	前文(전문) 前後(전후) 事前(사전) 食前(식전)
앞 전	(字源풀이) 배 위에 발 하나를 올려놓으면(歬), 배가 앞으로 나간다는 뜻의 회의문자다. '앞'의 뜻이 되었다. ☞ 月=舟(배 주)의 의미 ※발아래 쟁반처럼 생긴 모습이라는 설도 보임						

70	갑골문	금문	소전	예서	초서	행서	
電	電	電	電	電	電	電	電力(전력) 電文(전문) 電子(전자) 電車(전차)
번개 전	(字源풀이) 번갯불이 번쩍일 때 나뭇가지처럼 길게 뻗어 흰빛 ⚡을 발하는 것이 번개인데, 번개 칠 때의 모습을 그린 글자다. '번개'의 뜻이 되었다. ☞ 申(번갯불) : 번개 신 ※電光石火(전광석화) : 번갯불과 부싯돌. <매우 짧은 시간>						

한자 쓰기

自	´ ´ ㇒ ㇉ 自 自						
自, 총6획 스스로 자							
場	一 十 土 圵 圯 圯 坥 坥 坍 場 場 場						
土, 총12획 마당 장							
全	ノ 入 스 全 全 全						
入=入, 총6획 온전 전							
前	` ´ ㇜ ㇜ 广 芦 前 前 前						
刂, 총9획 앞 전							
電	一 ㇒ ㇒ 亖 兩 雨 雨 雨 雪 雪 雷 雷 電						
雨, 총13획 번개 전							

71	갑골문	금 문	소 전	예 서	초 서	행 서	
正							正道(정도)
							正門(정문)
바를 정							正月(정월)
							子正(자정)

(字源풀이) 갑골문을 보면 네모꼴(□) 밑에 발 하나가 그려져 있다. 네모로 이루어진 적의 城(성)을 향하여 큰 발로 정벌하러간다는 의미로, 적의 잘못됨을 바로 잡는다는 데서 '바르다'의 뜻이 되었다.
※본래의 뜻을 회복코자 征(칠 정)을 또 만듦

72	갑골문	금 문	소 전	예 서	초 서	행 서	
祖							祖國(조국)
할아비 조							祖母(조모)
조상 조							祖父(조부)
							先祖(선조)

(字源풀이) 제사를 지낼 때 필요한 제단과 위패를 세운 모습이다. 이것은 祖上神(조상신)에게 제사를 드리는 사당으로 '조상', '할아비'의 뜻이 나왔다.
※祖行(조항) : 할아버지뻘의 항렬. 行(항렬 항)

73	갑골문	금 문	소 전	예 서	초 서	행 서	
足							足心(족심)
							不足(부족)
발 족							四足(사족)
							手足(수족)

(字源풀이) 갑골문 자형을 보면 足과 正은 동일선상에서 출발하였다. 金文(금문)은 무릎 밑의 다리를 강조하여 발가락까지 그려 땅을 내디딜 수 있는 발 모습에서 '발'의 뜻이 됨.
※足跡(족적) : 발자국. 跡(발자취 적)

74	갑골문	금 문	소 전	예 서	초 서	행 서	
左							左面(좌면)
							左手(좌수)
왼 좌							左足(좌족)
							左便(좌편)

(字源풀이) 갑골문은 왼손 모습만 달랑 그려진 상형문자다. 금문에 와서 직각자 같은 공구(工)를 덧붙였다. 왼손에 공구가 잡혀 있는 모습을 통하여 '왼쪽'의 뜻으로 새겼다.
※左海(좌해) : 우리나라의 별칭

75	갑골문	금 문	소 전	예 서	초 서	행 서	
主							主動(주동)
							主力(주력)
주인 주							主人(주인)
							地主(지주)

(字源풀이) 나무 등걸 위의 심지에 불이 타오르고 있는 불꽃 모습이다. 집의 중심 부분에 불을 밝히면 사람이 모이므로, 불을 관리하는 자가 주인이라는 데서 '주인'의 뜻이 되었다. ※炷(심지 주) : 본뜻
※主客顚倒(주객전도) : 주인과 손이 서로 뒤바뀜. ※顚(엎드러질 전)

한자 쓰기

正	一 丁 下 正 正
止, 총5획 바를 정	
祖	一 一 亍 齐 齐 剂 剂 剂 剂 祖
示, 총10획 할아비 조	
足	丶 卩 口 口 口 足 足
足, 총7획 발 족	
左	一 广 广 左 左
工, 총5획 왼 좌	
主	丶 一 二 主 主
丶, 총5획 주인 주	

76	갑골문	금문	소전	예서	초서	행서
住						

住民(주민)
安住(안주)
入住(입주)
衣食住
(의식주)

살 주

(字源풀이) 불꽃이 타오르듯 중심 되는 곳에 사람이 머물러 산다는 데서 '머물다', '거처하다', '살다'의 뜻이 나왔다.

※安住(안주) : 편히 삶

☞ 往(갈 왕), 隹(새 추), 佳(아름다울 가)

77	갑골문	금문	소전	예서	초서	행서
重						

重大(중대)
重力(중력)
重生(중생)
二重(이중)

무거울 중

(字源풀이) 사람이 등에 무거운 짐을 짊어지고 서 있거나 짐을 나르는 인부의 모습을 형상화한 글자다. '무겁다'의 뜻이다.

※重言復言(중언부언) : 한 말을 자꾸 되풀이 함. 復(다시 부)

※重千金(중천금) : 무게가 천금과도 같다는 뜻으로, 가치가 극히 큼

78	갑골문	금문	소전	예서	초서	행서
地						

地面(지면)
地平(지평)
天地(천지)
土地(토지)

따 지
땅 지

(字源풀이) 갑골문은 땅과 배로 기어 다니는 꼬불꼬불한 뱀 모양을 그렸다. 곧, 굴곡 된 땅모양이 뱀처럼 연속적으로 이어짐을 형상화한 글자로 '따(=땅)'의 뜻이 되었다.

※天地(천지)=乾坤(건곤), ☞ 乾(하늘 건), 坤(땅 곤)

79	갑골문	금문	소전	예서	초서	행서
紙						

紙面(지면)
白紙(백지)
全紙(전지)
韓紙(한지)

종이 지

(字源풀이) 나무에서 나온 실(섬유질)을 얽혀 만든 것이 종이라는 데서 '종이'의 뜻이 되었다.

※紙面(지면) : 종이의 표면

※紙幣(지폐) : 종이돈. 幣(돈 폐)

80	갑골문	금문	소전	예서	초서	행서
直						

直立(직립)
直面(직면)
正直(정직)
下直(하직)

곧을 직
값 치

(字源풀이) 갑골문은 추가 달려있는 수직선(| →ㅏ)과 눈(罒→目)이 함께 그려진 글자로, 똑바로 서 있는 물체를 바라보고 있는 모습이다. '바르게 보다', '곧게 보다', '곧다'의 뜻이 되었다. ☞ 悳(큰 덕)

※直線(직선) ↔ 曲線(곡선) ☞ 直千金(치천금) : 천금의 가치

한자 쓰기

住	ノ イ イ 仹 作 住 住				
亻＝人, 총7획 살 주					
重	ー 二 千 产 盲 盲 重 重				
里, 총9획 무거울 중					
地	ー 十 土 圤 地 地				
土, 총6획 따 지					
紙	ㄴ 纟 纟 幺 糸 糸 糸 紅 紙 紙				
糸＝糸, 총10획 종이 지					
直	ー 十 广 古 方 首 直 直				
目, 총8획 곧을 직					

81	갑골문	금문	소전	예서	초서	행서	
千	千	千	千	千	千	千	千金(천금) 千年(천년) 千里(천리) 數千(수천)

(字源풀이) 갑골문은 사람의 다리 부분에 가로 횡선(一)을 그린 글자로, 고대인은 인간의 몸(𠆢→𠂉)으로 표현 할 수 있는 1천이라는 큰 숫자를 신체로 표현하여 '일천'의 뜻으로 새겼다.
※2개=2천, 3개=3천, 4개=4천, 5천=𠆢에 一대신에 ⊠를 그려 표현

일천 천

82	갑골문	금문	소전	예서	초서	행서	
天	天	天	天	天	天	天	天國(천국) 天女(천녀) 天主(천주) 靑天(청천)

(字源풀이) 두 다리와 양팔을 크게 벌리고 정면을 바라보고 서있는 사각머리를 한 사람의 모습이다. 그 곳이 정수리를 나타냄이며, 정수리 위에 있는 부분이 하늘과 맞닿은 곳이 하늘이라 여겨 '하늘'의 뜻으로 새겼다.

하늘 천

83	갑골문	금문	소전	예서	초서	행서	
川	川	川	川	川	川	川	名川(명천) 山川(산천) 山川草木 (산천초목)

(字源풀이) 양쪽 둑 사이로 물줄기가 내를 이루어 흘러 내려가는 모양을 그린 글자다. '냇물', '내'의 뜻이 되었다.
※내 : 시내보다 크고 강 보다는 작은 물줄기
※냇물 : 내에 흐르는 물

내 천

84	갑골문	금문	소전	예서	초서	행서	
草	草	草	草	草	草	草	草家(초가) 草木(초목) 草食(초식) 草紙(초지)

(字源풀이) 초기의 갑골문은 갓 돋아난 한 포기의 풀이, 소전(小篆)에 와서 두 포기의 풀과 소리 부호인 早(조)를 덧붙임. 예서(隸書)에 와서야 오늘날의 자형으로 굳어짐. 오늘날 '풀'의 뜻으로 쓰이고 있다.
☞ 艸(풀 초) : 소전체로 부수자로 쓰임. ☞ 草=艸(동자 이체자)

풀 초

85	갑골문	금문	소전	예서	초서	행서	
村	村	村	村	村	村	村	村家(촌가) 村里(촌리) 村民(촌민) 村長(촌장)

(字源풀이) 나무를 손으로 다듬는 농촌 사회의 작은 마을이라는 데서 '시골', '마을'의 뜻이 나왔다.
※村落(촌락) : 시골의 마을
※江村(강촌) : 강가의 마을. ☞ 邨=村(동자 이체자) / 屯(진칠 둔)

마을 촌

한자 쓰기

千	ノ 二 千					
十, 총3획 일천　천						
天	一 二 于 天					
大, 총4획 하늘　천						
川	ノ ノ川 川					
川=巛, 총3획 내　천						
草	一 十 卅 芇 芦 芐 苩 苩 苜 草					
++=艹, 총10획 풀　초						
村	一 十 才 木 村 村 村					
木, 총7획 마을　촌						

86	갑골문	금 문	소 전	예 서	초 서	행 서	
秋	龗	導	韃	秋	犾	秋	秋月(추월) 秋日(추일) 立秋(입추) 千秋(천추)
가을 추	(字源풀이) 갑골문은 불 위에 가을의 상징인 벼메뚜기를 측면에서 그렸다. 소전에는 벼가 첨가되면서 메뚜기가 거북이 모습으로 변형되었고, 예서에는 메뚜기가 사라지고 오늘날의 자형으로 굳어졌다. 본래 벼가 잘 익었다는 의미로 '가을'의 뜻이 되었다. ☞ 龝=秌=烌=秋						
87	갑골문	금 문	소 전	예 서	초 서	행 서	
春	韈	蓉	罍	春	春	春	春川(춘천) 春夏(춘하) 立春(입춘) 青春(청춘)
봄 춘	(字源풀이) 초목의 어린 새싹이 햇빛을 받아 땅을 비집고 돋아나는 모습을 그렸다. 만물이 소생하는 새 생명 탄생의 경이로움을 보여주는 계절의 의미로, 봄을 상징적으로 표현한 작품이다. '봄'의 뜻이다. ※春花秋月(춘화추월) : 봄철의 꽃과 가을철의 달						
88	갑골문	금 문	소 전	예 서	초 서	행 서	
出	峕	㇗	峕	峀	齿	出	出家(출가) 出生(출생) 出土(출토) 外出(외출)
날 출	(字源풀이) 주로 동굴이나 움집에서 생활을 한 고대인들은 집을 나가는 동작을 보여주기 위해 발을 밖으로 향하게 했다. 즉, 사는 집(穴居)으로부터 밖으로 나간다(㞢=㞢)는 데서 '나가다'의 뜻이 나왔다. ※出入口(출입구) : 출입하는 어귀						
89	갑골문	금 문	소 전	예 서	초 서	행 서	
便	復	復	便	便	便	便	便安(편안) 便紙(편지) 大便(대변) 人便(인편)
편할 편 똥오줌 변	(字源풀이) 투구 쓴 무사가 채찍으로 등을 후려치고 있는 모습이다. 노예를 다스리기에는 채찍 사용이 편리한 도구였다는 데서 '편하다'의 뜻이 나왔다. ※便道(편도) : 편리한 길						
90	갑골문	금 문	소 전	예 서	초 서	행 서	
平	罕	罞	罕	平	乎	乎	平面(평면) 平生(평생) 平地(평지) 平平(평평)
평평할 평	(字源풀이) 갑골문과 금문의 자형은 정면에서 바라보았을 때, 물건을 다는 천칭저울의 모습처럼 보인다. 어느 한쪽으로 기울어지지 않는 평평한 저울이라는 데서 '평평하다'의 뜻이 되었다. ※平平(평평) : 높낮이가 없이 판판함						

한자 쓰기

공부한 날   月   日

秋 禾, 총9획 가을 추	ノ 二 千 千 禾 禾 禾 秒 秋 秋					

春 日, 총9획 봄 춘	一 二 三 声 夫 表 春 春 春					

出 凵, 총5획 날 출	丨 屮 屮 出 出					

便 亻, 총9획 편할 편	ノ 亻 亻 亻 佢 佢 佢 便 便					

平 干, 총5획 평평할 평	一 一 一 平 平					

91	갑골문	금문	소전	예서	초서	행서	
下				下		下	下校(하교)

(字源풀이) 갑골문 자형은 어떤 기준선 밑에 짧은 가로 횡선(一)을 그어 '아래'를 가리킨 데서 '아래'의 뜻이 나왔다. ᴗ(=상=上)과 반대 개념으로 갑골문에는 ᴗ(=하=下)로 새겼음을 알 수 있다.

※ 下日(하일) : 근무하지 아니하는 날

아래 하

下命(하명)
上下(상하)
天下(천하)

92	갑골문	금문	소전	예서	초서	행서	
夏				夏		夏	夏間(하간)

(字源풀이) 갑골문은 큰 머리와 몸과 손발을 완전히 갖추고, 왼손에 는 도끼를 거머쥔 장대한 무사가 춤추고 있는 모습으로 그려져 있다. 이것은 여름에 기우제를 드리기 위해, 무사로 분장한 춤추는 무당 모 습으로 '여름'의 뜻이 됨. ☞ 여름의 상징인 매미가 그려진 갑골문도 보임

여름 하

夏冬(하동)
夏海(하해)
立夏(입하)

93	갑골문	금문	소전	예서	초서	행서	
漢				漢	漢	漢	漢語(한어)

(字源풀이) 자형은 물(水=氵) + 짐승을 묶어 놓고 태우고 있는 모습 인 형성자다. 현재 중국 양자강(揚子江) 상류 유역은 진흙으로 덮여 있고, 그 큰 강물 이름을 漢水(한수)로 칭하며, 한수 유역을 중심으로 세워진 나라 이름이라는 데서 '한수', '한나라'의 뜻이 되었다.

한수 한
한나라 한
물이름 한

漢人(한인)
漢字(한자)
漢學(한학)

94	갑골문	금문	소전	예서	초서	행서	
海				海	海	海	海軍(해군)

(字源풀이) 자형은 물(氵=水) + 고운 비녀를 꽂고 얌전히 앉아 있는 여자 모습(每)인 형성자로, 모든 것을 다 받아들일 수 있는 어머니 품과 같이 넓고 넓은 바다로 표현하여 '바다'의 뜻이 되었다.

※ 형성자 : 뜻 부분 氵(수) + 음 부분 每(매)로 구성된 글자

바다 해

海面(해면)
海水(해수)
海外(해외)

95	갑골문	금문	소전	예서	초서	행서	
花				花	花	花	花月(화월)

(字源풀이) 풀이 돋아 꽃망울이 변화하여 화사하고 아름다운 꽃이라 는 데서 '꽃'의 뜻이 되었다.

※ 花의 본래자는 꽃을 그린 華(화)이다

※ 花卉(화훼) : 화초 ☞ 卉(풀 훼)

꽃 화

花草(화초)
木花(목화)
白花(백화)

한자 쓰기

下 一, 총3획 아래　하	一 丁 下						
夏 夂=夊, 총10획 여름　하	一 一 千 币 币 币 百 頁 頁 夏						
漢 氵=水=氺, 총14획 한수　한	丶 丶 氵 汁 汁 沚 沚 洪 洪 灌 漠 漢 漢						
海 氵=水=氺, 총10획 바다　해	丶 丶 氵 汐 泸 沍 海 海 海 海						
花 ++=艸, 총8획 꽃　화	一 十 卅 芇 芇 芿 花 花						

96	갑골문	금문	소전	예서	초서	행서	
話							話中(화중) 口話(구화) 手話(수화) 電話(전화)
말씀 화	(字源풀이) 言(말씀 언) + 舌(혀 설)로 구성된 형성자다. 혀의 기능은 입맛을 보거나 말을 하는 것인데, 言을 붙여 그 뜻을 더욱 분명히 하였다. '말', '말씀'의 뜻이 되었다. 예서(隸書)에 와서 이 글자가 오늘날의 자형으로 굳어짐.						

97	갑골문	금문	소전	예서	초서	행서	
活							活氣(활기) 活動(활동) 生活(생활) 活活(괄괄)
살 활 물소리 괄	(字源풀이) 막혔던 물이 콸콸(괄괄) 터져 흐르는 소리를 의성화시킨 글자로, 생명력 넘치게 흐른다는 데서 '살다'의 뜻이 나왔다. ※活路(활로) : 살아나갈 길 ※活活(괄괄) : 물이 세차게 흐르는 소리						

98	갑골문	금문	소전	예서	초서	행서	
孝							孝女(효녀) 孝道(효도) 孝子(효자) 不孝(불효)
효도 효	(字源풀이) 한 아이가 나이든 노인을 등에 업고서 앞으로 걸어가는 모습이다. 어버이를 잘 섬기는 것이 효도의 근본임을 몸으로 표현했다. 여기에서 '효도'의 뜻이 나왔다. ※孝鳥(효조) : 까마귀						

99	갑골문	금문	소전	예서	초서	행서	
後							後記(후기) 後方(후방) 後事(후사) 後天(후천)
뒤 후	(字源풀이) 갑골문에는 밧줄에 묶여 걸어가는 사람의 발 모습을 그린 글자다. 보폭이 정상인 걸음 보다는 뒤처져 걸어 갈 수밖에 없다는 데서 '뒤'의 뜻이 나왔다. ※後尾(후미) : 뒤쪽의 끝. 尾(꼬리 미)						

100	갑골문	금문	소전	예서	초서	행서	
休							休校(휴교) 休紙(휴지) 休學(휴학) 年休(연휴)
쉴 휴	(字源풀이) 사람(亻)이 나무(木)에 기대어 쉬고 있는 모습이다. '쉬다'의 뜻이 나왔다. ※休火山(휴화산) : 옛날에는 분화하였으나 현재는 쉬고 있는 산 ☞ 体(몸 체), 體의 약자						

한자 쓰기

話	` 一 十 十 亡 言 言 言 訐 訐 訐 話 話				
言, 총13획 말씀 화					

活	` ` ` ` 氵 氵 汗 汗 活 活				
氵=水=氺, 총9획 살 활					

孝	一 十 土 耂 考 考 孝				
子, 총7획 효도 효					

後	' ' 彳 彳 彳 彳 後 後 後				
彳, 총9획 뒤 후					

休	ノ 亻 亻 亻 什 休 休				
亻=人, 총6획 쉴 휴					

7 級 (훈음 쓰기) — 1

배정한자 100字 【정답 : 배정한자 참고】

家		林	
歌		立	
間		每	
江		面	
車		名	
工		命	
空		問	
口		文	
旗		物	
記		方	
氣		百	
男		夫	
內		不	
農		事	
答		算	
道		上	
冬		色	
動		夕	
同		姓	
洞		世	
登		少	
來		所	
力		手	
老		數	
里		時	

市		住	
植		重	
食		地	
心		紙	
安		直	
語		千	
然		天	
午		川	
右		草	
有		村	
育		秋	
邑		春	
入		出	
子		便	
字		平	
自		下	
場		夏	
全		漢	
前		海	
電		花	
正		話	
祖		活	
足		孝	
左		後	
主		休	

7 級 (한자 쓰기) — 1
배정한자 100字 【정답 : 배정한자 참고】

집	가		수풀	림	
노래	가		설	립	
사이	간		매양	매	
강	강		낮	면	
수레	거		이름	명	
장인	공		목숨	명	
빌	공		물을	문	
입	구		글월	문	
기	기		물건	물	
기록할	기		모	방	
기운	기		일백	백	
사내	남		지아비	부	
안	내		아닐	불	
농사	농		일	사	
대답	답		셈	산	
길	도		윗	상	
겨울	동		빛	색	
움직일	동		저녁	석	
한가지	동		성(姓)	성	
골	동		인간	세	
오를	등		적을	소	
올	래		바	소	
힘	력		손	수	
늙을	로		셈	수	
마을	리		때	시	

7 級 (한자 쓰기) — 2

배정한자 100字【정답 : 배정한자 참고】

저자	시		살	주	
심을	식		무거울	중	
밥	식		따	지	
마음	심		종이	지	
편안	안		곧을	직	
말씀	어		일천	천	
그럴	연		하늘	천	
낮	오		내	천	
오를	우		풀	초	
있을	유		마을	촌	
기를	육		가을	추	
고을	읍		봄	춘	
들	입		날	출	
아들	자		편할	편	
글자	자		평평할	평	
스스로	자		아래	하	
마당	장		여름	하	
온전	전		한수	한	
앞	전		바다	해	
번개	전		꽃	화	
바를	정		말씀	화	
할아비	조		살	활	
발	족		효도	효	
왼	좌		뒤	후	
임금	주		쉴	휴	

學文淸卯儉業
廉恥信義

매미의 오덕이라 수염은 선비의 갓끈을 칭하여 항시 배우고 익혀 선정을

베풀라는 문을 상징함이요 이슬을 먹고 사니 맑음이요 농부가 애써 가꾼

곡식을 해치지 않으니 염치를 앎이요 집이 없으니 검소함이요 철따라 울어대니

신의가 있구나

세종대왕이 쓰고있는 그 모자가 익선관이다 매미의 오덕을 항상 염두에 두고

청무를 수행하라는 깊은 뜻일 것이다 이 다섯가지 덕을 옛사람 뿐만 아니라

오늘을 사는 사람들도 새겨두고 본받아 익선관을 쓴듯 매미같은 삶을 실천하며

살아가기를 소망한다

學業在汝篤志與否
志篤則何患業不進

壬辰 末伏 前 二日
靜香田貞秀 揮汗

學業在汝篤志與否
志篤則何患業不進

學業은 네가 뜻을 독실히
하느냐 않느냐에 달려 있으니
뜻이 독실하다면 어찌 학업이
진척되지 않을까 걱정 하겠는가?

6級 150字 漢字 읽고 쓰기

6 級

배정한자 150字(부수 포함)

한자	뜻·음 / 부수	한자	뜻·음 / 부수
各	각각 각 / 입 구(口)발부	急	급할 급 / 마음 심(心=忄=㣺)발부
角	뿔 각 / 뿔 각(角)부	多	많을 다 / 저녁 석(夕)부
感	느낄 감 / 마음 심(心=忄=㣺)발부	短	짧을 단 / 화살 시(矢)변부
強	강할 강 / 활 궁(弓)변부	堂	집 당 / 흙 토(土)발부
開	열 개 / 문 문(門)몸부	代	대신 대 / 사람 인(亻=人)변부
京	서울 경 / 돼지해(亥) 머리(亠)부	對	대할 대 / 마디 촌(寸)방부
界	지경(地境) 계 / 밭 전(田)머리부	待	기다릴 대 / 자축거릴 척(彳)변부
計	셀 계 / 말씀 언(言)변부	圖	그림 도 / 에울 위(囗)몸부
古	예 고 / 입 구(口)발부	度	법도 도 / 헤아릴 탁 / 집 엄(广)엄부 / 엄호엄(广)부
苦	쓸 고 / 풀 초 (艹=艸)머리부	讀	읽을 독 / 구절 두 / 말씀 언(言)변부
高	높을 고 / 높을 고(高)부	童	아이 동 / 설 립(立)머리부
共	한가지 공 / 함께 공 / 여덟 팔(八=八)발부	頭	머리 두 / 머리 혈(頁)방부
公	공평할 공 / 공변될 공 / 여덟 팔(八=八)머리부	等	무리 등 / 대 죽(⺮=竹)머리부
功	공 공 / 힘 력(力)방부	樂	즐길 락 / 풍류 악 / 좋아할 요 / 나무 목(木)발부
果	실과 과 / 나무 목(木)부	例	법식 례 / 사람 인(亻=人)변부
科	과목 과 / 벼 화(禾)변부	禮	예도 례 / 보일 시(示=礻)변부
光	빛 광 / 어진 사람 인(儿)발부	路	길 로 / 발 족(⻊ = 足)변부
交	사귈 교 / 돼지해(亥) 머리(亠)부	綠	푸를 록 / 실 사(糸=糹)변부
區	구분할 구 / 지경(地境) 구 / 감출 혜(匚)몸부	利	이할 리 / 날카로울 리 / 선칼 도(刂=刀)방부
球	공 구 / 구슬 옥(⺩ =王=玉)변부	李	오얏 리 / 성(姓) 리 / 나무 목(木)머리부
郡	고을 군 / 고을 읍(阝=邑)방부	理	다스릴 리 / 구슬 옥(⺩ =王=玉)변부
近	가까울 근 / 쉬엄쉬엄 갈 착(辶=辶=辵=착)받침부	明	밝을 명 / 해 일(日)변부 / 날 일(日)변부
根	뿌리 근 / 나무 목(木)변부	目	눈 목 / 눈 목 (目)부
今	이제 금 / 사람 인(人=亻)머리부	聞	들을 문 / 귀 이(耳)부
級	등급 급 / 실 사(糸=糹)변부	米	쌀 미 / 쌀 미(米)부

6 級

배정한자 150字(부수 포함)

한자	뜻·음 / 부수	한자	뜻·음 / 부수
美	아름다울(beautiful) 미 양 양(≢=羊)머리부	速	빠를 속 쉬엄쉬엄 갈 착(辶=辶=辵=착)받침부
朴	성(姓) 박 나무 목(木)변부	孫	손자 손 아들 자(孑=子)변부
半	반 반 / 절반 반 열 십(十)부	樹	나무 수 나무 목(木)변부
反	돌아올 반 / 돌이킬 반 또 우(又)부	術	재주 술 다닐 행(行)몸부
班	나눌 반 구슬 옥(玉=王=玉)변부	習	익힐 습 깃 우(羽)머리부
發	필 발 필 발(癶)머리부	勝	이길 승 힘 력(力)부
放	놓을 방 칠 복(攵=攴)방부	始	비로소 시 계집 녀(女)변부
番	차례 번 밭 전(田)발부	式	법 식 주살 익(弋)부
別	다를 별 / 나눌 별 선칼 도(刂=刀)방부	神	귀신 신 보일 시(示=礻)변부
病	병 병 병질(病疾)엄(疒)부	信	믿을 신 사람 인(亻=人)변부
服	옷 복 달 월(月)변부	新	새 신 도끼 근(斤)방부
本	근본 본 나무 목(木)부	身	몸 신 몸 신(身)부
部	떼 부 고을 읍(阝=邑)방부	失	잃을 실 큰 대(大)부
分	나눌 분 칼 도(刀=刂)발부	愛	사랑(love) 애 마음 심(心=忄=㣺)부
使	하여금 사 / 부릴 사 사람 인(亻=人)변부	夜	밤 야 저녁 석(夕)부
社	모일 사 보일 시(示=礻)변부	野	들 야 마을 리(里)변부
死	죽을 사 죽을사변(歹=歺=앙상한뼈 알)부	弱	약할 약 활 궁(弓)부
書	글 서 / 책 서 / 쓸 서 가로 왈(曰)발부	藥	약 약 풀 초(艹=艸)머리부
席	자리 석 수건 건(巾)부	陽	볕 양 언덕 부(阝=阜)변부
石	돌 석 돌 석(石)부	洋	큰바다 양 물 수(氵=氺=水=氺)변부
線	줄 선 실 사(糸=糸)변부	言	말씀 언 말씀 언(言)부
雪	눈 설 비 우(雨)머리부	業	업 업 나무 목(木)부
成	이룰 성 창 과(戈)부	永	길 영 물 수(氵=氺=水=氺)부
省	살필 성 / 덜 생 눈 목(目)발부	英	꽃부리 영 풀 초(艹=艸)머리부
消	사라질 소 물 수(氵=氺=水=氺)변부	溫	따뜻할 온 물 수(氵=氺=水=氺)변부

6 級

배정한자 150字(부수 포함)

漢字	訓音	漢字	訓音
勇	날랠 용 힘 력(力)발부	族	겨레 족 모 방(方=方)변부
用	쓸 용 쓸 용(用)부	注	부을 주 / 물댈 주 물 수(氵=氵=水=氺)변부
運	옮길 운 쉬엄쉬엄 갈 착(辶=辶=辵=착)받침부	晝	낮 주 해 일(日)부 / 날 일(日)부
園	동산 원 에울 위(囗)몸부	集	모을 집 새 추(隹)머리부
遠	멀 원 쉬엄쉬엄 갈 착(辶=辶=辵=착)받침부	窓	창 창 구멍 혈(穴=穴)머리부
由	말미암을 유 밭 전(田)부	淸	맑을 청 물 수(氵=氵=水=氺)변부
油	기름 유 물 수(氵=氵=水=氺)변부	體	몸 체 뼈 골(骨)변부
銀	은 은 쇠 금(釒=金)변부	親	친할 친 / 어버이 친 볼 견(見)방부
音	소리 음 소리 음(音)부	太	클 태 / 처음 태 큰 대(大)부
飮	마실 음 밥 식(飠=飠=食)변부	通	통할 통 쉬엄쉬엄 갈 착(辶=辶=辵=착)받침부
意	뜻 의 마음 심(心=忄=㣺)발부	特	특별할 특 소 우(牛=牛)변부
衣	옷 의 옷 의(衣=衤)부	表	겉 표 옷 의(衣=衤)부
醫	의원 의 닭 유(酉)발부	風	바람 풍 바람 풍(風)부
者	놈 자 / 사람 자 늙을 로(耂=老)엄부	合	합할 합 입 구(口)발부
作	지을 작 사람 인(亻=人)변부	幸	다행 행 방패 간(干)발부
昨	어제 작 해 일(日)변부 / 날 일(日)변부	行	다닐 행 / 항렬(行列) 항 다닐 행(行)부
章	글 장 / 글월 장 설 립(立)머리부	向	향할 향 입 구(口)부
在	있을 재 흙 토(土)부	現	나타날 현 구슬 옥(𤣩=玉=王)변부
才	재주 재 손 수(扌=手)부	形	모양 형 터럭 삼(彡)방부
戰	싸움 전 창 과(戈)방부	號	이름 호 / 부를 호 범 호(虍)부
定	정할 정 집 면(宀)머리부	和	화할 화 / 화목할 화 입 구(口)방부
庭	뜰 정 집 엄(广)엄부 / 엄호엄(广)부	畫	그림 화 / 그을 획(=劃) 밭 전(田)부
題	제목 제 머리 혈(頁)부	黃	누를 황 누를 황(黃)부
第	차례 제 대 죽(⺮=竹)머리부	會	모일 회 가로 왈(曰)발부
朝	아침 조 달 월(月)방부	訓	가르칠 훈 말씀 언(言)변부

1	갑골문	금 문	소 전	예 서	초 서	행 서
各	咎	咎	首	各	多	令

각각 각	(字源풀이) 동굴 입구 쪽으로 다가오고 있는 발 모습을 그린 글자다. '오다'가 본래의 뜻이나, 제각각 온다는 데서 '각각'의 뜻이 되었다. ※ ㅂ → 出(날 출) 참조 ※ 各出(각출) : 각각 나옴

各界(각계)
各國(각국)
各部(각부)
各自(각자)

2	갑골문	금 문	소 전	예 서	초 서	행 서
角	角	角	角	角	角	角

뿔 각	(字源풀이) 짐승의 뿔 모습(ᐱ→ᐱ→角→角)을 본뜬 글자로 '뿔'의 뜻이 되었다. ※ 頭角(두각) : 머리 끝. <뛰어난 재능> ※ 牛角(우각) : 쇠뿔

角度(각도)
角木(각목)
三角(삼각)
直角(직각)

3	갑골문	금 문	소 전	예 서	초 서	행 서
感	感	感	感	感	感	感

느낄 감	(字源풀이) 갑골문을 보면 둥근 도끼날로 사람을 향하여 내리치려는 모습에 입을 벌려 발버둥치고 있는 노예의 마음을 그린 글자다. 노예가 놀라 공포로 느꼈을 것이라는 데서 '느끼다'의 뜻이 되었다. ※ 感動(감동) : 깊이 마음에 느낌

感氣(감기)
感動(감동)
多感(다감)
體感(체감)

4	갑골문	금 문	소 전	예 서	초 서	행 서
強	彊	彊	強	強	強	強

강할 강 굳셀 강	(字源풀이) 갑골문은 땅을 측량할 때 쓰는 활(弓)과 밭과 밭 사이의 경계선을 표시하는 강(畺)의 합체자로, 나라의 국경 지대를 굳세게 지킨다는 데서 '강하다'의 뜻이 되었다. 생명력이 강한 바구미라는 설명도 보임. ☞ 疆(지경 강)이 본래 의미. ※ 強=彊

強力(강력)
強弱(강약)
強風(강풍)
強行(강행)

5	갑골문	금 문	소 전	예 서	초 서	행 서
開	開	開	開	開	開	開

열 개	(字源풀이) 닫혀 있는 두 짝의 문(門)을 두 손으로 힘껏 밀어 문빗장을 '열다'의 뜻이다. ※ 廾 → 두 손으로 받들고 있는 모습이거나 문을 잡고 여는 모습 ※ 開門(개문) : 문을 엶. 閉(닫을 폐)

開校(개교)
開放(개방)
開會(개회)
公開(공개)

한자 쓰기

공부한 날   月   日

各	ノ ク 夕 冬 各 各					
口, 총6획 각각 각						
角	ノ ク ゲ 角 角 角 角					
角, 총7획 뿔 각						
感	ノ 厂 厂 厂 厂 咸 咸 咸 咸 感 感 感					
心=忄=㣺, 총13획 느낄 감						
強	フ フ 弓 弘 弘 弘 弘 弘 強 強 強					
弓, 총11획 강할 강						
開	l l' l'' l'' l'' 門 門 門 門 門 開 開					
門, 총12획 열 개						

6	갑골문	금문	소전	예서	초서	행서	
京	帛	帛	京	京	京	京	開京(개경) 東京(동경) 北京(북경) 上京(상경)
서울 경	(字源풀이) 1층 기둥과 2층 건축물로 세워진 높고 큰 왕궁 모습을 그린 글자다. 그 주위에 많은 백성들과 산다는 데서 중심 지역인 서울을 일컬어 '**서울**'의 뜻이 되었다. ※京言(경언) : 서울말						

7	갑골문	금문	소전	예서	초서	행서	
界	界	界	界	界	界	界	世界(세계) 業界(업계) 外界(외계) 學界(학계)
지경 계	(字源풀이) 밭과 밭 사이의 끼어 있는 길을 지경이라 한다. '**경계**', '**지경**'의 뜻이다. ※地境(지경) : 땅과 땅 사이의 경계선. 境(지경 경) ※界=堺(동자 이체자) : 훈 음이 같은 글자이면서 자체가 다른 글자						

8	갑골문	금문	소전	예서	초서	행서	
計	計	計	計	計	計	計	計算(계산) 計寸(계촌) 時計(시계) 合計(합계)
셀 계	(字源풀이) 말로 열씩 숫자를 헤아린다는 데서 '**세다**'의 뜻이 나왔다. ☞ 고대에는 이미 十進法(십진법)이 사용되었다 ※갑골문자 丨 = 十(현재) =10 ※갑골문자 十 = 七(현재) = 7						

9	갑골문	금문	소전	예서	초서	행서	
古	古	古	古	古	古	古	古今(고금) 古文(고문) 古風(고풍) 上古(상고)
예 고	(字源풀이) 방패(十)와 입(口)을 그린 글자다. 옛날부터 전해 내려오는 전쟁 이야기를 입으로 말을 하고 있다는 데서 '**예**'의 뜻이다. ※회의자(會意字) : 뜻과 뜻으로 결합된 둘 이상의 글자를 합하여 새로운 글자를 만드는 일. <手+目= 看(살필 간)이 되는 것>						

10	갑골문	금문	소전	예서	초서	행서	
苦		苦	苦	苦	苦	苦	苦生(고생) 苦心(고심) 苦戰(고전) 苦行(고행)
쓸 고	(字源풀이) 오래된 풀은 입에 쓰다. 본뜻은 씀바귀다. 씀바귀는 매우 입에 쓰다는 데서 '**쓰다**', '**괴롭다**'의 뜻이 되었다. ※苦菜(고채) : 씀바귀. 菜(나물 채) ※苦學(고학) : 학비를 제 손으로 고생하여 벌어서 배우는 일						

한자 쓰기

공부한 날   月   日

京	` ㅗ ㅗ ㅗ ㅗ 늇 京 京 京					
亠, 총8획 서울 경						
界	` 冂 冂 田 田 甲 甼 界 界					
田, 총9획 지경 계						
計	` 二 亠 言 言 計 計 計 計					
言, 총9획 셀 계						
古	一 十 十 古 古					
口, 총5획 예 고						
苦	一 一 十 十 艹 芢 苦 苦 苦					
++=艸, 총9획 쓸 고						

11	갑골문	금문	소전	예서	초서	행서	
高	龠	高	高	高	髙	髙	高級(고급) 高山(고산) 高溫(고온) 高祖(고조)

높을 고	(字源풀이) 갑골문 자형(髙, 高, 髙)은 성문 위에 높이 치솟은 망루와 기왓장을 얹어 놓은 모습에서 '높다'의 뜻이 되었다. ※高臺廣室(고대광실) : 지대를 높게 다지고 규모가 대단히 큰 잘 지은 좋은 집. ☞ 臺(돈대 대)

12	갑골문	금문	소전	예서	초서	행서	
共	丹	丹	芺	共	芝	共	共感(공감) 共用(공용) 共通(공통) 反共(반공)

한가지 공 같을 공	(字源풀이) 네모진 물건(□) 한 개를 두 손으로 공손히 받들어 상대에게 바치고 있는 모습으로 '한가지', '함께'의 뜻이 되었다. ※共同(공동) : 여럿이 함께 같이 함 ※共有(공유) : 공동으로 소유함

13	갑골문	금문	소전	예서	초서	행서	
公	台	台	公	公	之	公	公明(공명) 公園(공원) 公平(공평) 公海(공해)

공평할 공	(字源풀이) 네모진 물건 한 개를 공정하게 나눈다는 데서 '공정하다', '공평하다'의 뜻이 되었다. ※公明(공명) : 공정하고 명백함 ※公心(공심) : 공명한 마음

14	갑골문	금문	소전	예서	초서	행서	
功	玒	玏	玒	功	功	功	功名(공명) 成功(성공) 有功(유공) 戰功(전공)

공 공 일 공 보람 공	(字源풀이) 땅을 갈거나 토담을 쌓는 데 필요한 원시적 공구를 그렸다. 건축이나 토목 공사에서의 힘든 일에 많은 공을 들였다는 데서 '공'의 뜻이 되었다. ※功勞(공로) : 일에 애쓴 공적. 勞(일할 로)

15	갑골문	금문	소전	예서	초서	행서	
果	果	果	果	果	果	果	果樹(과수) 果然(과연) 成果(성과) 藥果(약과)

실과 과	(字源풀이) 갑골문을 보면 나무 위에 탐스러운 열매가 달린 모양을 그린 글자다. '과일', '열매', '알', '실과'의 뜻이 되었다. ※소전에 와서 열매가 田(밭 전)으로 잘못 변함 ※果心(과심) : 열매 안에 씨를 싸고 있는 딱딱한 부분을 말함

한자 쓰기

공부한 날   月   日

高	、 亠 亠 古 古 户 高 高 高 高					
高, 총10획 높을 고						
共	一 十 卄 苷 共 共					
八=八, 총6획 한가지 공						
公	丿 八 公 公					
八=八, 총4획 공평할 공						
功	一 T 工 功 功					
力, 총5획 공 공						
果	丨 冂 曰 日 旦 甲 甲 果					
木, 총8획 실과 과						

16	갑골문	금 문	소 전	예 서	초 서	행 서	
科	科	科	科	科	科	科	科學(과학)
							教科(교과)
							內科(내과)
과목 과	(字源풀이) 갑골문은 벼와 국자를 그렸다. 곧, 말로 되어 벼의 품종을 국자로 재거나 나눈다는 데서 '과목'의 뜻이 나왔다. ※科行(과행) : 과거를 보러 감 ※百科(백과) : 많은 과목						文科(문과)

17	갑골문	금 문	소 전	예 서	초 서	행 서	
光	光	光	光	光	光	光	光明(광명)
							光線(광선)
							發光(발광)
빛 광	(字源풀이) 한 여인이 무릎을 꿇고 앉아 머리 위에 불을 이고 있는 모습인데, 저녁에 일이 있을 때는 노예들이 그릇에 불을 담아 밝게 비추면서 일을 하였다는 데서 '빛'의 뜻이 되었다. ※光=灮(동자 이체자)						月光(월광)

18	갑골문	금 문	소 전	예 서	초 서	행 서	
交	交	交	交	交	交	交	交感(교감)
							交代(교대)
							交信(교신)
사귈 교	(字源풀이) 한 사람이 두 다리를 서로 엇갈리게 꼬고 앉아 있는 모습을 본뜬 글자다. '엇갈리다', '사귀다'의 뜻이 나왔다. ※交手(교수) : 손을 맞잡음 ※交市(교시) : 시장을 개설함						外交(외교)

19	갑골문	금 문	소 전	예 서	초 서	행 서	
區	區	區	區	區	區	區	區間(구간)
							區別(구별)
							區分(구분)
구분할 구	(字源풀이) 어떤 공간 안에 물건이 가득 들어 있다는 뜻인데, 물건이 많을 때는 구분해서 두어야 하므로 '구분하다'의 뜻이 되었다. ※區民(구민) : 구 안에 사는 사람 ※地區(지구) : 일정하게 정해진 구역						特區(특구)

20	갑골문	금 문	소 전	예 서	초 서	행 서	
球		球	球	球	球	球	球場(구장)
							氣球(기구)
							野球(야구)
공 구	(字源풀이) 옥돌을 구해서 둥글게 깎아 만든 구슬이 공이라는 데서 '공'의 뜻이다. ※球(공 구) : 둥근 보석의 의미(gem) ※毬(공 구) : 털실로 만든 둥근 공(ball). ☞ 毬=球(동자 이체자)						地球(지구)

한자 쓰기

공부한 날   月   日

科 禾, 총9획 과목 과	´ ⌒ 千 禾 禾 禾 禾 科 科	
光 儿, 총6획 빛 광	⼁ ⼂ ⼩ ⼩ 尐 光	
交 亠, 총6획 사귈 교	⼂ ⼀ ⼧ 六 亦 交	
區 匚, 총11획 구분할 구	⼀ ⼁ 亇 声 币 币 声 品 品 區	
球 王=王=玉, 총11획 공 구	´ ⌒ ⼆ 王 王 玎 玎 玎 球 球 球	

21	갑골문	금문	소전	예서	초서	행서	
郡	郡	郡	郡	郡	郡	郡	郡界(군계) 郡內(군내) 郡民(군민) 市郡(시군)
고을 군	(字源풀이) 갑골문 자형은 왕의 명령(卩)을 받아서 다스리는 고을(阝)이라는 데서 '고을'의 뜻이 되었다. ※郡廳(군청) : 군의 행정을 맡은 관청. 廳(관청 청) ※郡守(군수) : 군청의 책임자. 守(지킬 수)						

22	갑골문	금문	소전	예서	초서	행서	
近	近	近	近	近	近	近	近代(근대) 近來(근래) 近親(근친) 親近(친근)
가까울 근	(字源풀이) 갑골문 자형은 도끼 (斤)로 공격하기 위해서는 가까운 거리에서 도끼질을 한다는 데서 '가깝다'의 뜻이 되었다. ※近寸(근촌 : 가까운 촌수) ※近村(근촌 : 이웃에 있는 가까운 마을)						

23	갑골문	금문	소전	예서	초서	행서	
根	根	根	根	根	根	根	球根(구근) 語根(어근) 直根(직근) 草根(초근)
뿌리 근	(字源풀이) 갑골문에는 나무의 수염뿌리가 드러나 있고 위의 발은 지그시 뿌리를 누르고 있는 모습으로 '뿌리'의 뜻이 되었다. ※球根(구근) : 둥근 덩어리처럼 된 뿌리나, 땅속줄기 ※根石(근석) : 밑돌						

24	갑골문	금문	소전	예서	초서	행서	
今	今	今	今	今	今	今	今年(금년) 今方(금방) 今日(금일) 昨今(작금)
이제 금	(字源풀이) 입 안에 들어있는 현재의 물건 (▲)을 그린 글자로 '지금', '이제'의 뜻이 되었다. ※今時初聞(금시초문) : 지금 처음 들음 ※東西古今(동서고금) : 동양과 서양, 옛날과 지금을 통틀어 이름						

25	갑골문	금문	소전	예서	초서	행서	
級	級	級	級	級	級	級	級數(급수) 級訓(급훈) 等級(등급) 學級(학급)
등급 급	(字源풀이) 갑골문 초문인 阝(급)은 糸(실 사)대신 언덕을 그려 현재 속자 형태로 남아 있다. 소전을 거쳐 오늘날의 자형으로 굳어졌는데, 엮어진 실이 차례차례로 뒤따라 이어졌다는 데서 '차례', '등급'의 뜻이 되었다.						

한자 쓰기

공부한 날　　　月　　　日

郡 阝=邑, 총10획 고을 군	⁷ ⁷ ヲ ⁷ ⁷ 尹 尹 君 君 君ʼ 君ʳ 郡						
近 辶=辵, 총8획 가까울 근	´ ⺁ ⺁ 斤 斤 沂 近 近						
根 木, 총10획 뿌리 근	一 十 才 木 朾 朾 柙 相 根 根						
今 人, 총4획 이제 금	ノ 人 亼 今						
級 糸=糹, 총10획 등급 급	⺣ ⺣ 幺 幺 糸 糸 紅 紅 級 級						

26	갑골문	금문	소전	예서	초서	행서	
急	急	急	急	急	急	急	急死(급사) 急所(급소) 急行(급행) 火急(화급)
급할 급	(字源풀이) 갑골문은 손으로 사람을 등 뒤에서 잡아당기고 있는 모습으로 그려져 있다. 금문에 와서는 서두르는 마음(心)을 합쳐 '급하다'의 뜻이 되었다. ☞ 갑골문에는 及=急 통용 ※急雨(급우) : 소나기						
27	갑골문	금문	소전	예서	초서	행서	
多	多	多	多	多	多	多	多聞(다문) 多少(다소) 多數(다수) 多才(다재)
많을 다	(字源풀이) 두 덩이의 고기를 위 아래로(尹) 나란히 겹쳐 놓은 모습으로 '많다'의 뜻이다. <달이 아니다> ※多多益善(다다익선) : 많으면 많을수록 더욱 좋음. 益(더할 익) ※多情多感(다정다감) : 생각과 느낌이 섬세하고 풍부함						
28	갑골문	금문	소전	예서	초서	행서	
短	短	短	短	短	短	短	短命(단명) 短文(단문) 短音(단음) 長短(장단)
짧을 단	(字源풀이) 矢(화살 시) + 豆(콩 두)로 이루어진 글자로, 어떤 기준을 헤아릴 때에 화살은 비교적 짧은 물건을 가로 방향으로 잴 때, 콩은 작은 물건을 세로 방향으로 잴 때 썼다는 데서 '짧다'의 뜻이 되었다. ☞ 短短(단단) : 짧은 모양						
29	갑골문	금문	소전	예서	초서	행서	
堂	堂	堂	堂	堂	堂	堂	堂堂(당당) 堂會(당회) 食堂(식당) 天堂(천당)
집 당	(字源풀이) 흙을 높이 쌓은 네모난 토대 위에 세운 집이라는 데서 '집'의 뜻이 되었다. ※堂兄弟(당형제) : 사촌형제 ※慈堂(자당) : 남의 어머니의 존칭. 慈(어머니 자)						
30	갑골문	금문	소전	예서	초서	행서	
代	代	代	代	代	代	代	代理(대리) 代表(대표) 古代(고대) 世代(세대)
대신 대	(字源풀이) 亻(사람 인) + 弋(주살 익)으로 이루어진 글자로, 사람이 화살 대신 주살을 등에 짊어지고 있는 모습에서 '대신'의 뜻이 나왔다. ☞ 주살 : 오늬에 줄을 매어 쏘는 화살 ※代治(대치) : 대신하여 일을 다스림						

한자 쓰기

急	ノ ノ ク ゥ ゥ ュ ュ 急 急 急						
心=忄=小, 총9획 급할 급							
多	ノ ク タ タ 多 多						
夕, 총6획 많을 다							
短	ノ ノ ヒ ヒ 矢 矢 矢 知 知 知 短 短						
矢, 총12획 짧을 단							
堂	' '' '' '' '' '' '' 岩 岩 堂 堂 堂						
土, 총11획 집 당							
代	ノ イ 亻 代 代						
亻=人, 총5획 대신 대							

31	갑골문	금문	소전	예서	초서	행서	對答(대답)
對							對立(대립)
							對話(대화)
대할 대	(字源풀이) 한 손에 촛대가 있는 촛불을 들고 있는 모습(🕯)으로, 불빛을 대한다는 데서 '**대하다**'의 뜻이 되었다.						反對(반대)
	※對面(대면) : 얼굴을 맞댐						
	※對人(대인) : 다른 사람을 대함						

32	갑골문	금문	소전	예서	초서	행서	待命(대명)
待							待春(대춘)
							苦待(고대)
기다릴 대	(字源풀이) 길에 나가 신(神)을 맞이하는 모습인데, 신이 오기를 기다린다는 데서 '**기다리다**'의 뜻이 나왔다.						下待(하대)
	※待命(대명) : 상부의 명령을 기다림						
	※待人(대인) : 사람을 기다림						

33	갑골문	금문	소전	예서	초서	행서	圖面(도면)
圖							圖表(도표)
							意圖(의도)
그림 도	(字源풀이) 口는 나라를 뜻하고, 啚(시골 비)는 변경지방을 의미함. 곧, '한 나라의 地圖(지도)'를 나타내어 '지도', '그림'의 뜻이 되었다.						地圖(지도)
꾀할 도	※圖板(도판) : 그림판. 板(널빤지 판)						
	※圖書(도서) : 책						

34	갑골문	금문	소전	예서	초서	행서	度數(도수)
度							強度(강도)
							高度(고도)
법도 도	(字源풀이) 한 손에 측정자를 들고 잰다는 데서 '법도', '헤아리다'의 뜻이 나왔다.						年度(연도)
헤아릴 탁	※忖度(촌탁) : 남의 마음을 미루어 헤아림						
	※忖(헤아릴 촌)						

35	갑골문	금문	소전	예서	초서	행서	讀書(독서)
讀							目讀(목독)
							速讀(속독)
읽을 독	(字源풀이) 눈을 치켜뜨고 상품을 팔기 위해 입으로 외치는 것처럼, 글을 읽는 때에도 소리 내어 읽는다는 데서 '**읽다**'의 뜻이 나왔다.						讀後感 (독후감)
구절 두	※吏讀(이두) : 삼국시대부터 한자의 음과 뜻을 빌려 우리말을 표기하는데 쓰이던 문자						

한자 쓰기

對	⺀ ⺀ ⺀ ⺀ ⺀ ⺀ ⺀ ⺀ ⺀ ⺀ ⺀ ⺀ 對 對
寸, 총14획	
대할 대	
待	⺀ ⺀ ⺀ ⺀ ⺀ ⺀ 待 待 待
彳, 총9획	
기다릴 대	
圖	丨 冂 冂 冃 圖 圖 圖 圖 圖 圖 圖 圖 圖 圖
囗, 총14획	
그림 도	
度	⺀ ⺁ 广 广 广 庐 度 度 度
广, 총9획	
법도 도	
讀	⺀ ⺀ ⺀ 言 言 言 言 言 訃 訃 讀 讀 讀 讀 讀 讀 讀 讀 讀
言, 총22획	
읽을 독	

36	갑골문	금 문	소 전	예 서	초 서	행 서	
童							童心(동심) 童話(동화) 神童(신동) 學童(학동)
아이 동	(字源풀이) 갑골문 자형은 형벌용 칼로 사람의 한 쪽 눈을 찌른 모습이다. 이것은 눈을 어둡게 하여 노예로 삼기 위한 것이었다. 노예는 나이가 많아도 어린아이로 취급되었으며, 현재는 '아이'라는 뜻으로 빌려 쓰게 되었다. ☞ 僮(아이, 하인 동)						

37	갑골문	금 문	소 전	예 서	초 서	행 서	
頭							頭角(두각) 頭音(두음) 口頭(구두) 先頭(선두)
머리 두	(字源풀이) 제사 지낼 때 쓰이는 제기가 사람의 머리 모양과 비슷하다는 데서 '머리'의 뜻이 나왔다. ※頭數(두수) : 소, 말 등의 마릿수 ※頭人(두인) : 우두머리						

38	갑골문	금 문	소 전	예 서	초 서	행 서	
等							等數(등수) 高等(고등) 同等(동등) 平等(평등)
무리 등	(字源풀이) 관청에서 관리가 죽간에 글을 쓴 서류를 손발 맞추어 등급별로 나눈다는 데서 '등급', '무리'의 뜻이 나왔다. ※等身(등신) : 사람의 키와 같은 크기 ※頭等(두등) : 첫째 등급						

39	갑골문	금 문	소 전	예 서	초 서	행 서	
樂							安樂(안락) 國樂(국악) 音樂(음악) 樂山樂水 (요산요수)
즐길 락 노래 악 좋아할 요	(字源풀이) 나무로 제작된 틀 위에 여러 가닥의 실이 양쪽으로 매여 있는 현악기의 모습으로, 현악기의 소리는 노래 가락과 함께 즐거움을 준다하여 '즐기다', '음악', '좋아하다'의 뜻이 나왔다. ※樂山樂水(요산요수) : 山水를 좋아함						

40	갑골문	금 문	소 전	예 서	초 서	행 서	
例							例文(예문) 例外(예외) 先例(선례) 通例(통례)
법식 례	(字源풀이) 양쪽 두 사람이 앙상한 사람의 뼈를 가운데 두고 가지런하게 장례절차에 따라 진행하고 있는 모습이다. 이것은 사람으로서 행하여야 되는 예법이라는 데서 '본보기', '법식'의 뜻이 나왔다. ※例話(예화) : 예로 들어 하는 이야기						

한자 쓰기

童	` 一 亠 亡 立 产 音 音 音 音 童 童					
立, 총12획 아이　동						
頭	` 一 一 一 一 一 一 一 一 一 一 一 一 一 一 一					
頁, 총16획 머리　두						
等	` 一 一 一 一 一 一 一 一 一 一 一 一					
⺮=竹, 총12획 무리　등						
樂	` 一 一 一 一 一 一 一 一 一 一 一 一 一 一					
木, 총15획 즐길　락						
例	` 一 一 一 一 一 一 一 一					
⺅=人, 총8획 법식　례						

41	갑골문	금문	소전	예서	초서	행서
禮	豊	豊	禮	禮	禮	禮

예도 례	(字源풀이) 여러 꿰미의 옥을 그릇에 담아 풍년을 기원 (豊)하는 모습으로, 제사 의식을 올릴 때에는 예절을 갖추어 지내야 한다는 데서 '예절', '예도'의 뜻이 나왔다. ☞ 갑골문 豊=禮 ※拜禮(배례) : 절을 함. ☞ 拜(절 배)

禮物(예물)
禮式(예식)
答禮(답례)
主禮(주례)

42	갑골문	금문	소전	예서	초서	행서
路	路	路	路	路	路	路

길 로	(字源풀이) 위로 향한 발과 아래로 향한 발이 반대로 되어있는 모습을 볼 수 있다. 위아래로 사람의 발걸음이 오고 간다면 길이 만들어진다는 데서 '길'의 뜻이 되었다. ※路人(노인) : 길에 오고가는 사람

路面(노면)
路線(노선)
海路(해로)
活路(활로)

43	갑골문	금문	소전	예서	초서	행서
綠	綠	綠	綠	綠	綠	綠

푸를 록	(字源풀이) 나무에 열십자 형태로 새기면 나무껍질에서 초록 빛깔의 푸른 진액이 실타래처럼 흘러내린다는 데서 '푸르다'의 뜻이 나왔다. ※彔(나무에 새길 록) ※常綠樹(상록수) : 사시사철 늘 푸른 나무. 常(항상 상)

綠色(녹색)
綠地(녹지)
青綠(청록)
草綠(초록)

44	갑골문	금문	소전	예서	초서	행서
利	利	利	利	利	利	利

이할 리 날카로울 리	(字源풀이) 잘 여문 벼를 날카로운 낫刂으로 베면 벼 알이 떨어진다. 이 모습을 그린 글자로 '날카롭다'의 뜻이 나왔다. 벼를 수확한다는 것은 농부에게 또한 이로운 일이므로 '이롭다'의 뜻도 생겼다. ※이하다(利하다) : 이롭다

利用(이용)
利子(이자)
勝利(승리)
便利(편리)

45	갑골문	금문	소전	예서	초서	행서
理	理	理	理	理	理	理

다스릴 리	(字源풀이) 구슬(玉)과 소리를 나타낸 리(里)가 결합된 형성구조다. 구슬의 아름다운 무늬가 잘 나타나도록 깎고 닦는다는 데서 '다스리다', '이치'의 뜻이 나왔다. 설문해자(許愼 지음)에서는 治玉也 从玉里聲 [옥을 다듬다]로 풀이. '사물의 근본도리'로도 쓰인다.

理事(이사)
道理(도리)
心理(심리)
地理(지리)

한자 쓰기

禮	` ` ` ` ` ` 示 示 示 示 示 示 示 示 示 示 示
示=ネ, 총18획 예도 **례**	
路	` ` ` ` ` ` ` 路 路 路 路 路 路
⻊ = 足, 총13획 길 **로**	
綠	` ` ` ` ` ` 糸 糸 糸 綠 綠 綠 綠 綠
糸=糹, 총14획 푸를 **록**	
利	` ` ` ` ` 千 禾 禾 利 利
刂=刀, 총7획 이할 **리**	
理	` ` ` ` 王 玎 玎 玑 珇 理 理 理
王=王=玉, 총11획 다스릴 **리**	

46	갑골문	금문	소전	예서	초서	행서	
李	李	李	甬	李	孝	索	李白(이백) 李朝(이조) 李花(이화) 行李(행리)

오얏 리
성 리

(字源풀이) 글자로는 나무의 새끼다. 즉 나무의 열매로, 오얏(자두)을 뜻함. 오얏나무는 열매가 타 나무에 비해 많이 열린다는 데서 '오얏'의 뜻이 나왔다. 성씨로도 쓰임. ※李氏(이씨), 朴氏(박씨)

※오얏나무 → 자두나무가 표준어다

47	갑골문	금문	소전	예서	초서	행서	
明				明		明	明堂(명당) 明月(명월) 發明(발명) 分明(분명)

밝을 명

(字源풀이) 달이 지기 전에 태양이 이미 떠오른 상태로 그려져 있다. 하늘에서 해☀와 달☽이 밝게 빛난다는 데서 '밝다'의 뜻이 되었다.
※갑골문과 금문에는 달과 창 또는 달과 태양이 혼재되어 나타난다, 혹자는 창문에 비친 달빛이 밝다 라고도 한다. ☞ 朙=明

48	갑골문	금문	소전	예서	초서	행서	
目			目	目			目禮(목례) 目前(목전) 科目(과목) 名目(명목)

눈 목

(字源풀이) 갑골, 금문에는 옆으로 그린 생생한 눈 모습을 본뜬 글자로, '눈'의 뜻이 되었다. 소전에 와서 세워진 눈으로 그림.
※ -갑골·금문·소전·예서·해서·초서·행서-라는 말은 당시에 사용하였던 시대적 서체 변천 과정상의 명칭을 오늘날 그렇게 부른다

49	갑골문	금문	소전	예서	초서	행서	
聞			聞	聞		聞	所聞(소문) 新聞(신문) 風聞(풍문) 後聞(후문)

들을 문

(字源풀이) 한 사람이 무릎을 꿇고 앉아, 왼쪽 손으로 입을 틀어막고 쫑긋한 귀로 상대방의 말을 몰래 엿듣는 전형적인 자세를 취한 모습으로 '듣다'의 뜻이 나왔다. 또는 귀로 들은 내용을 보고하는 모습. ☞ 소전의 門은 소리부호로 그려 넣었다

50	갑골문	금문	소전	예서	초서	행서	
米			米	米		米	米食(미식) 米飮(미음) 米作(미작) 白米(백미)

쌀 미

(字源풀이) 위 아래로 세톨 식 흩어져 있는 쌀의 낟알의 모습. 또는 벼 이삭 줄기에 곡식의 낟알이 붙어 있는 모습으로 '쌀'의 뜻이다.
※玄米(현미) : 벼의 껍질만 벗기고 쓿지 않은 쌀 ↔ 白米
※米飮(미음) : 쌀이나 좁쌀을 푹 끓여 체에 밭인 음식

한자 쓰기

공부한 날   月   日

李	一 十 才 木 木 李 李						
木, 총7획 오얏 리							
明	ㅣ ㄲ ㅐ 日 助 明 明 明						
日, 총8획 밝을 명							
目	ㅣ ㄲ ㄲ 月 目						
目, 총5획 눈 목							
聞	ㅣ ㄲ ㄲ 卩 卩 門 門 門 門 門 門 門 聞 聞						
耳, 총14획 들을 문							
米	丶 ヽ ソ 二 半 米 米						
米, 총6획 쌀 미							

51	갑골문	금문	소전	예서	초서	행서	
美	羑	美	羑	美	美	美	美男(미남) 美女(미녀) 反美(반미) 韓美(한미)

아름다울 **미**

(字源풀이) 사람의 머리 위에 양의 뿔이나 깃털 장식을 꽂고 서있는 모습인데, 아름답게 보이기 위해서다. '**아름답다**'의 뜻이 나왔다.

※美姬(미희) : 아름다운 여자 ☞ 姬(계집 희)

※美名(미명) : 훌륭하게 내세운 이름

52	갑골문	금문	소전	예서	초서	행서	
朴	朴	朴	朴	朴	朴	朴	朴一(박일) 朴直(박직) 朴木月 (박목월)

성 **박**
순박할 **박**

(字源풀이) 점칠 때 거북 등껍질이 갈라진 것처럼, 나무껍질이 갈라진 것은 순박한 자연 그대로의 모습에서 '**순박하다**'의 뜻이 되었다.

※사람의 姓(성)에 주로 쓰임 ☞ 朴赫居世(박혁거세)

※札(편지 찰)

53	갑골문	금문	소전	예서	초서	행서	
半	半	半	半	半	半	半	半身(반신) 半月(반월) 半音(반음) 後半(후반)

반 **반**
절반 **반**

(字源풀이) 한 마리의 소를 중간에서 2등분 하기란 쉽다. 따라서 소를 가운데 두고 반쪽으로 나눈다는 데서 '**절반**'의 뜻이 되었다.

※半面之分(반면지분) : 얼굴만 약간 알 정도의 친분이 없는 사이

※半萬年(반만년) : 오천 년

54	갑골문	금문	소전	예서	초서	행서	
反	反	反	反	反	反	反	反感(반감) 反問(반문) 反省(반성) 反戰(반전)

돌이킬 **반**
뒤집을 **번**

(字源풀이) 한 손으로 가파른 절벽을 맨 손으로 기어오르는 모습이다. 오르지도 못하고 원래 상태로 돌아오게 되어있다는 데서 '**돌아오다**', '**돌이키다**'의 뜻이 나왔다.

※反田(번전) : 논을 밭으로 만듦. 田(밭 전)

55	갑골문	금문	소전	예서	초서	행서	
班	班	班	班	班	班	班	班長(반장) 班村(반촌) 文班(문반) 合班(합반)

나눌 **반**

(字源풀이) 한 꿰미의 구슬(玨→珏)을 칼(刂)로 두 동강이로 나눈 모습으로 '**나누다**'의 뜻이 나왔다.

※玨→珏(쌍옥 각)

☞ 斑(얼룩질 반)

한자 쓰기

공부한 날   月   日

美 圭=羊, 총9획 아름다울 미	、 ゛ ゛ ゛ ゛ 芏 芏 美 美					
朴 木, 총6획 성 박	一 十 才 木 朴 朴					
半 十, 총5획 반 반	、 ゛ ゛ 兰 半					
反 又, 총4획 돌이킬 반	一 厂 反 反					
班 王=王=玉, 총10획 나눌 반	一 二 干 王 玨 玨 玣 班 班					

56	갑골문	금 문	소 전	예 서	초 서	행 서	
發							發生(발생) 發表(발표) 發火(발화) 出發(출발)
필　발	(字源풀이) 한 손에 창을 들고 달려가면서 힘껏 던지는 투창 모습을 그렸다. '던지다,' '쏘다'가 본래의 뜻이며, '피다', '일어나다'의 뜻은 파생된 것이다. ☞ 갑골문 *癹*(짓밟을 발)과 發은 자형이 동일 ※發芽(발아) : 초목의 눈이 틈. 芽(싹 아)						

57	갑골문	금 문	소 전	예 서	초 서	행 서	
放							放電(방전) 放學(방학) 放火(방화) 訓放(훈방)
놓을　방	(字源풀이) 왼쪽은 쟁기의 모습, 오른쪽은 막대를 든 손으로 그려져 있다. 즉, 쟁기를 손에서 내려놓았다는 뜻으로, 여기에서 '놓다'의 뜻이 나왔다. ※放心(방심) : 마음을 놓음						

58	갑골문	금 문	소 전	예 서	초 서	행 서	
番							番地(번지) 番號(번호) 軍番(군번) 地番(지번)
차례　번	(字源풀이) 갑골문은 짐승 발자국과 밭을 그린 글자로, 짐승이 밭을 밟고 지나간 자국이 차례대로 나 있다는 데서 '차례'의 뜻이 나왔다. ※番號(번호) : 차례를 표시하는 숫자와 부호 ※順番(순번) : 차례로 돌아오는 순서. 順(차례, 순할 순)						

59	갑골문	금 문	소 전	예 서	초 서	행 서	
別							別世(별세) 別食(별식) 作別(작별) 特別(특별)
다를　별	(字源풀이) 갑골문은 칼로 살과 뼈를 발라내거나 갈라놓는 모습이다. 여기에서 '나누다', '다르다'의 뜻이 나왔다. ※分別(분별) : 서로 다른 것을 구별하여 가름 ※別有天地(별유천지) : 현 세상과 따로 존재하는 세계. <별세계>						

60	갑골문	금 문	소 전	예 서	초 서	행 서	
病							病苦(병고) 病身(병신) 問病(문병) 重病(중병)
병　병	(字源풀이) 갑골문 초기에는 疒로 표현했다. 병들어 누워있는 사람이 침상 위에서 땀을 뻘뻘 흘리고 있는 모습을 그린 글자로 '병'의 뜻이 되었다. ☞ 丙(병)은 소리 부호. ※(疾:가벼운 병), (病:중한 병) ※疒 : 병들어 누울 녁(침대와 누워있는 사람을 세워서 그림)						

한자 쓰기

공부한 날   月   日

發 癶, 총12획 필 발	丿 丿 丿 丿 癶 癶 癶 發 發 發 發 發					
放 攵=攴, 총8획 놓을 방	丶 一 亠 方 方 方 放 放					
番 田, 총12획 차례 번	一 丿 丷 严 平 平 采 采 番 番 番 番					
別 刂=刀, 총7획 다를 별	丶 口 口 号 另 別 別					
病 疒, 총10획 병 병	丶 一 广 广 疒 疒 疒 病 病 病					

61	갑골문	금문	소전	예서	초서	행서
服						

옷 복
복종할 복
약먹을 복

(字源풀이) 커다란 오른손 하나가 사람을 강제로 꿇어앉힌 노예 모습과 실어 보내기 위한 배 한 척이 눈앞에 놓여 있는 데서 '복종시키다'의 뜻이 나왔다. '옷'이란 뜻은 파생된 뜻임.
※ 月(달이 아님)은 𠂤 → 舟(배 주)의 변형임

服用(복용)
洋服(양복)
夏服(하복)
韓服(한복)

62	갑골문	금문	소전	예서	초서	행서
本						

근본 본

(字源풀이) 나무 모양을 본뜬 글자 밑에 나무의 뿌리를 나타내기 위해 짧은 가로 횡선 '-'을 그어 그곳이 뿌리라는 데서 '뿌리', '근본'의 뜻이 나왔다. ☞ 또 다른 㮸 (금문)
※古本(고본) : 오래된 책

本國(본국)
本然(본연)
根本(근본)
合本(합본)

63	갑골문	금문	소전	예서	초서	행서
部						

떼 부
무리 부
거느릴 부

(字源풀이) 여러 고을을 갈라 다스린다는 데서 '나누다'가 본뜻이다. 떼 지어 사는 곳이라 하여 '떼', '무리'의 뜻도 나왔다.
※部門(부문) : 분류하거나 한계를 지어 갈라놓은 낱낱의 영역이나 그 부분. ☞ 阝=邑(고을 읍)

部長(부장)
部族(부족)
全部(전부)
學部(학부)

64	갑골문	금문	소전	예서	초서	행서
分						

나눌 분

(字源풀이) 갑골문은 한 개의 칼刀로 물건을 두 동강으로 나누는 모습으로 그려져 있다. '가르다', '나누다'의 뜻이 나왔다.
※分班(분반) : 여러 반으로 나눔.
※分食(분식) : 나누어 먹음

分數(분수)
分野(분야)
氣分(기분)
親分(친분)

65	갑골문	금문	소전	예서	초서	행서
使						

부릴 사
하여금 사

(字源풀이) 손에 어떤 도구를 잡고 일을 한다는 데서 '부리다'의 뜻이 나왔다.
☞ 갑골문은 네 개의 글자가 동일
※史(사)=事(사)=吏(리)=使(사)

使命(사명)
使用(사용)
大使(대사)
天使(천사)

한자 쓰기

服 月, 총8획 옷 복	⌒ 刀 月 月 肝 那 服 服					
本 木, 총5획 근본 본	一 十 才 木 本					
部 阝=邑, 총11획 떼 부	丶 亠 立 立 立 产 咅 咅 咅 部 部					
分 刀=刂, 총4획 나눌 분	ノ 八 分 分					
使 亻=人, 총8획 부릴 사	ノ 亻 亻 仁 亻 佢 佢 使 使					

66	갑골문	금문	소전	예서	초서	행서	
社	社	社	社	社	社	社	社長(사장) 社會(사회) 愛社(애사) 會社(회사)

모일 사

(字源풀이) 땅 위에 흙을 쌓아 놓은 모습으로 땅귀신(토지의 신)이 본래의 뜻이다. 농경이 중요시 여긴 시대에는 함께 모여 논밭을 일구었으므로 '모이다'의 뜻이 나왔다.

※社內(사내) : 회사의 안

67	갑골문	금문	소전	예서	초서	행서	
死	死	死	死	死	死	死	死線(사선) 死活(사활) 死後(사후) 生死(생사)

죽을 사

(字源풀이) 한 사람이 앙상한 뼈 앞에 꿇어앉아 머리를 숙이고 죽음을 슬퍼하는 상징적 표현이 사실적으로 그려져 있다. 사람이 '죽었음'을 이토록 표현한 작품도 드물다. 여기에서 '죽다'의 뜻이 나왔다.

※歺=歹=歺(앙상한 뼈 알), 死=𣦵=𣦼

68	갑골문	금문	소전	예서	초서	행서	
書	書	書	書	書	書	書	書堂(서당) 書體(서체) 圖書(도서) 六書(육서)

글 서
책 서
쓸 서

(字源풀이) 손으로 붓을 잡고(聿) 그릇에 담긴 먹물 통에 먹물을 찍는 모습이다. 이것은 종이에 글씨를 쓰기 위한 예비 동작으로 '글', '쓰다', '기록', '책'의 뜻이 다양하게 나왔다.

☞ 晝(낮 주), 畫(그림 화)

69	갑골문	금문	소전	예서	초서	행서	
席	因	因	席	席	席	席	空席(공석) 病席(병석) 出席(출석) 合席(합석)

자리 석

(字源풀이) 갑골, 금문은 바닥에 돗자리 한 개만 달랑 그려져 있다. 고문(囿)을 거쳐 소전에 이르면 낭떠러지 밑에 펼쳐놓은 돗자리가 천(巾=깔개)으로 구체화 되었다. 즉, 돗자리에 깔고 앉는 자리라는 데서 '자리'의 뜻이 나왔다. ※席門(석문) : 거적문

70	갑골문	금문	소전	예서	초서	행서	
石	石	石	石	石	石	石	石工(석공) 石油(석유) 木石(목석) 定石(정석)

돌 석

(字源풀이) 낭떠러지 밑에 돌 한 개가 떨어져 나간 모습을 본뜬 글자로, '돌'의 뜻이 되었다.

☞ 后=石

※石磨(석마) : 맷돌. 磨(갈 마)

한자 쓰기

社 示=礻, 총8획 모일　사	⼀ 亠 亍 示 示 示 社 社				
死 歹=歺, 총6획 죽을　사	⼀ 厂 歹 歹 死 死				
書 曰, 총10획 글　서	⼀ ⼆ 尹 尹 聿 聿 書 書 書 書				
席 巾, 총10획 자리　석	⼀ 亠 广 产 产 产 庐 庐 席 席				
石 石, 총5획 돌　석	⼀ 丆 ⺁ 石 石				

71	갑골문	금 문	소 전	예 서	초 서	행 서	
線				線		線	線路(선로) 線分(선분) 戰線(전선) 直線(직선)

줄 선	(字源풀이) 샘물처럼 나오는 모양이 마치 한줄기의 줄이나, 실처럼 이어져 보이는 데서 '줄'의 뜻이 나왔다. ※線=綫 ※線紋(선문) : 선 모양으로 된 무늬. 〈줄무늬〉 ☞ 紋(무늬 문)

72	갑골문	금 문	소 전	예 서	초 서	행 서	
雪				雪		雪	雪夜(설야) 大雪(대설) 白雪(백설) 萬年雪 (만년설)

눈 설	(字源풀이) 갑골, 금문의 자형은 내린 흰 눈을 빗자루로 쓸고 있는 모습을 그린 글자로 '눈'의 뜻이 되었다. 예서체에 와서 얼음비를 손으로 받고 있는 모습으로 변형되었다. ※雪光(설광) : 눈의 빛

73	갑골문	금 문	소 전	예 서	초 서	행 서	
成				成		成	成人(성인) 成長(성장) 速成(속성) 形成(형성)

이룰 성	(字源풀이) 戊(무)+ 소리부호丁(정)으로 이루어진 글자. 반달 모양의 날이 선 도끼 모양을 한 전쟁용 무기를 본뜬 글자다. 적을 무찔러 목적을 달성한다는 데서 '달성하다', '끝나다', '이루다'의 뜻이 나왔다. ※成人之美(성인지미) : 남의 아름다운 점을 도와 더욱 빛나게 함

74	갑골문	금 문	소 전	예 서	초 서	행 서	
省				省		省	內省(내성) 三省(삼성) 自省(자성) 省文(생문)

살필 성 덜 생	(字源풀이) 갓 태어난 싹을 눈으로 자세히 살펴본다는 데서 '살피다'의 뜻이 나왔다. '덜다'의 뜻은 파생된 것임. ※省略(생략) : 줄여서 간략하게 함. 略(간략할 략) ※省文(생문) : 자구를 생략한 문장

75	갑골문	금 문	소 전	예 서	초 서	행 서	
消				消		消	消失(소실) 消日(소일) 消風(소풍) 消火(소화)

사라질 소	(字源풀이) 가득 담긴 물을 써버리면 점점 줄게 되어, 곧 사라지게 될 것이라는 데서 '사라지다'의 뜻이 나왔다. ※消散(소산) : 흩어져 사라짐. 散(흩어질 산) ※消防車(소방차) : 불자동차. 防(막을 방)

한자 쓰기

공부한 날   月   日

線	ㄥ ㄥ ㄠ ㄠ ㅅ 糸 糸 糺 糺 綀 綀 綗 線 線 線					
糸=糹, 총15획 줄　선						
雪	一 厂 币 币 币 币 币 雨 雪 雪 雪					
雨, 총11획 눈　설						
成	ノ 厂 厂 厈 万 成 成 成					
戈, 총7획 이룰　성						
省	㇒ ㇒ 小 少 少 省 省 省 省					
目, 총9획 살필　성						
消	㇒ ㇒ ㇒ 氵 氵 沪 沪 消 消 消					
氵=水=氺, 총10획 사라질　소						

76	갑골문	금문	소전	예서	초서	행서	
速							速記(속기) 速力(속력) 急速(급속) 風速(풍속)
빠를 속	(字源풀이) 땔나무를 줄로 단단히 묶는 것처럼, 이와 마찬가지로 마음가짐을 단단히 먹고, 빠른 걸음으로 길을 간다는 데서 '빠르다'의 뜻이 나왔다. ※速答(속답) : 빨리 대답함						
77	갑골문	금문	소전	예서	초서	행서	
孫							孫女(손녀) 外孫(외손) 親孫(친손) 後孫(후손)
손자 손	(字源풀이) 갑골문에는 아들과 실을 그렸다. 실의 본성이란 각각의 두 물체 사이를 연결하는 고리 역할을 하는 것인데, 실 고리가 바로 아들이므로 아들의 아들로 이어진 것이 손자라는 데서 '손자'의 뜻이 나왔다. ☞ 系(이을 계)						
78	갑골문	금문	소전	예서	초서	행서	
樹							樹林(수림) 樹立(수립) 樹木(수목) 植樹(식수)
나무 수	(字源풀이) 나무 앞에 제사에 쓰는 그릇을 정성스럽게 차려놓고 제사를 지내는 의식을 형상화한 글자다. '세우다', '나무'의 뜻이다. ※효(두)는 발음 ※植樹(식수)=植木(식목)=나무를 심음						
79	갑골문	금문	소전	예서	초서	행서	
術							術數(술수) 美術(미술) 醫術(의술) 學術(학술)
재주 술	(字源풀이) 삽주뿌리처럼 여러 갈래로 쭉 뻗어 있는 길처럼, 사람이 살아가기 위해서는 여러 갈래의 재주가 있어야 한다는 데서 '재주'의 뜻이 나왔다. ※朮(삽주뿌리 출)						
80	갑골문	금문	소전	예서	초서	행서	
習							敎習(교습) 世習(세습) 自習(자습) 學習(학습)
익힐 습	(字源풀이) 새가 날기 위해서는 매일 수차례 반복하여 날갯짓을 해야 한다는 데서 '반복하다', '익히다'의 뜻이 나왔다. ※學而時習之 不亦說乎(학이시습지 불역열호) : 배우고 때때로 익히면 이 또한 기쁘지 아니한가! 《논어》 -공자가 학문의 뜻을 강조-						

한자 쓰기

速	一 ナ ガ 古 市 肀 東 涑 涑 谏 速						
辶=辵, 총11획 빠를 속							
孫	⁊ 了 孑 孒 矛 孫 孫 孫 孫 孫						
子=子, 총10획 손자 손							
樹	一 十 才 木 朮 杧 杧 枯 桂 桔 桔 桔 桂 桂 樹 樹						
木, 총16획 나무 수							
術	′ ′ 彳 彳 朮 衧 祈 術 術 術 術 術						
行, 총11획 재주 술							
習	⁊ ⁊ 刁 羽 羽 羽 羿 羿 習 習 習						
羽, 총11획 익힐 습							

81	갑골문	금문	소전	예서	초서	행서	
勝							勝者(승자) 名勝(명승) 戰勝(전승) 全勝(전승)
이길 승	(字源풀이) 두 손에 어떤 도구를 들고 배에 물이 들어오지 못하도록 수선하는 모습인데, 함께 힘쓰면 어려움을 이겨낼 수 있다는 데서 '이기다'의 뜻이 되었다. ☞ 朕(나 짐) + 力(힘 력)						
82	갑골문	금문	소전	예서	초서	행서	
始							始動(시동) 始作(시작) 始祖(시조) 開始(개시)
비로소 시	(字源풀이) 생명의 시초(始初)는 모체 내의 아기를 배면서 비롯된다 는 데서 '처음', '비로소'의 뜻이 되었다. ※始祖(시조)=鼻祖(비조) ※始末(시말) : 일의 처음과 끝						
83	갑골문	금문	소전	예서	초서	행서	
式							式場(식장) 公式(공식) 圖式(도식) 新式(신식)
법 식	(字源풀이) 장인(匠人)이 주살을 만들 때는 일정한 틀과 법이 있다는 데서 '법'의 뜻이 되었다. ※주살 : 오늬에 줄을 매어 쏘는 화살 ※匠人(장인) : 물건 만듦을 업으로 하는 사람. 匠(장인 장)						
84	갑골문	금문	소전	예서	초서	행서	
神							神父(신부) 神話(신화) 山神(산신) 天神(천신)
귀신 신	(字源풀이) 번개 칠 때 번갯불이 번쩍이는 모양을 그린 글자로, 번 개를 신의 조화로 여겼던 데서 '귀신', '신'의 뜻이 나왔다. ☞ 申(번갯불) : 번개 신 ※入神(입신) : 지혜나 기술이 신묘한 경지에 들어감						
85	갑골문	금문	소전	예서	초서	행서	
信							信者(신자) 信號(신호) 電信(전신) 通信(통신)
믿을 신	(字源풀이) 갑골문 자형은 임신한 여자의 몸과 말씀이 그려져 있다. 아이의 아비가 누구인지 임신한 여자의 말만 믿을 수 있다는 데서 '믿다'의 뜻이 되었다. ※身(신) → 亻(인)으로 잘못 변함						

한자 쓰기

勝 力, 총12획 이길 승	ノ 月 月 月 月 肝 肝 胖 胖 胖 勝 勝					
始 女, 총8획 비로소 시	ㄥ 女 女 女 妒 始 始 始					
式 弋, 총6획 법 식	一 二 干 王 式 式					
神 示=礻, 총10획 귀신 신	一 二 干 干 示 示 和 和 神 神					
信 亻=人, 총9획 믿을 신	ノ 亻 亻 亻 广 信 信 信 信					

86	갑골문	금문	소전	예서	초서	행서	新綠(신록)

新

새 신

(字源풀이) 도끼로 나무를 잘라 땔감(섶나무)을 취하는 모습으로, 땔나무(薪:섶나무 신)가 본뜻이나, 가차되어 '새롭다'의 뜻도 되었다.

※新綠(신록) : 새로 돋은 잎의 푸른빛

※新春(신춘) : 새봄

新綠(신록)
新生(신생)
新入(신입)
新正(신정)

87	갑골문	금문	소전	예서	초서	행서

身

몸 신

(字源풀이) 옆으로 서 있는 여인의 배가 볼록 튀어 나온 것은 임신한 여인의 배를 강조한다. 이 옆모습으로, 사람의 '몸'자체로 쓰이게 되자 '몸'의 뜻으로 새겼다. ☞ 孕(아이 밸 잉) 참조. 判(판단할 판)

※身言書判(신언서판) : 신수·언변·문필·판단력(관리등용 때의 4표준)

身病(신병)
身體(신체)
文身(문신)
出身(출신)

88	갑골문	금문	소전	예서	초서	행서

失

잃을 실

(字源풀이) 손 아래로 어떤 물건이 떨어지는(乀) 모습에서 '놓치다', '잃어버리다'의 뜻이 나왔다.

※指事(지사) : 어떤 사물의 수량이나 위치를 가리키는 것[乀]

☞ 矢(화살 시), 指(가리킬 지)

失明(실명)
失手(실수)
失足(실족)
失火(실화)

89	갑골문	금문	소전	예서	초서	행서

愛

사랑 애

(字源풀이) 입 벌려 뒤를 돌아보는 모습에 마음(心)은 상대를 향하고 있다. 즉, 상대에게 사랑을 부르는 몸짓으로 '사랑'의 뜻이 나왔다.

※愛人(애인) : 사랑하는 사람

※愛馬(애마) : 자기가 사랑하는 말. ☞ 恚=愛

愛國(애국)
愛讀(애독)
愛用(애용)
親愛(친애)

90	갑골문	금문	소전	예서	초서	행서

夜

밤 야

(字源풀이) 정면을 바라보고 서있는 사람의 우측 팔은 겨드랑 사이로 달을 끼고 있고, 왼쪽 팔은 달빛으로 인한 사람의 그림자로 비쳐져 있다. 팔 아래 옆구리까지 달이 떨어짐을 형상화 한 것으로 밤을 추상적으로 표현한 글자다. 여기에서 '밤'의 뜻이 나왔다.

夜間(야간)
夜光(야광)
夜話(야화)
前夜(전야)

한자 쓰기

공부한 날   月   日

新	` ` ⺊ ⺊ ⺊ 立 立 辛 辛 亲 亲 新 新 新					
斤, 총13획 새 신						
身	´ ⺁ ⺁ 甶 甶 身 身					
身, 총7획 몸 신						
失	´ ⺊ 二 生 失					
大, 총5획 잃을 실						
愛	` ` ` ⺕ ⺕ ⺈ ⺈ 些 悉 悉 悉 愛 愛 愛					
心=忄=㣺, 총13획 사랑 애						
夜	` ⺀ 广 广 广 疒 疒 夜					
夕, 총8획 밤 야						

91	갑골문	금문	소전	예서	초서	행서	
野							野生(야생) 野外(야외) 山野(산야) 平野(평야)
들 야	(字源풀이) 숲이 있는 마을에 논과 밭이 있는 곳이 들판이라는 데서 '들'의 뜻이 되었다. 또한, 마을 밖에서 남녀가 서로 야합(野合)하는 들판이라는 설도 보임. ㅗ는 수컷의 상징적 기호. ※野史(야사) : 민간에서 사사로이 기록한 역사						

92	갑골문	금문	소전	예서	초서	행서	
弱							弱小(약소) 弱者(약자) 弱體(약체) 心弱(심약)
약할 약	(字源풀이) 활시위를 느슨하게 풀어 놓은 모습을 본뜬 글자다. 팽팽한 부분을 풀었을 때에는 약해질 것이므로 '약하다'의 뜻이 되었다. ☞ 強(강) ↔ 弱(약), 弲(강할, 활이 셀 강) ※弱肉強食(약육강식) : 약자가 강자에게 먹힘. 肉(고기 육)						

93	갑골문	금문	소전	예서	초서	행서	
藥							藥草(약초) 農藥(농약) 漢藥(한약) 火藥(화약)
약 약	(字源풀이) 병을 치료하고 즐거움을 주는 풀이라는 데서 '약'의 뜻. ※良藥苦口(양약고구) : '효험이 좋은 약은 입에 쓰다는 뜻'으로 충언은 귀에 거슬리나 자신에게 이롭다는 말 ※死後藥方文(사후약방문) : 때 늦은 후에 손을 써 봐야 소용이 없음						

94	갑골문	금문	소전	예서	초서	행서	
陽							陽氣(양기) 陽地(양지) 夕陽(석양) 漢陽(한양)
볕 양	(字源풀이) 신에게 제사를 지내기 위한 돌로 만든 제단 위에 햇볕이 언덕 위로 솟아오르는 모양을 그려 '볕'의 뜻을 나타내었다. ※太陽(태양)=해 ※昜=陽						

95	갑골문	금문	소전	예서	초서	행서	
洋							洋食(양식) 東洋(동양) 西洋(서양) 海洋(해양)
큰 바다 양	(字源풀이) 갑골문 자형은 멀리서 바라보면 두 마리의 양이 나란히 물길을 헤엄쳐 건너는 모습이다. 곧, 큰 바다의 물결이 양떼처럼 출렁이는 모습처럼 보였던 데서 '큰 바다'의 뜻이 되었다. ※太平洋(태평양)						

한자 쓰기

野 里, 총11획 들　야	㇑ ㄇ ㄦ 日 旦 甲 里 野 野 野 野						

弱 弓, 총10획 약할　약	㇇ ㇇ 弓 弓 弱 弱 弱 弱 弱 弱						

藥 ++=艸, 총19획 약　약	一 十 ㅛ ㅛ ㅛ 艹 苩 苩 苩 苩 薴 蕐 蓥 蕐 蕐 藥 藥 藥						

陽 阝=阜, 총12획 볕　양	㇇ ㇅ 阝 阝 阝 阢 阾 阴 陽 陽 陽 陽						

洋 氵=水=氺, 총9획 큰바다　양	㇒ ㇔ 氵 氵 氵 洋 洋 洋 洋						

96	갑골문	금문	소전	예서	초서	행서	
言	言	言	言	言	言	言	言動(언동) 言語(언어) 發言(발언) 方言(방언)
말씀 언	(字源풀이) 입 속에 있는 혀가 길게 입 밖으로 뻗어 나와 있는 모습이다. 이것은 말하기 위한 혀의 놀림으로 '말', '말씀'의 뜻이 되었다. ☞ 관악기의 일종인 생황(笙簧)으로 피리를 불고 있는 모습이라는 설명도 보임						

97	갑골문	금문	소전	예서	초서	행서	
業	業	業	業	業	業	業	業體(업체) 事業(사업) 學業(학업) 現業(현업)
업 업 널빤지 업	(字源풀이) 갑골, 금문을 보면 종이나 쇠북 등 악기를 매다는 스탠드 모양의 옷걸이와 흡사하다. 걸거나 만드는 일을 전문 직업으로 하였다는 데서 '업'의 뜻이 되었다. ※惡業(악업) : 전생의 나쁜 짓						

98	갑골문	금문	소전	예서	초서	행서	
永	永	永	永	永	永	永	永生(영생) 永永(영영) 永遠(영원) 永住(영주)
길 영	(字源풀이) 큰 강물 줄기에서 작은 강물 줄기가 갈라져 생성되어 길게 흐른다는 뜻으로 '길다', '오래다'의 뜻이 되었다. ※永眠(영면) : 영구히 잠을 잠. 眠(잠잘 면) ※泳(헤엄칠 영)						

99	갑골문	금문	소전	예서	초서	행서	
英	英	英	英	英	英	英	英國(영국) 英語(영어) 英才(영재) 育英(육영)
꽃부리 영	(字源풀이) 아름답게 핀 꽃 가운데가 꽃부리라는 데서 '꽃부리'의 뜻이 나왔다. ※英才(영재)=秀才(수재) : 뛰어난 재주 ※秀(빼어날 수), 央(가운데 앙)						

100	갑골문	금문	소전	예서	초서	행서	
溫	溫	溫	溫	溫	溫	溫	溫度(온도) 溫室(온실) 氣溫(기온) 體溫(체온)
따뜻할 온	(字源풀이) 갑골문은 따뜻한 김이 모락모락 나오는 가운데, 일인용 목욕통 안에 한 사람이 몸을 담그고 물을 튀기며 몸을 닦고 있는 모습을 사실적으로 그렸다. '따뜻하다'의 뜻이다. ※温(약자), 溫(정자) ☞ 소전을 보고 죄수에게 따뜻한 물을 주는 溫情(온정)의 설도 보임						

한자 쓰기

言 言, 총7획 말씀 언	` 一 亠 亖 言 言 言					
業 木, 총13획 업 업	` l ll ll 业 业 业 业 业 业 業 業 業					
永 水, 총5획 길 영	` 氵 衤 永 永					
英 ++=艸, 총9획 꽃부리 영	一 十 十 艹 艹 芢 英 英 英					
溫 氵=水=氺, 총13획 따뜻할 온	` 冫 氵 氵 汩 沪 沪 泗 淐 渭 渭 渭 溫					

101	갑골문	금 문	소 전	예 서	초 서	행 서	
勇							勇氣(용기) 勇力(용력) 勇名(용명) 勇夫(용부)
날랠 용	(字源풀이) 갑골문은 用(쓸 용)과 甬(종꼭지 용)은 자원이 동일. 금문은 꼭지가 달렸고 아래는 막히고 위가 뚫린, 타악기인 종이거나 나무로 만든 통 모습으로 보인다. 농부들이 흥겨운 악기에 맞추어 농사를 짓게 되면 빠르다는 데서 '날쌔다', '날래다'의 뜻이 나왔다. ※勇(×), 勇(○) ☞ 桶(통 통)						

102	갑골문	금 문	소 전	예 서	초 서	행 서	
用							用便(용변) 用紙(용지) 登用(등용) 有用(유용)
쓸 용	(字源풀이) 매달을 수 있는 큰 종을 그린 글자다. 필요할 때 종을 사용한다는 데서 '쓰다'의 뜻이다. 물건이나 물을 담는 나무통 用모양이라는 설이 보이며, 鏞(종 용)의 본래자라는 설도 보인다. ※用品(용품) : 쓰는 물품. 用軍(용군) : 군사를 씀						

103	갑골문	금 문	소 전	예 서	초 서	행 서	
運							運命(운명) 運行(운행) 不運(불운) 天運(천운)
옮길 운	(字源풀이) 무장한 군사가 수레를 끌고 옮겨간다는 데서 '움직이다', '옮기다'의 뜻이 나왔다. ※辶=辶=辵(○), 辶(×) ☞ 運(○), 運(×)						

104	갑골문	금 문	소 전	예 서	초 서	행 서	
園							農園(농원) 庭園(정원) 學園(학원) 花園(화원)
동산 원	(字源풀이) 울타리 안에 열매 맺은 과일들이 옷이 치렁치렁한 모습처럼 매달려있는 모습에서 '동산'의 뜻이 나왔다. ※園兒(원아) : 유치원에 다니는 아이. 兒(아이 아) ※田園(전원) : 논밭과 공원. 시골. 田(밭 전)						

105	갑골문	금 문	소 전	예 서	초 서	행 서	
遠							遠近(원근) 遠大(원대) 遠洋(원양) 遠親(원친)
멀 원	(字源풀이) 옷맵시를 손으로 여미고 갈 정도로 멀리 간다는 의미로 '멀다'의 뜻으로 새겼다. ※袁(옷이 치렁치렁한 모양 원) ※遠足(원족) : 소풍						

한자 쓰기

勇 力, 총9획 날랠 용	⁻ ⁻ ⁻ ⁻ ⁻ ⁻ ⁻ 甬 甬 勇 勇					
用 用, 총5획 쓸 용	丿 冂 冂 月 用					
運 辶=辵, 총13획 옮길 운	一 冖 冖 尸 昌 昌 宣 軍 軍 渾 運 運					
園 囗, 총13획 동산 원	丨 冂 冂 冋 冋 円 冐 周 園 園 園 園 園					
遠 辶=辵, 총14획 멀 원	一 十 土 士 吉 吉 声 声 声 袁 袁 遠 遠 遠					

106	갑골문	금 문	소 전	예 서	초 서	행 서
由	㽕	由	由	由	由	由

말미암을 유	(字源풀이) 씨 뿌려진 땅에서 열매가 올라오는 것처럼 그렇게 비롯되었다는 데서 '말미암다'의 뜻이 나왔다. ※ 말미암다=시작되다=비롯되다 ※ 由路(유로) : 사물이 말미암아 온 길

由來(유래)
事由(사유)
理由(이유)
自由(자유)

107	갑골문	금 문	소 전	예 서	초 서	행 서
油	油	油	油	油	油	油

기름 유	(字源풀이) 씨 뿌려진 땅에서 올라온 찰진 열매가 기름지다는 데서 '기름'의 뜻이 나왔다. ※ 石油(석유) : 지하에서 나는 천연 기름 ※ 原由(원유) : 정제하지 않은 석유

油頭(유두)
油紙(유지)
注油(주유)
重油(중유)

108	갑골문	금 문	소 전	예 서	초 서	행 서
銀		銀	銀	銀	銀	銀

은 은	(字源풀이) 황금이 되지 못하고 하얗게 머물게 된 은빛의 쇠라는 뜻으로, 금 다음으로 두 번째인 '은'의 뜻이 되었다. ※ 銀粧刀(은장도) : 칼집과 칼자루를 은으로 꾸민, 장식용의 칼 ☞ 粧(단장할 장)

銀色(은색)
銀行(은행)
水銀(수은)
洋銀(양은)

109	갑골문	금 문	소 전	예 서	초 서	행 서
音	音	音	音	音	音	音

소리 음	(字源풀이) 말씀(言)자에 짧은 가로 횡선(一)이 합해진 글자로, 말 속에 소리가 있다는 데서 '소리'의 뜻이 나왔다. ☞ 나팔 부는 입모습이라는 설도 보임 ※ 갑골문 言, 音은 통용. ☞ 言(언) 참조

音速(음속)
發音(발음)
表音(표음)
和音(화음)

110	갑골문	금 문	소 전	예 서	초 서	행 서
飮	飮	飮	飮	飮	飮	飮

마실 음	(字源풀이) 술 항아리를 잡고 허리를 굽혀 입에서 나온 혀를 위에서 아래를 향하여 길게 내밀어 술을 핥고 있는 모습으로 그려져 있다. 여기에서 '마시다'의 뜻이 나왔다. ※ 술 항아리와 혀 부분이 합쳐져서 밥그릇으로 변형됨 (→食)

飮食(음식)
飮用(음용)
食飮(식음)
夜飮(야음)

한자 쓰기

공부한 날   月   日

由 田, 총5획 말미암을 유	ㅣ 冂 冃 由 由					
油 氵=水=氺, 총8획 기름 유	ㆍ ㆍ 氵 氵 沪 汩 油 油					
銀 釒=金, 총14획 은 은	㇒ ㇒ ㇒ 乍 乍 乍 余 金 釘 釘 釘 鈤 銀 銀					
音 音, 총9획 소리 음	ㆍ 亠 亠 立 立 产 音 音 音					
飮 飠=飠=食, 총13획 마실 음	㇒ ㇒ ㇒ 乍 乍 乍 冎 冎 冎 飠 飲 飮 飮					

111	갑골문	금문	소전	예서	초서	행서
衣	仚	��	衣	衣	衣	衣

옷 의	(字源풀이) 웃옷의 목둘레와 긴 두 소매를 여민 모습을 본뜬 글자다. '옷'의 뜻이다. ※衣 : 웃옷(저고리). 裳 : 아래옷(치마) ☞ 裳(치마 상)	衣服(의복) 衣食(의식) 白衣(백의) 下衣(하의)

112	갑골문	금문	소전	예서	초서	행서
意	意	意	意	意	意	意

뜻 의	(字源풀이) 먹은 마음을 말로서 그 뜻을 바깥으로 나타낸다는 데서 '생각', '뜻'의 뜻이 되었다. ※意中(의중) : 마음 속 ※自意(자의) : 자기의 생각이나 의견	意向(의향) 同意(동의) 注意(주의) 合意(합의)

113	갑골문	금문	소전	예서	초서	행서
醫	醫	醫	醫	醫	醫	醫

의원 의	(字源풀이) 몸에 박힌 화살 부위의 상처를 소독약인 술로 소독하고, 수술 기구로 화살을 뽑아내려는 모습을 형상화 시킨 글자로 '의원'의 뜻이 되었다. ※醫書(의서) : 의학에 관한 책. ※'医' 약자	醫藥(의약) 軍醫(군의) 名醫(명의) 韓醫(한의)

114	갑골문	금문	소전	예서	초서	행서
者	者	者	者	者	者	者

놈 자 사람 자	(字源풀이) 넓적한 쟁반에 음식 재료를 삶거나 김이 나도록 요리하고 있는 모습. 이 놈(것) 맛이 좋다는 데서 '놈'의 뜻이 되었다. ※古者(고자) : 옛사람 ※仁者(인자) : 마음이 어진 사람. 仁(어질 인)	強者(강자) 讀者(독자) 作者(작자) 學者(학자)

115	갑골문	금문	소전	예서	초서	행서
作	作	作	作	作	作	作

지을 작 만들 작	(字源풀이) 갑골문을 보면 옷깃을 여민 웃옷 한 벌만 달랑 그려져 있다. 이것은 옷을 만들 때, 이미 바느질과 마름질을 다 마친 상태로 '만들다', '짓다'의 뜻이 나왔다. ※作曲家(작곡가) : 작곡을 전문으로 하는 음악가	作動(작동) 作名(작명) 作心(작심) 合作(합작)

한자 쓰기

衣 衣=衤, 총6획 옷 의	丶 一 ナ ナ 木 衣 衣
意 心=忄=㣺, 총13획 뜻 의	丶 一 ㅗ ㅗ 立 产 音 音 音 音 意 意 意
醫 酉, 총18획 의원 의	一 ア 天 天 医 医 图 殴 殴 殴 殹 殹 殹 醫 醫 醫 醫 醫
者 耂=老, 총9획 놈 자	一 十 土 耂 耂 耂 者 者 者
作 亻=人, 총7획 지을 작	丿 亻 亻 仁 佧 作 作

116	갑골문	금문	소전	예서	초서	행서	
昨							昨年(작년) 昨月(작월) 昨日(작일) 昨春(작춘)
어제 작	(字源풀이) 日(해 일) + 乍(잠깐 사)로 이루어진 형성자다. 옷을 만드는데 하루해가 잠깐 사이에 지나갔다는 데서 '어제'의 뜻이 되었다. ※昨非今是(작비금시) : 이전에는 그르다고 여겨지던 것이 지금은 옳다고 여겨짐. ☞ 是(옳을 시), 非(아닐 비)						
117	갑골문	금문	소전	예서	초서	행서	
章							圖章(도장) 文章(문장) 樂章(악장) 中章(중장)
글 장	(字源풀이) 문신용 칼(辛신)로 문신(⊕→曰)을 새긴 무늬인데, 글을 새긴 모습과 같다하여 '글'의 뜻이 되었다. ※文章(문장)=글월 ※印章(인장)=圖章(도장), 印(도장 인). ☞ 彰(드러날 창)						
118	갑골문	금문	소전	예서	초서	행서	
在							在美(재미) 在外(재외) 在學(재학) 現在(현재)
있을 재	(字源풀이) 새 싹이 땅을 뚫고 위로 돋아나려는 모습을 그린(才) 글자로 어린 새싹이 뿌리를 내리면 그 생명이 그 자리에 있게 된다는 데서 '있다'의 뜻이 되었다. ※갑골문 在(재), 才(재)는 서로 통용						
119	갑골문	금문	소전	예서	초서	행서	
才							才色(재색) 文才(문재) 人才(인재) 天才(천재)
재주 재	(字源풀이) 땅을 비집고 어린 새싹이 처음으로 돋아나려는 모습을 그린 글자로, 크게 자랄 조짐이 있다는 데서 '재주'의 뜻이 되었다. ※才子佳人(재자가인) : 재주 있는 남자와 미모가 아름다운 여자 ※佳(아름다울 가)						
120	갑골문	금문	소전	예서	초서	행서	
戰							戰死(전사) 戰術(전술) 戰場(전장) 休戰(휴전)
싸움 전	(字源풀이) 갑골문 자형은 상단 두 줄 끝에 두 개의 돌맹이를 매단 후 그 중간 부분에, 또 다른 막대 끝 부분과 연결한 원시 형태인 전쟁용 무기(¥→單)와 날을 직각으로 세운 무기(才→戈)를 그린 글자로 '싸우다'의 뜻이 되었다.						

한자 쓰기

昨	｜ �𠃌 月 日 日′ 日ノ 昨 昨 昨						
日, 총9획							
어제 작							
章	` ﹁ ﹁ ﹁ 立 产 产 音 音 音 童 章						
立, 총11획							
글 장							
在	一 ナ 才 才 在 在						
土, 총6획							
있을 재							
才	一 十 才						
手=才, 총3획							
재주 재							
戰	` ﹁ ﹁ ﹁ ﹁ 罒 罒 罒 單 單 單 戰 戰 戰						
戈, 총16획							
싸움 전							

121	갑골문	금문	소전	예서	초서	행서	
定							定立(정립)
							定食(정식)
정할 정	(字源풀이) 발이 집안에 들어 온 모습을 보아 정지, 정착의 의미다. 집안에 자리를 잡고 정착이 되면, 어떤 일을 새롭게 결정해야 한다는 데서 '정하다'의 뜻이 되었다. ☞ 離(떠날 리)						安定(안정)
	※會者定離(회자정리) : 만나는 자는 반드시 헤어질 운명에 있음						特定(특정)
122	갑골문	금문	소전	예서	초서	행서	
庭							庭球(정구)
							家庭(가정)
뜰 정	(字源풀이) 갑골문에는 집안에 두입과 큰 귀를 그림. 이것은 고대 왕의 집무실로 궁정 안을 정원처럼 꾸몄다 한다. 금문(⻌)과 소전에는 아름다운 정원(壬)을 만들고 있는 모습으로 '정원', '뜰'의 뜻이 되었다. ☞ 廷(조정 정)참조						校庭(교정)
집안 정							親庭(친정)
123	갑골문	금문	소전	예서	초서	행서	
題							題目(제목)
							問題(문제)
제목 제	(字源풀이) 고대에는 노예의 머리 이마에 표적을 내어 문신으로 일반인과 구별하였는데 이마가 출발점인 것처럼 글감의 출발점이 제목이라는 데서 '제목'의 뜻이 나왔다.						主題(주제)
	※題字(제자) : 책의 표지나 비석, 족자 따위에 쓴 글자						話題(화제)
124	갑골문	금문	소전	예서	초서	행서	
第							第三(제삼)
							第一(제일)
차례 제	(字源풀이) 대나무에 넝쿨식 풀줄기가 차례대로 말아 올라가는 모습으로 그렸다. 여기에서 '차례'의 뜻이 나왔다.						等第(등제)
	※及第(급제) : 시험에 합격됨						第一美
	※第三者(제삼자) : 당사자 이외의 사람						(제일미)
125	갑골문	금문	소전	예서	초서	행서	
朝							朝夕(조석)
							朝食(조식)
							朝會(조회)
아침 조	(字源풀이) 갑골문에는 풀밭 위로 아침 해가 솟아오르고 있는 가운데, 서쪽 하늘에는 그림자가 희미한 달로 그려져 있다. 이 모습이 해 밝은 아침이라는 데서 '아침'의 뜻이 되었다. ☞ 韓(나라 한)참조						王朝(왕조)
	※軟(해 돋을 간) ☞ 朝=晁(동자 이체자)						

한자 쓰기

공부한 날   月   日

定	` ` ⺊ ⺊ 宀 宀 定 定
宀, 총8획 정할 정	

庭	` ⺊ 广 广 广 庄 庄 庭 庭 庭
广, 총10획 뜰 정	

題	` ⼝ ⼞ 日 旦 무 무 昆 是 是 是 匙 題 題 題 題 題 題
頁, 총18획 제목 제	

第	` ⺊ ⺊ ⺮ ⺮ ⺮ 竺 竺 竺 第 第
⺮=竹, 총11획 차례 제	

朝	⼀ ⼗ 十 古 古 古 直 卓 卓 朝 朝 朝
月, 총12획 아침 조	

126	갑골문	금문	소전	예서	초서	행서	
族							族長(족장)
							民族(민족)
겨레 족	(字源풀이) 갑골문에는 바람에 휘날리는 깃발 아래 전투용 화살 한 개가 그려져 있다. 혈연 중심으로 이루어진 집단 하나가 한 겨레를 이루었다는 데서 '씨족', '겨레'의 뜻이 되었다. ※一族(일족) : 같은 겨레붙이						親族(친족) 漢族(한족)

127	갑골문	금문	소전	예서	초서	행서	
注							注力(주력)
							注目(주목)
부을 주 물댈 주	(字源풀이) 타오르는 불꽃을 잡기 위해 물줄기에서 물을 끌어와 물을 붓는다는 데서 '물을 붓다', '물을 대다'의 뜻이 되었다. ※注力(주력) : 힘을 들임 ※注目(주목) : 눈을 한 곳에 쏟음						注文(주문) 注入(주입)

128	갑골문	금문	소전	예서	초서	행서	
晝							晝間(주간)
							晝食(주식)
낮 주	(字源풀이) 아침 해가 떠서 질 때까지의 시간에 대하여, 밤과 낮의 경계선을 붓으로 그린다는 데서 '낮'의 뜻이 되었다. ※書(글 서), 晝(낮 주), 畵(그림 화), 耕(밭갈 경) ※晝耕夜讀(주경야독) : 낮에는 밭을 갈고 밤에는 글을 읽음						晝夜(주야) 白晝(백주)

129	갑골문	금문	소전	예서	초서	행서	
集							集中(집중)
							集合(집합)
모을 집	(字源풀이) 갑골문에는 나무 위에 한 마리의 새가 앉아 있는 모습을 하고 있고, 금문과 소전에는 세 마리의 새로 그려져 있다. 새는 나무에 잘 모인다는 데서 '모이다', '모으다'의 뜻이 나왔다. ※集=雧						文集(문집) 全集(전집)

130	갑골문	금문	소전	예서	초서	행서	
窓							窓口(창구)
							窓門(창문)
창 창 창문 창	(字源풀이) 통풍이 잘 되도록 벽에 구멍을 내어 밝은 빛이 들어오게 만든 창문을 본뜬 글자로 '창'의 뜻이 되었다. ☞ 囱(초문)→囪(정자)→窗(본자)→窻→窓→窓(속자) ※풍창(風窓) : 통풍하기 위해 뚫어 놓은 창						同窓(동창) 學窓(학창)

한자 쓰기

공부한 날   月   日

族 방=方, 총11획 거레 족	ﾉ ﾉ ﾅ 方 方 方 方 拧 兹 族 族						
注 氵=水=氺, 총8획 부을 주	ﾉ ﾉ 氵 氵 氵 沪 沪 注 注						
晝 日, 총11획 낮 주	ﾋ ﾋ ﾈ 甹 昌 書 書 書 書 書 晝						
集 隹, 총12획 모을 집	ﾉ ﾉ ﾈ ﾈ 忙 忙 佳 佳 隹 集 集 集						
窓 穴, 총11획 창 창	ﾉ ﾉ 宀 宀 宊 空 空 空 空 窓 窓						

131	갑골문	금 문	소 전	예 서	초 서	행 서	
清	淸	淸	淸	清	清	清	清明(청명) 清算(청산) 清音(청음) 清風(청풍)
맑을 청	(字源풀이) 물이 맑으면 푸른빛을 띤다는 데서 '맑다'의 뜻이다. ※清凉(청량) : 날씨가 맑고 서늘함. ☞ 凉(서늘할 량) ※清音(청음) : 맑고 깨끗한 소리 ※清風明月(청풍명월) : 맑은 바람과 밝은 달						

132	갑골문	금 문	소 전	예 서	초 서	행 서	
體	體	體	體	體	體	體	體面(체면) 體育(체육) 全體(전체) 形體(형체)
몸 체	(字源풀이) 뼈(骨=뼈 골)에 살이 풍성히(豊=풍년 풍) 붙어서 이루어 진 것이 몸이라는 데서 '몸'의 뜻이 되었다. ※体(몸 체) : 體의 약자 ※肉體(육체) : 肉身(육신), 肉(고기 육)						

133	갑골문	금 문	소 전	예 서	초 서	행 서	
親	親	親	親	親	親	親	親家(친가) 親兄(친형) 母親(모친) 先親(선친)
친할 친 어버이 친	(字源풀이) 갑골문을 보면 죄수 얼굴에 문신을 새길 때 쓰던 형벌용 칼과 그것을 큰 눈으로 응시하고 있는 모습으로 그려져 있다. 다른 사람을 보살피는 행위로 '친하다'의 뜻이 되었다. ※親手(친수) : 손수 하는 일						

134	갑골문	금 문	소 전	예 서	초 서	행 서	
太	太	太	太	太	太	太	太古(태고) 太陽(태양) 太平(태평) 明太(명태)
클 태 처음 태	(字源풀이) 갑골문에는 양팔과 양발을 벌리고 우뚝 서 있는 큰 사람 의 모습(大)과 그 하단에 강조의 점(丶)을 찍어 '보다 크다'의 뜻을 새겼다. 위아래로 스케치한 사람 모양의 갑골문도 보임. ☞ 고대에는 大=太서로 통용. ※콩(大豆)이라는 의미도 있다						

135	갑골문	금 문	소 전	예 서	초 서	행 서	
通	通	通	通	通	通	通	通路(통로) 開通(개통) 交通(교통) 不通(불통)
통할 통	(字源풀이) 금문을 보면 꼭지가 달린 용(甬:종꼭지 용)이라는 악기를 그렸다. 뚫린 용으로 종을 치면 종소리가 울려 여러 방향으로 퍼져 나가 두루 통한다는 데서 '통하다'의 뜻이 되었다. ※大通(대통) : 운수 따위가 막히지 않고 크게 트임						

한자 쓰기

공부한 날   月   日

清	` ` ` ` ` ` ` ` ` ` `氵 氵 氵 汢 淸 淸 淸 淸 淸					
氵=水=氺, 총11획 맑을 청						
體	` ` ` ` ` ` ` ` ` ` ` ` ` ` ` ` ` ` ` ` ` 骨 骨 骨 骨 骨 骨 骨 骨 骨 體 體 體 體 體 體 體					
骨, 총23획 몸 체						
親	` ` ` ` ` ` ` ` ` ` ` 亲 亲 亲 亲 親 親 親 親 親 親					
見, 총16획 친할 친						
太	一 ナ 大 太					
大, 총4획 클 태						
通	` ` ` ` ` ` ` 甬 甬 甬 涌 涌 涌 通					
辶=辵, 총11획 통할 통						

136	갑골문	금문	소전	예서	초서	행서	
特	特	特	特	特	特	特	特級(특급) 特命(특명) 特使(특사) 英特(영특)

특별할 특
수컷 특

(字源풀이) 옛날에는 소(수컷)를 희생으로 쓰는 존재로 여겨 손과 발을 다하여 관리했다 한다. 주로 큰 제사는 해당 관청에서 특별히 관리 하였다는 데서 '특별하다'의 뜻이 나왔다. ☞ 寺(관청 시)

※大書特筆(대서특필) : 글자를 크게 써서 특별하게 보임

137	갑골문	금문	소전	예서	초서	행서	
表	表	表	表	表	表	表	表面(표면) 表意(표의) 表現(표현) 年表(연표)

겉 표
바깥 표

(字源풀이) 추운 겨울에 옷을 입을 때는, 털이 난 부분을 바깥으로 드러나도록 입기 때문에 '겉'의 뜻이 나왔다.

※表裏不同(표리부동) : 겉과 속이 다름. 마음이 음흉하고 못됨

☞ 表(겉 표) ↔ 裏(속 리)

138	갑골문	금문	소전	예서	초서	행서	
風	風	風	風	風	風	風	風樂(풍악) 風向(풍향) 中風(중풍) 學風(학풍)

바람 풍

(字源풀이) 갑골문 자형은 바람이 보이지 않고, 화려한 날개를 가진 한 마리의 봉황새가 날갯짓을 하는 모습과 소리 부호로 ㅐ[凡]가 그려져 있다. 금문은 봉황새가 사라지고, 한 마리의 벌레로 대체됨. 즉, 날개를 퍼덕거리면 바람을 일으킨다는 데서 '바람'의 뜻이 나왔다.

139	갑골문	금문	소전	예서	초서	행서	
合	合	合	合	合	合	合	合金(합금) 合理(합리) 合心(합심) 十合(십홉)

합할 합
홉 홉

(字源풀이) 그릇 뚜껑으로 그릇을 덮고 있는 모습으로 '하나로 합치다'의 뜻이 되었다.

※合(홉) : 한 되의 1/10

※合集(합집) : 합쳐서 모임

140	갑골문	금문	소전	예서	초서	행서	
幸	幸	幸	幸	幸	幸	幸	幸運(행운) 多幸(다행) 不幸(불행) 天幸(천행)

다행 행

(字源풀이) 죄인에게 두 손을 움직이지 못하도록 채우는 수갑 모양을 본뜬 글자다. 다행히 흉한 일을 면하였다는 데서 '다행'의 뜻이 나왔다.

☞ 辛(매울 신)도 본래는 형벌용 칼의 상형문자다

한자 쓰기

特	ノ ト 牛 牛 牛 牜 牜 牦 特 特					
牜=牛, 총10획						
특별할 특						

表	一 二 三 主 丰 表 表 表					
衣=衤, 총8획						
겉 표						

風	ノ 几 凡 凡 凤 凤 風 風 風					
風, 총9획						
바람 풍						

合	ノ 人 亼 亽 合 合					
口, 총6획						
합할 합						

幸	一 十 士 圭 卉 亠 亖 幸					
干, 총8획						
다행 행						

141	갑골문	금 문	소 전	예 서	초 서	행 서
行						

다닐 행 항렬 항	(字源풀이) 갑골문 자형은 사거리(十字道路)를 본뜬 글자(∦)로, '길', '다니다'의 뜻이 되었다. ☞ 거리, 가다, 항렬의 뜻은 파생된 것이다 ※行은 사거리의 상형으로 두 개로 분리할 수 없는 독체 상형문자 예) 彳(자축거릴 척), 亍(자축거릴 촉)

行動(행동)
行事(행사)
孝行(효행)
行列(항렬)

142	갑골문	금 문	소 전	예 서	초 서	행 서
向						

향할 향	(字源풀이) 북쪽 방향으로 낸 창문 모양으로, 북쪽 창문을 막아서 한기가 스며들지 못하도록 막는다는 데서 '향하다'의 뜻이 나왔다. ※向路(향로) : 향하여 가는 길 ※向學(향학) : 학문에 뜻을 두고 그 길로 나아감

向上(향상)
向後(향후)
南向(남향)
方向(방향)

143	갑골문	금 문	소 전	예 서	초 서	행 서
現						

나타날 현	(字源풀이) 옥돌을 갈고 닦으면 아름다운 빛깔이 나타난다는 데서 '나타나다'의 뜻이 나왔다. ※現住所(현주소) : 현재 살고 있는 곳 ※現世(현세) : 현재의 세상. <사바세계>

現金(현금)
現代(현대)
現場(현장)
出現(출현)

144	갑골문	금 문	소 전	예 서	초 서	행 서
形						

모양 형	(字源풀이) 우물 안에서 여러 가닥의 빛줄기가 쏟아져 나오고 있는 모양을 그린 글자다. 곧, 빛을 발하면 우물 안에 있는 형상이 환히 드러나(彡) 보인다는 데서 '모양'의 뜻이 나왔다. ☞ 刑(형벌 형) 참조 ※形形色色(형형색색) : 가지각색

形式(형식)
形便(형편)
成形(성형)
人形(인형)

145	갑골문	금 문	소 전	예 서	초 서	행 서
號						

이름 호 부를 호	(字源풀이) 号(부르짖을 호) + 虎(호랑이 호)로 형성된 글자다. 호랑이 우는 소리처럼 울부짖는 데서 '이름', '부르다'의 뜻이 나왔다. ※號令(호령) : 큰 소리로 꾸짖음 ※號天(호천) : 하늘에 부르짖어 하소연함

號外(호외)
口號(구호)
國號(국호)
記號(기호)

한자 쓰기

行	´ ㇒ ㇒ 彳 彳 行 行
行, 총6획 다닐 행	
向	´ ㇓ 冂 冋 向 向
口, 총6획 향할 향	
現	ˉ ˊ ㇛ ㇐ 王 玎 珇 珇 玥 珇 現 現
王=玉=王, 총11획 나타날 현	
形	ˉ ㇐ 于 开 邢 形 形
彡, 총7획 모양 형	
號	` 冖 口 呂 号 号 别 别 號 號 號 號 號
虎, 총13획 이름 호	

146	갑골문	금 문	소 전	예 서	초 서	행 서	
和				和	和	和	和合(화합) 不和(불화) 溫和(온화) 平和(평화)

화할 화
화목할 화

(字源풀이) 갑골문을 보면 여러 개의 대나무관으로 엮어 만든 피리를 불고 있는 모습이다. 아름다운 피리 가락처럼 음악의 조화가 본래의 뜻으로 '화목하다'의 뜻이 되었다. ☞ 龢 → 咊 → 和

※龠(피리 약)이 口로 변함. [禾는 음]

147	갑골문	금 문	소 전	예 서	초 서	행 서	
畫				畵	畫	畫	畫家(화가) 畫室(화실) 圖畫(도화) 畫數(획수)

그림 화
그을 획

(字源풀이) 갑골문은 한 손으로 붓을 쥐고 꽃무늬를 그리고 있는 모습(𦘕)이다. 금문은 田이 추가되었으며 '그림'의 뜻이 나왔다.

※畫=劃(그을 획)

☞ 畫 : 속자, 畵 : 정자, 画 : 약자

148	갑골문	금 문	소 전	예 서	초 서	행 서	
黃				黃	黄	黄	黃金(황금) 黃色(황색) 黃土(황토) 黃海(황해)

누를 황

(字源풀이) 사람 허리에 둥근 옥을 두르고 있는 모습이다. 본래 패옥이란 뜻이었다. 패옥(佩玉)의 빛깔이 노란 빛을 띤다 하여 '노랗다', '누렇다'의 뜻이 나왔다.

※佩玉(패옥) : 허리띠에 차는 옥. ☞ 佩(찰 패), 璜(패옥 황)

149	갑골문	금 문	소 전	예 서	초 서	행 서	
會				會	會	會	會食(회식) 會長(회장) 國會(국회) 面會(면회)

모일 회

(字源풀이) 음식물이 담긴 그릇 위에 뚜껑(스)을 덮어 놓은 모습을 측면에서 입체적으로 그린 그림이다. 즉, 뚜껑(上) + 음식물(中) + 그릇(下), 세 가지가 한데 모여 '모이다', '모으다'의 뜻이 나왔다.

☞ 曾(일찍 증)

150	갑골문	금 문	소 전	예 서	초 서	행 서	
訓				訓	訓	訓	訓長(훈장) 訓話(훈화) 教訓(교훈) 訓民正音 (훈민정음)

가르칠 훈

(字源풀이) 냇물이 위에서 아래로 반듯하게 흐르듯, 아랫사람이 따를 수 있도록 좋은 말로 가르친다는 데서 '가르치다'의 뜻이 나왔다.

※訓育(훈육) : 품성이나 도덕 따위를 가르쳐 기름

※訓示(훈시) : 가르쳐 보임

한자 쓰기

공부한 날   月   日

和	ノ 二 千 禾 禾 禾 和 和
口, 총8획 화할 화	
畫	フ ⇒ ⇒ ⇒ 聿 聿 書 書 書 書 書 畫
田, 총12획 그림 화	
黃	一 十 艹 芢 芢 芢 芢 芢 芢 苗 黃 黃
黃, 총12획 누를 황	
會	ノ 人 △ 亼 亽 今 侖 侖 侖 侖 會 會 會
曰, 총13획 모일 회	
訓	丶 亠 亖 亖 言 言 言 訃 訓 訓
言, 총10획 가르칠 훈	

배정한자 150字 【정답 : 배정한자 참고】

各		急	
角		多	
感		短	
强		堂	
開		代	
京		對	
界		待	
計		圖	
古		度	
苦		讀	
高		童	
共		頭	
公		等	
功		樂	
果		例	
科		禮	
光		路	
交		綠	
區		利	
球		李	
郡		理	
近		明	
根		目	
今		聞	
級		米	

배정한자 150字 【정답 : 배정한자 참고】

美		速	
朴		孫	
半		樹	
反		術	
班		習	
發		勝	
放		始	
番		式	
別		神	
病		信	
服		新	
本		身	
部		失	
分		愛	
使		夜	
社		野	
死		弱	
書		藥	
席		陽	
石		洋	
線		言	
雪		業	
成		永	
省		英	
消		溫	

배정한자 150字 【정답 : 배정한자 참고】

勇		族	
用		注	
運		畫	
園		集	
遠		窓	
由		淸	
油		體	
銀		親	
音		太	
飮		通	
意		特	
衣		表	
醫		風	
者		合	
作		幸	
昨		行	
章		向	
在		現	
才		形	
戰		號	
定		和	
庭		畫	
題		黃	
第		會	
朝		訓	

6 級 (한자 쓰기) — 1
배정한자 150字【정답 : 배정한자 참고】

훈	음		훈	음	
각각	각		급할	급	
뿔	각		많을	다	
느낄	감		짧을	단	
강할	강		집	당	
열	개		대신	대	
서울	경		대할	대	
지경	계		기다릴	대	
셀	계		그림	도	
예	고		법도	도	
쓸	고		읽을	독	
높을	고		아이	동	
한가지	공		머리	두	
공평할	공		무리	등	
공	공		즐길	락	
실과	과		법식	례	
과목	과		예도	례	
빛	광		길	로	
사귈	교		푸를	록	
구분할	구		이할	리	
공	구		오얏	리	
고을	군		다스릴	리	
가까울	근		밝을	명	
뿌리	근		눈	목	
이제	금		들을	문	
등급	급		쌀	미	

6 級 (한자 쓰기) — 2
배정한자 150字 【정답 : 배정한자 참고】

아름다울 미		빠를 속	
성 박		손자 손	
반 반		나무 수	
돌아올 반		재주 술	
나눌 반		익힐 습	
필 발		이길 승	
놓을 방		비로소 시	
차례 번		법 식	
다를 별		귀신 신	
병 병		믿을 신	
옷 복		새 신	
근본 본		몸 신	
때 부		잃을 실	
나눌 분		사랑 애	
하여금 사		밤 야	
모일 사		들 야	
죽을 사		약할 약	
글 서		약 약	
자리 석		볕 양	
돌 석		큰바다 양	
줄 선		말씀 언	
눈 설		업 업	
이룰 성		길 영	
살필 성		꽃부리 영	
사라질 소		따뜻할 온	

배정한자 150字 【정답 : 배정한자 참고】

날랜	용		거레	족	
쓸	용		부을	주	
옮길	운		낮	주	
동산	원		모을	집	
멀	원		창	창	
말미암을	유		맑을	청	
기름	유		몸	체	
은	은		친할	친	
소리	음		클	태	
마실	음		통할	통	
뜻	의		특별할	특	
옷	의		겉	표	
의원	의		바람	풍	
놈	자		합할	합	
지을	작		다행	행	
어제	작		다닐	행	
글	장		향할	향	
있을	재		나타날	현	
재주	재		모양	형	
싸움	전		이름	호	
정할	정		화할	화	
뜰	정		그림	화	
제목	제		누를	황	
차례	제		모일	회	
아침	조		가르칠	훈	

서예작품 감상

해 서

願學新心養新德
從隨新葉起新知

壬辰夏酷炎之日
靜耘田貞秀塗鴉

새 心으로 새 德 기름을 배우길 원하노라

문득 새 잎따라서 새 지식이 생겨나리

새 心으로 새 德 기름을 배우길 원하노라

파초설 중에서‥

5級 200字 漢字 읽고 쓰기

5 級

배정한자 200字(부수 포함)

加	더할 가 힘 력(力)변부	關	관계할 관 / 빗장 관 문 문(門)몸부
價	값 가 사람 인(亻=人)변부	廣	넓을 광 집 엄(广)엄부 / 엄호엄(广)부
可	옳을 가 입 구(口)부	橋	다리(*bridge*) 교 나무 목(木)변부
改	고칠 개 칠 복(攵=攴)방부	具	갖출 구 여덟 팔(八=八)발부
客	손 객 집 면(宀)머리부	救	구원할 구 칠 복(攵=攴)방부
去	갈 거 마늘 모(厶)발부	舊	예 구 절구 구(臼)발부
擧	들 거 손 수(手=扌)발부	局	판 국 주검 시(尸)엄부
件	물건 건 사람 인(亻=人)변부	貴	귀할 귀 조개 패(貝)발부
建	세울 건 길게 걸을 인(廴)받침부	規	법 규 볼 견(見)방부
健	굳셀 건 사람 인(亻=人)변부	給	줄 급 실 사(糸=糸)변부
格	격식 격 나무 목(木)변부	基	터 기 흙 토(土)발부
見	볼 견 / 뵈올 현 볼 견(見)부	期	기약할 기 달 월(月)방부
決	결단할 결 물 수(氵=氵=水=氷)변부	技	재주 기 손 수(扌=手=才)변부
結	맺을 결 실 사(糸=糸)변부	己	몸 기 몸 기(己)부
景	볕 경 해 일(日)머리부	汽	물끓는김 기 물 수(氵=氵=水=氷)변부
敬	공경 경 칠 복(攵=攴)방부	吉	길할 길 입 구(口)발부
輕	가벼울 경 수레 거(車)변부	念	생각 념 마음 심(心=忄=小)발부
競	다툴 경 설 립(立)부	能	능할 능 육달월(月=⺼=肉)부
固	굳을 고 에울 위(囗)몸부	團	둥글 단 에울 위(囗)몸부
告	고할 고 입 구(口)발부	壇	단 단 / 제터 단 흙 토(土)변부
考	생각할 고 늙을 로(耂=老)엄부	談	말씀 담 말씀 언(言)변부
曲	굽을 곡 가로 왈(曰)부	當	마땅 당 밭 전(田)발부
課	공부할 과 / 과정 과 말씀 언(言)변부	德	큰 덕 자축거릴 척(彳)변부
過	지날 과 / 허물 과 쉬엄쉬엄 갈 착(辶=辶=辵=착)받침부	到	이를 도 선칼 도(刂=刀)방부
觀	볼 관 볼 견(見)방부	島	섬 도(=嶋) 메 산(山)부 / 산 산(山)부

5 級

배정한자 200字(부수 포함)

都	도읍 도 고을 읍(阝=邑)방부	法	법 법 물 수(氵=氺=水=氺)변부
獨	홀로 독 개 견(犭=犬)변부 / 개사슴록 변부	變	변할 변 말씀 언(言)부
落	떨어질 락 풀 초(++=艸)머리부	兵	병사 병 여덟 팔(八=八)발부
朗	밝을 랑 달 월(月)방부	福	복 복 보일 시(示=礻)변부
冷	찰 랭 얼음 빙(冫=氷)변부	奉	받들 봉 큰 대(大)부
量	헤아릴 량 마을 리(里)다리부	比	견줄 비 견줄 비(比)부
良	어질 량 괘이름 간(艮)발부	費	쓸 비 조개 패(貝)발부
旅	나그네 려 / 군사 려 모 방(方=方)변부	鼻	코 비 코 비(鼻)부
歷	지날 력 그칠 지(止)부	氷	얼음 빙 물 수(氵=氺=水=氺)부
練	익힐 련 실 사(糸=糹)변부	仕	섬길 사 / 벼슬할 사 사람 인(亻=人)변부
令	하여금 령 / 명령할 령 사람 인(人=亻)머리부	士	선비 사 선비 사(士)부
領	거느릴 령 머리 혈(頁)방부	史	사기(史記) 사 입 구(口)부
勞	일할 로 힘 력(力)발부	寫	베낄 사 집 면(宀)머리부
料	헤아릴 료 말 두(斗)방부	思	생각 사 마음 심(心=忄=㣺)발부
流	흐를 류 물 수(氵=氺=水=氺)변부	査	조사할 사 나무 목(木)머리부
類	무리 류 머리 혈(頁)방부	産	낳을 산 날 생(生)부
陸	뭍 륙 언덕 부(阝=阜)변부	賞	상줄 상 조개 패(貝)발부
馬	말 마 말 마(馬)부	商	장사 상 / 상나라 상 입 구(口)부
末	끝 말 나무 목(木)부	相	서로 상 눈 목(目)방부
亡	망할 망 돼지해(亥) 머리(亠)부	序	차례 서 집 엄(广)엄부 / 엄호엄(广)부
望	바랄 망 달 월(月)부	仙	신선 선 사람 인(亻=人)변부
買	살 매 조개 패(貝)발부	善	착할 선 입 구(口)발부
賣	팔 매 조개 패(貝)발부	選	가릴 선 / 뽑을 선 쉬엄쉬엄 갈 착(辶=辶=辵=辶)받침부
無	없을 무 불 화(灬=火)발부 / 연화발부	船	배 선 배 주(舟)변부
倍	곱 배 / 곱절 배 사람 인(亻=人)변부	鮮	고울 선 물고기 어(魚)변부

5 級

배정한자 200字(부수 포함)

說	말씀 설 / 달랠 세 / 기쁠 열(=悅) 말씀 언(言)변부	要	요긴할 요 덮을 아(襾=覀=罒)머리부
性	성품(性品) 성 마음 심(忄=心=㣺)변부	浴	목욕할 욕 물 수(氵=氺=水=氷)변부
洗	씻을 세 물 수(氵=氺=水=氷)변부	友	벗 우 또 우(又)부
歲	해 세 그칠 지(止)머리부	牛	소 우 소 우(牛=牜)부
束	묶을 속 나무 목(木)부	雨	비 우 비 우(雨)부
首	머리 수 머리 수(首)부	雲	구름 운 비 우(雨)머리부
宿	잘 숙 / 별자리 수 집 면(宀)머리부	雄	수컷 웅 새 추(隹)방부
順	순할 순 머리 혈(頁)방부	元	으뜸 원 어진 사람 인(儿)발부
示	보일 시 보일 시(示=礻)부	院	집 원 언덕 부(阝=阜)변부
識	알 식 / 기록할 지 말씀 언(言)변부	原	언덕 원 민엄호 부 / 언덕 한(厂)엄부
臣	신하 신 신하 신(臣)부	願	원할 원 머리 혈(頁)방부
實	열매 실 집 면(宀)머리부	位	자리 위 사람 인(亻=人)변부
兒	아이 아 어진 사람 인(儿)발부	偉	클 위 사람 인(亻=人)변부
惡	악할 악 / 미워할 오 마음 심(心=忄=㣺)발부	以	써 이 사람 인(人=亻)방부
案	책상 안 / 생각할 안 나무 목(木)발부	耳	귀 이 귀 이(耳)부
約	맺을 약 실 사(糸=糹)변부	因	인할 인 에울 위(囗)몸부
養	기를 양 밥 식(食=飠=𩙿)발부	任	맡길 임 사람 인(亻=人)변부
漁	고기잡을 어 물 수(氵=氺=水=氷)변부	再	두 재 / 다시 재 멀 경(冂)몸부
魚	물고기 어 / 고기 어 물고기 어(魚)부	材	재목 재 나무 목(木)변부
億	억(數字) 억 사람 인(亻=人)변부	財	재물 재 조개 패(貝)변부
熱	더울 열 불 화(灬=火)발부 / 연화발부	災	재앙 재 불 화(火=灬)발부 / 연화발부
葉	잎 엽 풀 초(艹=艸)머리부	爭	다툴 쟁 손톱 조(爫=爫=爪)머리부
屋	집 옥 주검 시(尸)엄부	貯	쌓을 저 조개 패(貝)변부
完	완전할 완 집 면(宀)머리부	的	과녁 적 흰 백(白)변부
曜	빛날 요(燿=耀=曜) 해 일(日)변부	赤	붉을 적 붉을 적(赤)부

5 級

배정한자 200字(부수 포함)

傳	전할 전 사람 인(亻=人)변부	最	가장 최 가로 왈(曰)머리부
典	법 전 / 책 전 여덟 팔(八=八)발부	祝	빌(celebrate) 축 보일 시(示=礻)변부
展	펼 전 주검 시(尸)엄부	充	채울 충 어진 사람 인(儿)발부
切	끊을 절 / 온통 체 칼 도(刀=刂)방부	致	이를 치 이를 지(至)변부
節	마디 절 대 죽(⺮=竹)머리부	則	법칙 칙 / 곧 즉 선칼 도(刂=刀)방부
店	가게 점 집 엄(广)엄부 / 엄호엄(广)부	他	다를 타 사람 인(亻=人)변부
停	머무를 정 사람 인(亻=人)변부	打	칠 타 손 수(扌=手=才)변부 / 재방변부
情	뜻 정 마음 심(忄=心=㣺)변부	卓	높을 탁 열 십(十)발부
調	고를 조 말씀 언(言)변부	炭	숯 탄 불 화(火=灬)부
操	잡을 조 손 수(扌=手=才)변부 / 재방변부	宅	집 택 / 집 댁 집 면(宀)머리부
卒	마칠 졸 / 군사 졸 열 십(十)발부	板	널 판 / 널빤지 판 나무 목(木)변부
種	씨 종 벼 화(禾)변부	敗	패할 패 칠 복(攵=攴)방부
終	마칠 종 실 사(糸=糹)변부	品	물건 품 입 구(口)부
罪	허물 죄 그물 망(罒=网=㓁=罓)머리부	必	반드시 필 마음 심(心=忄=㣺)부
週	주일 주 쉬엄쉬엄 갈 착(辶=辶=辵=辶)받침부	筆	붓 필 대 죽(⺮=竹)머리부
州	고을 주 내 천(川=巛)부	河	물 하 물 수(氵=氺=水=氺)변부
止	그칠 지 그칠 지(止)부	寒	찰 한 집 면(宀)머리부
知	알 지 화살 시(矢)변부	害	해할 해 집 면(宀)머리부
質	바탕 질 조개 패(貝)발부	許	허락할 허 말씀 언(言)변부
着	붙을 착 눈 목(目)발부	湖	호수 호 물 수(氵=氺=水=氺)변부
參	참여할 참 / 석 삼(參=三) 마늘 모(厶)부	化	될 화 비수 비(匕)방부
唱	부를 창 입 구(口)변부	患	근심 환 마음 심(心=忄=㣺)발부
責	꾸짖을 책 조개 패(貝)발부	效	본받을 효 칠 복(攵=攴)방부
鐵	쇠 철 쇠 금(釒=金)변부	凶	흉할 흉 입 벌릴 감(凵)몸부
初	처음 초 칼 도(刀=刂)방부	黑	검을 흑 검을 흑(黑)부

1	갑골문	금 문	소 전	예 서	초 서	행 서	
加	㹢	㹢	加	加	加	加	加工(가공) 加入(가입) 加重(가중) 參加(참가)
더할 가	(字源풀이) 쟁기(力)에 힘을 더하여 쟁기질 하라고 말하다(口)는 데서 '더하다'의 뜻이 나왔다. ※雪上加霜(설상가상) : 눈 위에 서리를 더함. 어려운데 더 어려워짐 ※霜(서리 상)						
2	갑골문	금 문	소 전	예 서	초 서	행 서	
價	㑀	賈	價	價	價	價	價格(가격) 油價(유가) 定價(정가) 特價(특가)
값 가	(字源풀이) 등에 보따리를 짊어지고 물건을 팔러 다니는 장사꾼(亻) 모습이다. 장사를 하기 위해서는 물건의 가치를 정해야 하므로 '값'의 뜻이 나왔다. ☞ 고대에는 價=賈(장사의 뜻일 때는 고) ※商賈(상고) : 장수(장사치)						
3	갑골문	금 문	소 전	예 서	초 서	행 서	
可	可	可	可	可	可	可	可決(가결) 可能(가능) 可動(가동) 可望(가망)
옳을 가	(字源풀이) 본래 柯(도끼자루)를 본뜬 문자인데, 입에 있는 소리가 기세(氣勢) 좋게 입 밖으로 올바르게 나온다는 데서 '옳다'의 뜻이 되었다. ※柯(도끼자루 가)						
4	갑골문	금 문	소 전	예 서	초 서	행 서	
改	改	改	改	改	攺	改	改良(개량) 改名(개명) 改善(개선) 改正(개정)
고칠 개	(字源풀이) 왼쪽에 꿇어 앉아 있는 아이에게 잘못을 고치도록 가르치고 있는 모습으로 '고치다'의 뜻이 되었다. ☞ 改=攺는 본래 동자 ※改頭換面(개두환면) : 일의 근본을 고치지 않고 사람만 갈아서 그대로 시키는 것. 換(바꿀 환)						
5	갑골문	금 문	소 전	예 서	초 서	행 서	
客	客	客	客	客	客	客	客死(객사) 客室(객실) 食客(식객) 旅客(여객)
손 객	(字源풀이) 밖에서 찾아온 손님이 집안에 들어온 모습이다. '손님', '손'의 뜻이다. ※손님 : 손의 존댓말. 客人(객인) ※客人歡待(객인환대) : 손님을 맞아 기쁘게 대접함. 歡(기쁠 환)						

한자 쓰기

加 力, 총5획 더할 가	フ 力 加 加 加						
價 亻＝人, 총15획 값 가	ノ 亻 亻 亻 侕 侕 侕 價 價 價 價 價 價 價 價						
可 口, 총5획 옳을 가	一 亻 石 可 可						
改 攵＝攴, 총7획 고칠 개	フ フ 己 己 改 改 改						
客 宀, 총9획 손 객	丶 丷 宀 宀 灾 灾 灾 客 客						

6	갑골문	금 문	소 전	예 서	초 서	행 서	
去	去	去	去	去	去	去	去年(거년) 去來(거래) 過去(과거) 消去(소거)

갈 거	(字源풀이) 사람이 집(굴)의 입구를 걸어 나가는 모습으로 '가다'의 뜻이 나왔다. 大 → 土로 변형됨. ※去頭截尾(거두절미) : 머리, 꼬리를 잘라 없앰. <요점만 말함> ※截(끊을 절), 尾(꼬리 미)

7	갑골문	금 문	소 전	예 서	초 서	행 서	
擧	擧	擧	擧	擧	擧	擧	擧國(거국) 擧動(거동) 擧手(거수) 擧行(거행)

들 거	(字源풀이) 갑골문 자형은 한 지점에 집중적으로 힘을 내고 있는 모습이며, 금문과 소전은 위아래 손이 힘을 합하여 양쪽에서 가마를 들고 가는 모습으로 그려진 글자로 '들다'의 뜻이 나왔다. ※快擧(쾌거) : 가슴이 후련할 정도로 장한 일. ※快(시원할 쾌)

8	갑골문	금 문	소 전	예 서	초 서	행 서	
件	件	件	件	件	件	件	物件(물건) 事件(사건) 要件(요건) 用件(용건)

물건 건 일 건	(字源풀이) 사람과 소가 나란히 함께 있는 것으로 보아, 농촌에서 소란 존재는 귀한 재산으로 여겨 모든 일은 소가 담당하였다. 또한 다른 물건에 비해 소중히 여겼던 데서 '일', '물건'의 뜻이 나왔다. ※件數(건수) : 사건의 수

9	갑골문	금 문	소 전	예 서	초 서	행 서	
建	建	建	建	建	建	建	建國(건국) 建立(건립) 建物(건물) 土建(토건)

세울 건	(字源풀이) 붓 잡은 손으로 길거리를 닦기 위해서 설계도면을 그리는 모습이다. 곧, 길을 닦는 일을 세운다는 데서 '세우다'의 뜻이 된 자. ※기둥을 세우는 모습인 갑골문도 보임 ※建碑(건비) : 비를 세움. 碑(비 비)

10	갑골문	금 문	소 전	예 서	초 서	행 서	
健	健	健	健	健	健	健	健勝(건승) 健實(건실) 健在(건재) 強健(강건)

굳셀 건	(字源풀이) 몸을 바로 세우고 다니는 사람이 건강하다는 데서 '건강하다', '굳세다'의 뜻이 나왔다. ※健忘(건망) : 잘 잊어버림. 健(잘, 잘할 건), 忘(잊을 망) ※健壯(건장) : 씩씩하고 굳셈. 壯(씩씩할 장)

한자 쓰기

去	一 十 土 去 去					
ム, 총5획 갈 거						
擧	´ ⌐ ⌐ ⌐ ⌐ ⌐ ⌐ 臼 臼 臼 卿 卿 與 與 與 與 擧 擧 擧					
手, 총18획 들 거						
件	ノ イ イ 化 仁 件					
イ =人, 총6획 물건 건						
建	一 マ ⺕ ⺕ 圭 聿 律 建 建					
廴, 총9획 세울 건						
健	ノ イ イ 化 仁 佃 律 律 律 健 健					
イ =人, 총11획 굳셀 건						

11	갑골문	금문	소전	예서	초서	행서	
格	格	格	糣	格	挌	挌	格式(격식) 格言(격언) 人格(인격) 合格(합격)

격식 격	(字源풀이) 동굴로 내려오는 발 모습과 나무로 엮은 사다리가 그려져 있다. 차례차례 밟고 내려오는 데서 '격식'의 뜻이 되었다. ※格鬪(격투) : 맨몸으로 서로 맞붙어 치고받고 싸움. 鬪(싸울 투) ※激鬪(격투) : 전쟁이나 경기에서 격렬하게 싸움. 激(격할 격)

12	갑골문	금문	소전	예서	초서	행서	
見	罒	罒	見	見	見	夏	見聞(견문) 見習(견습) 發見(발견) 後見(후견)

볼 견 뵈올 현	(字源풀이) 엉덩이를 뒤로 뺀 사람의 옆모습에 큰 눈은 정면을 향하여 사물을 바라보고 있는 데서 '보다'의 뜻이 나왔다. ※謁見(알현) : 지체 높은 분을 찾아 뵘 ※謁(뵐 알)

13	갑골문	금문	소전	예서	초서	행서	
決		決	澥	決	决	決	決戰(결전) 決定(결정) 自決(자결) 表決(표결)

결단할 결	(字源풀이) 물이 불어 홍수에 대비코자 상류 지역의 둑을 끊는 결단이 필요하다는 데서 '결단하다'의 뜻이 나왔다. ※決裂(결렬) : 서로의 의견이 맞지 않아 관계를 끊고 갈라짐 ※裂(찢을 렬)

14	갑골문	금문	소전	예서	초서	행서	
結	結	結	結	結	結	結	結果(결과) 結末(결말) 完結(완결) 集結(집결)

맺을 결	(字源풀이) 사람을 연결하는 인연의 실로 매듭을 맺는 일은 좋은 것이라는 데서 '맺다'의 뜻이 되었다. ※結草報恩(결초보은) : 죽어 혼령이 되어도 은혜를 잊지 않고 갚음 ※報(갚을 보), 恩(은혜 은)

15	갑골문	금문	소전	예서	초서	행서	
景	昴	昴	景	景	昮	景	景氣(경기) 雪景(설경) 夜景(야경) 風景(풍경)

볕 경	(字源풀이) 해가 궁성 위를 아름답게 비춘다는 데서 '빛', '볕'의 뜻이 나왔다. ※風光(풍광)=景致(경치) ※景勝之地(경승지지) : 경치가 매우 좋은 곳

한자 쓰기

格	一 十 木 木 木 松 松 格 格 格				
木, 총10획 격식 격					
見	丨 冂 冂 冃 目 貝 見				
見, 총7획 볼 견					
決	丶 冫 汀 江 決 決				
氵=水, 총7획 결단할 결					
結	幺 幺 幺 糸 糸 糸 紀 結 結 結 結				
糸=糸, 총12획 맺을 결					
景	丶 冂 冂 曰 昌 昙 昙 봄 봄 景 景 景				
日, 총12획 볕 경					

16	갑골문	금문	소전	예서	초서	행서	
敬							敬禮(경례)
							敬老(경로)
공경 경	(字源풀이) 갑골문에는 머리에 가채를 얹은 여인이 몸을 구부리고 얌전히 앉아있는 모습에, 오른손에는 한 개의 회초리를 들고 누군가가 훈계를 하고 있다. 모든 일에 공경하라는 데서 '공경'의 뜻이 되었다. ※갑골문에는 敬=苟(구차할 구)는 동자였다						敬愛(경애) 敬意(경의)

17	갑골문	금문	소전	예서	초서	행서	
輕							輕量(경량)
							輕油(경유)
가벼울 경	(字源풀이) 한 개의 수레와 베틀의 날실(세로줄)을 걸어놓은 모습이다. 베틀에서 잘 짜여 나온 비단처럼, 잘 짜여 진 마차가 가볍게 잘 달린다는 데서 '가볍다'의 뜻이 되었다. ※輕擧妄動(경거망동) : 경솔하고 망령되게 행동함. 妄(망령될 망)						輕重(경중) 輕車(경차)

18	갑골문	금문	소전	예서	초서	행서	
競							競馬(경마)
							競賣(경매)
다툴 경	(字源풀이) 얼굴에 문신(文身)을 한 두 사람이 서로 싸우고 있는 모습으로 '싸우다', '다투다'의 뜻이 나왔다. ※競技(경기) : 기술의 우열을 겨루는 일 ※競爭(경쟁) : 서로 겨루어 가림						競選(경선) 競合(경합)

19	갑골문	금문	소전	예서	초서	행서	
固		固	固	固	固	固	固有(고유)
							固定(고정)
굳을 고	(字源풀이) 옛 성곽을 군건히 에워싸 지킨다는 데서 '굳다'의 뜻이 나왔다. ※固執(고집) : 자기 의견을 굳게 지킴. 執(잡을 집) ※凝固(응고) : 엉겨 뭉쳐 딱딱하게 됨. 凝(엉길 응)						固着(고착) 固體(고체)

20	갑골문	금문	소전	예서	초서	행서	
告							告發(고발)
							告別(고별)
고할 고 뵙고청할 곡	(字源풀이) 소를 제물로 바치며 절대자인 신에게 무언가를 고한다는 데서 '알리다', '고하다'의 뜻이 되었다. ☞ 出必告之(출필곡지) : 외출할 때는 부모에게 가는 곳을 반드시 아룀(禮記에 보임)						上告(상고) 原告(원고)

한자 쓰기

공부한 날   月   日

敬	｀ ｀ ＋ ＊ ＊ ｀ ｀ ｀ ｀ 苟 苟 苟 敬 敬 敬				
攵＝攴, 총13획 공경 경					
輕	｀ ｀ ｀ ｀ 亘 車 車 車 輕 輕 輕 輕 輕				
車, 총14획 가벼울 경					
競	｀ ｀ ｀ ｀ 立 音 音 音 竟 竟 竟 竟 竟 競 競 競 競 競 競				
立, 총20획 다툴 경					
固	丨 冂 冃 冊 用 周 周 固				
囗, 총8획 굳을 고					
告	｀ ＇ ＇ 牛 牛 牛 告 告				
口, 총7획 고할 고					

21	갑골문	금문	소전	예서	초서	행서	考査(고사)
考							考案(고안)
생각할 고	(字源풀이) 긴 지팡이를 쥔 노인의 모습에서 경험이 많은 노인은 생각이 깊다는 데서 '생각하다'의 뜻이 나왔다. ※考終命(고종명) : 늙도록 제명대로 살다가 편안히 죽음 ※考=攷(동자 이체자) : 훈과 음이 동자이면서 자체가 다른 글자						參考(참고) 考古學 (고고학)

22	갑골문	금문	소전	예서	초서	행서	曲線(곡선)
曲							曲調(곡조)
굽을 곡 잠박 곡	(字源풀이) 누에치는 발 모습을 그린 글자다[구부러진 잠박(蠶箔)모습]. 목수들이 사용하는 눈금이 새겨진 기역자처럼 보이기도 하다. '굽다'의 뜻이 되었다. ※ 잠박 : 누에를 기르는 제구. ☞ 肱(팔뚝 굉) ※曲肱而枕之(곡굉이침지) : 팔을 굽히어 베개로 삼고 잠을 잠						名曲(명곡) 作曲(작곡)

23	갑골문	금문	소전	예서	초서	행서	課外(과외)
課							課長(과장)
공부할 과 과정 과 매길 과	(字源풀이) 말로써 공부한 결과를 물어본다는 데서 '공부하다'의 뜻이 되었다. ※課稅(과세) : 세금을 매김. 稅(세금 세) ※課工(과공) : 날마다 정해 놓고 규칙적으로 하는 공부						考課(고과) 日課(일과)

24	갑골문	금문	소전	예서	초서	행서	過速(과속)
過							過食(과식)
지날 과 허물 과	(字源풀이) 말라빠진 뼈다귀 앞을 지나가는 발 모습이 그려져 있다. 여기에서 '지나다', '건너다'의 뜻이 나왔다. ※過猶不及(과유불급) : 지나침은 오히려 미치지 못함과 같다 ※過誤(과오) : 잘못. ☞ 誤(그릇될 오), 猶(오히려 유)						不過(불과) 通過(통과)

25	갑골문	금문	소전	예서	초서	행서	觀客(관객)
觀							觀戰(관전)
볼 관	(字源풀이) 황새가 먹이를 찾기 위해 두 눈을 휘둥그레 뜨고 자세히 살펴본다는 데서 '보다'의 뜻이 나왔다. ※觀察(관찰) : 주의 깊게 살펴봄. 察(살필 찰) ※井中觀天(정중관천) : 우물 안에서 하늘을 처다봄. <견문이 좁음>						景觀(경관) 樂觀(낙관)

한자 쓰기

공부한 날   月   日

考	一 十 土 耂 老 考					
耂=老, 총6획						
생각할 고						
曲	丨 冂 冂 曲 曲 曲					
曰, 총6획						
굽을 곡						
課	丶 亠 亠 言 言 言 訂 訂 訂 誤 課 課 課					
言, 총15획						
공부할 과						
過	丨 冂 冂 冂 冎 冎 咼 咼 咼 過 過 過 過					
⻍=辵, 총13획						
지날 과						
觀	一 十 卝 卝 芇 芇 芇 芇 芦 芦 苜 藋 藋 蓷 蓷 藋 藋 藋 觀 觀 觀 觀 觀 觀 觀					
見, 총25획						
볼 관						

26	갑골문	금 문	소 전	예 서	초 서	행 서	
關	𨶜	關	關	關	𮢶	関	關門(관문) 關節(관절) 相關(상관) 通關(통관)
관계할 **관** 빗장 **관**	(字源풀이) 갑골문은 문 가운데 세로로 늘어진 실 고리 모양의 자물쇠로 열지 못하도록 묶어둔 모습인데, 문빗장과 관계가 있다는 데서 '관계하다'의 뜻이 되었다. 본래의 뜻은 '빗장'임. ※關鍵(관건) : 빗장과 자물쇠. 鍵(자물쇠 건)						
27	갑골문	금 문	소 전	예 서	초 서	행 서	
廣	龏	𡪍	廣	廣	廣	廣	廣告(광고) 廣大(광대) 廣野(광야) 廣場(광장)
넓을 **광**	(字源풀이) 사방으로 탁 트인 벽이 없고 기둥만 있는, 크고 넓은 집이라는 데서 '넓다'의 뜻이 되었다. ☞ 广+黃(소리 담당) → 廣 ※廣闊(광활) : 넓고 전망이 탁 트여 있음. 闊(트일 활) ※廣板(광판) : 폭이 넓은 나무판자						
28	갑골문	금 문	소 전	예 서	초 서	행 서	
橋		橋	橋	橋	橋	橋	橋頭(교두) 石橋(석교) 陸橋(육교) 鐵橋(철교)
다리 **교**	(字源풀이) 금문의 자형은 꼭대기에 장식물이 달린 높다란 건축물과 강 위의 높은 곳에 걸치는 나무가 그려져 있다. 이것은 통나무를 제작하여 만든 아치형(arch)의 높고 큰 다리로 '다리'의 뜻이 되었다. ※橋脚(교각) : 다리를 받치는 기둥. 脚(다리 각)						
29	갑골문	금 문	소 전	예 서	초 서	행 서	
具	𣪊	具	具	具	具	具	具體(구체) 家具(가구) 工具(공구) 馬具(마구)
갖출 **구**	(字源풀이) 제사를 드리기 위해서 두 손으로 음식물을 담은 찬구를 들고 있는 모습으로 '준비하다', '갖추다'의 뜻이 되었다. ※鼎→貝→目으로 잘못 변함 ※具備(구비) : 빠짐없이 갖춤. 備(갖출 비)						
30	갑골문	금 문	소 전	예 서	초 서	행 서	
救		救	救	救	救	救	救國(구국) 救急(구급) 救出(구출) 自救(자구)
구원할 **구**	(字源풀이) 도망치는 짐승 한 마리를 향해, 몽둥이를 들고 뒤쫓는 손 모습이 그려져 있다. 즉, 털가죽을 구해 추위로 부터 보호한다는 데서 '구하다', '구원하다'의 뜻이 나왔다. ※裘(가죽옷 구)						

한자 쓰기

공부한 날   月   日

關	丨 冂 冃 冃 冃' 門 門 門 門 門 門 閂 閂 開 開 開 開 關 關							
門, 총19획								
관계할 관								
廣	一 亠 广 广 广 广 广 序 序 序 席 廣 廣 廣 廣							
广, 총15획								
넓을 광								
橋	一 十 十 才 才 才 木 木 杯 杯 板 桥 桥 橋 橋 橋							
木, 총16획								
다리 교								
具	丨 冂 冃 目 且 且 具 具							
八=八, 총8획								
갖출 구								
救	一 十 寸 寸 求 求 求 求 求 救 救							
攵=攴, 총11획								
구원할 구								

31	갑골문	금문	소전	예서	초서	행서	
舊	舊	舊	舊	舊	舊	舊	舊習(구습) 舊式(구식) 舊正(구정) 親舊(친구)
예 구	(字源풀이) 눈이 크게 생긴 부엉새 한 마리가 새 둥지 속에 앉아 있는 모습이다. '옛날', '옛것', '예'의 뜻으로 빌려 쓰게 됨. ※舊交之間(구교지간) : 오래전부터 사귀던 친구 ※舊怨(구원) : 오래된 원한. 怨(원망할 원)						
32	갑골문	금문	소전	예서	초서	행서	
局		局	局	局	局	局	局部(국부) 局長(국장) 藥局(약국) 終局(종국)
판 국	(字源풀이) 장기판 위에 장기말이 놓여 있는 모습이다. 여기에서 '장기판', '판'의 뜻이 나왔으며, 판국, 관청의 부서, 부분은 가차된 뜻. ※局面(국면) : 바둑·장기 등의 판의 형세(일이 되어가는 모양) ※局外者(국외자) : 장기나 바둑을 둘 때 옆에서 구경하는 사람						
33	갑골문	금문	소전	예서	초서	행서	
貴	貴	貴	貴	貴	貴	貴	貴人(귀인) 貴族(귀족) 貴重(귀중) 高貴(고귀)
귀할 귀	(字源풀이) 두 손으로 흙을 움켜쥐고 있는 모습이다. 고대에는 흙을 토지의 신처럼 귀하게 여겼던 데서 '귀하다'의 뜻이 나왔다. ※貴公子(귀공자) : 귀한 집안에 태어난 남자 ※貴賤之別(귀천지별) : 귀함과 천함의 구별. 賤(천할 천)						
34	갑골문	금문	소전	예서	초서	행서	
規	規	規	規	規	規	規	規格(규격) 規定(규정) 規則(규칙) 法規(법규)
법 규	(字源풀이) 훌륭한 사내는 사람 보는 눈이 남달리 뛰어나, 타인의 모범이 된다는 데서 '본보기', '법'의 뜻이 되었다. ※規範(규범) : 반드시 지켜야 할 법칙이나 질서. 範(법 범) ※規制(규제) : 어떤 규칙을 정하여 제한하는 것. 制(억제할 제)						
35	갑골문	금문	소전	예서	초서	행서	
給	給	給	給	給	給	給	給料(급료) 給食(급식) 無給(무급) 月給(월급)
줄 급	(字源풀이) 길게 이어진 여러 가닥의 실을 모아 만들어 내놓는다는 데서 '공급하다', '주다'의 뜻이 되었다. ※給油(급유) : 연료를 공급함 ※配給(배급) : 나누어 줌. 配(나눌 배)						

한자 쓰기

舊	一 十 卝 世 世 芥 芥 芥 苔 崔 崔 崔 崔 崔 崔 舊 舊 舊 舊					
臼, 총18획 예 구						
局	一 コ ア 尸 尸 局 局					
尸, 총7획 판 국						
貴	丶 冖 中 中 虫 虫 串 眚 眚 眚 貴 貴					
貝, 총12획 귀할 귀						
規	一 二 チ 夫 夫 却 却 却 却 却 規 規					
見, 총11획 법 규						
給	幺 幺 幺 牟 弁 糸 糸 糽 給 給 給 給					
糸=糸, 총12획 줄 급						

36	갑골문	금 문	소 전	예 서	초 서	행 서	
基							基金(기금) 基本(기본) 基地(기지) 國基(국기)
터 기	(字源풀이) 흙을 퍼 담는 삼태기가 그려져 있다. 고대에는 성토 쌓기가 밑바탕을 튼튼히 하는 기초공사였다는 데서 '바탕', '터'의 뜻이 되었다. ※基礎(기초) : 건물 따위의 무게를 받치기 위하여 만든 바닥 ☞ 礎(주춧돌 초)						

37	갑골문	금 문	소 전	예 서	초 서	행 서	
期							期待(기대) 期末(기말) 期約(기약) 後期(후기)
기약할 기	(字源풀이) 삼태기와 달을 그린 글자다. 삼태기는 바름과 질서를 뜻함과 동시에 발음기호로 쓰였으며, 달은 상현달로 시작되어 보름달을 지나 다시 상현달로 돌아올 때까지의 주기를 말한다. 여기서 '기간', '기약하다'의 뜻이 나왔다.						

38	갑골문	금 문	소 전	예 서	초 서	행 서	
技							技能(기능) 技法(기법) 競技(경기) 長技(장기)
재주 기	(字源풀이) 손으로 나뭇가지를 가지고 여러 가지 재주를 잘 부린다는 데서 '재주'의 뜻이 되었다. ※技巧(기교) : 재간 있게 부리는 기술이나 솜씨. 巧(공교할 교) ※演技(연기) : 배우가 무대에서 보이는 말이나 동작. 演(펼 연)						

39	갑골문	금 문	소 전	예 서	초 서	행 서	
己							愛己(애기) 利己(이기) 自己(자기) 知己(지기)
몸 기	(字源풀이) 결승문자로 보이는 새끼줄 모습을 그렸다. 또는 사람이 몸을 구부린 모습과 비슷하다 하여 자기를 낮추어 지칭. '자기', '몸'의 뜻이 된 글자다. ※己는 紀가 본래자라는 설도 보임 ☞ 巳(뱀 사), 已(이미 이), 巳=卪=㔾(병부 절)						

40	갑골문	금 문	소 전	예 서	초 서	행 서	
汽							汽力(기력) 汽船(기선) 汽水(기수) 汽車(기차)
물끓는김 기	(字源풀이) 물이 끓어오를 때 나오는 구름 모양의 김이 위로 피어오르는 모습에서 '김'의 뜻이 되었다. ※汽罐(기관) : 물을 증기로 바꾸는 장치. <보일러> ※罐(물동이 관)						

한자 쓰기

基	一 十 卄 卄 廿 甘 苴 苴 其 其 基 基						
土, 총11획 터 기							

期	一 十 卄 卄 甘 苴 其 其 期 期 期 期						
月, 총12획 기약할 기							

技	一 十 扌 扩 打 抟 技						
手=扌, 총7획 재주 기							

己	一 コ 己						
己, 총3획 몸 기							

汽	丶 冫 氵 汗 汽 汽 汽						
氵=水, 총7획 물끓는김 기							

41	갑골문	금 문	소 전	예 서	초 서	행 서	
吉							吉年(길년) 吉運(길운) 大吉(대길) 不吉(불길)
길할 길	(字源풀이) 신(神)을 모셔 앉히는 자리 위에다 중요한 의식이 있을 때 사용하는 옥홀을 세워둔 모습이다. 상서로운 조짐이 있음을 나타 낸다는 데서 '길하다'의 뜻이 나왔다. ※상서롭다 : 복되고 길한 일이 일어날 징조가 있다						

42	갑골문	금 문	소 전	예 서	초 서	행 서	
念							念願(염원) 記念(기념) 理念(이념) 通念(통념)
생각 념	(字源풀이) 지금까지도 지니고 있는 마음을 잊지 않고 생각한다는 데서 '생각하다', '생각'의 뜻이 나왔다. ※念念不忘(염념불망) : 자꾸 생각나서 잊지 못함. 忘(잊을 망) ※念頭(염두) : 생각의 시초						

43	갑골문	금 문	소 전	예 서	초 서	행 서	
能							能事(능사) 能通(능통) 才能(재능) 效能(효능)
능할 능	(字源풀이) 입을 크게 벌린 한 마리의 곰 모습을 본뜬 글자다. 곰은 흉내를 잘 내며, 큰 몸집에도 불구하고 나무를 잘 타는 지능 있는 동물이라는 데서 '재능', '능하다'의 뜻이 나왔다. ※熊의 본자가 能 ☞ 熊女(웅녀), 熊膽(웅담), 熊(곰 웅), 膽(쓸개 담)						

44	갑골문	금 문	소 전	예 서	초 서	행 서	
團							團結(단결) 團體(단체) 球團(구단) 樂團(악단)
둥글 단	(字源풀이) 지정된 장소에서 실패 둘레에 실타래를 감아 놓은 모습이다. 그 모양이 둥글게 생겨 '둥글다'의 뜻이 나왔다. ※團欒(단란) : 가족 등의 생활이 화목하고 즐거움 ☞ 專(오로지 전), 欒(둥글 란)						

45	갑골문	금 문	소 전	예 서	초 서	행 서	
壇							教壇(교단) 登壇(등단) 文壇(문단) 花壇(화단)
단 단 제터 단	(字源풀이) 흙을 높게 쌓아 올려 제사를 지내기 위해 바닥을 평평하게 만든 단장을 말하는데, 여기에서 '제터', '단'의 뜻이 나왔다. ※壇(X) , 壇(O) → 且(또 차), 亶(아침 단) ☞ 亶(단)에 음이 있다						

한자 쓰기

공부한 날   月   日

吉 口, 총6획 길할 길	一 十 士 吉 吉 吉					
念 心, 총8획 생각 념	ノ 人 亽 今 今 念 念 念					
能 月=月=肉, 총10획 능할 능	ﾑ ﾑ 台 台 育 育 育 能 能 能					
團 口, 총14획 둥글 단	l 冂 冂 冋 冏 同 同 圓 圓 圓 團 團 團 團					
壇 土, 총16획 단 단	一 十 土 圹 圹 圹 圹 坮 坮 坮 壇 壇 壇 壇 壇 壇					

46	갑골문	금문	소전	예서	초서	행서	
談	𧨞	談	談	談	谈	談	談合(담합) 對談(대담) 惡談(악담) 情談(정담)
말씀 담	(字源풀이) 言(말씀 언) + 炎(불꽃 염)으로 이루어진 형성자다. 불이 활활 타오르는 것처럼 말을 활발하게 한다는 데서 '말', '말씀'의 뜻이 나왔다. ※談笑(담소) : 웃으면서 이야기함. 笑(웃을 소)						

47	갑골문	금문	소전	예서	초서	행서	
當	當	當	當	當	當	當	當番(당번) 當然(당연) 不當(부당) 合當(합당)
마땅 당	(字源풀이) 밭을 소중히 여기며 높게 여기는 것이 마땅하다는 데서 '마땅하다', '마땅'의 뜻이 나왔다. ※當然之事(당연지사) : 이치로 보아 마땅한 일 ※應當(응당) : 당연히. 應(응할 응)						

48	갑골문	금문	소전	예서	초서	행서	
德	㥁	德	德	德	德	德	德談(덕담) 德望(덕망) 道德(도덕) 美德(미덕)
큰 덕	(字源풀이) 눈을 크게 뜨고 추가 매달려 있는 수직선을 똑바로 바라보고 있는 모습이다. 바르게 바라보고 있다는 데서 '덕', '크다'의 뜻이 나왔다. ※德=悳(동자 이체자)						

49	갑골문	금문	소전	예서	초서	행서	
到	到	到	到	到	到	到	到來(도래) 到着(도착) 當到(당도) 先到(선도)
이를 도	(字源풀이) 화살 한 개가 땅에 떨어진 곳에 사람이 도달하다는 데서 '도달하다', '이르다'의 뜻이 되었다. ※亻→刀→ㅣ로 변함 ※到達(도달) : 정한 곳에 다다름. 達(이를 달)						

50	갑골문	금문	소전	예서	초서	행서	
島	島	島	島	島	島	島	島民(도민) 落島(낙도) 獨島(독도) 半島(반도)
섬 도	(字源풀이) 바다에 우뚝 서 있는 산에 새 한 마리가 앉아 있는 모습이다. 여기에서 '섬'의 뜻이 나왔다. ※海島(해도) : 바다 가운데 있는 섬 ※島=嶋(동자 이체자)						

한자 쓰기

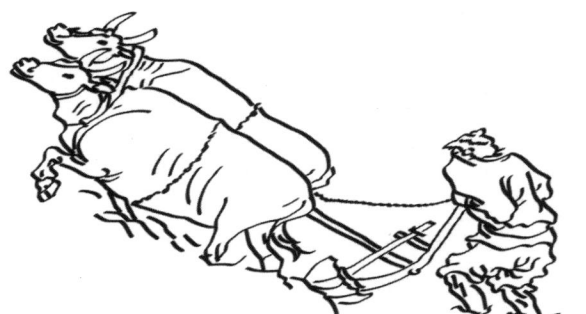

공부한 날 　월 　일

談 言, 총15획 말씀 담	` 一 二 亖 言 言 言 言 診 談 談 談 談 談 談				
當 田, 총13획 마땅 당	` ` `` `` `` `` `` `` `` `` `` `` `` 當				
德 彳, 총15획 큰 덕	` ` ` 彳 彳 彳 彳 彳 彳 彳 彳 德 德 德 德				
到 刂=刀, 총8획 이를 도	一 至 至 至 至 至 到 到				
島 山, 총10획 섬 도	` ` ` `` `` 白 白 鳥 島 島 島				

51	갑골문	금문	소전	예서	초서	행서	
都							都市(도시)
도읍 도	(字源풀이) 사람들이 함께 모여 사는 중심 고을이 도읍이라는 데서 '도읍'의 뜻이 되었다. ※都會地(도회지) : 사람이 많이 모여 살고 있는 번잡한 곳 ※都心(도심) : 도시의 중심						都邑(도읍) 古都(고도) 首都(수도)
52	갑골문	금문	소전	예서	초서	행서	
獨							獨立(독립)
홀로 독	(字源풀이) 갑골문 자형은 犭(개 견犭) + 蜀(애벌레 촉蜀)으로 구성. 촉은 중국 사천성 일대에 번식하던 자벌레나 누에류의 벌레를 상형한 글자다. 개나 애벌레는 배가 부르면 홀로 있게 된다는 데서 '홀로'의 뜻이 되었다.						獨語(독어) 獨唱(독창) 西獨(서독)
53	갑골문	금문	소전	예서	초서	행서	
落							落水(낙수)
떨어질 락	(字源풀이) 풀잎이 시들어 물방울처럼 제각각 떨어진다는 데서 '떨어지다'의 뜻이 되었다. ※落葉(낙엽) : 나뭇잎 ※落種(낙종) : 곡식의 씨를 뿌림						落第(낙제) 當落(당락) 村落(촌락)
54	갑골문	금문	소전	예서	초서	행서	
朗							朗讀(낭독)
밝을 랑	(字源풀이) 回廊(회랑)을 비추는 달빛처럼 밝게 빛난다는 데서 '밝다'의 되었다. ※回廊(회랑) : 양옥(洋屋)의 한 방을 중심으로 둘러 댄 마루 ※朗報(낭보) : 반가운 소식. 報(알릴 보)						朗朗(낭랑) 朗月(낭월) 明朗(명랑)
55	갑골문	금문	소전	예서	초서	행서	
冷							冷水(냉수)
찰 랭	(字源풀이) 얼음처럼 차갑고, 쌀쌀하게 아랫사람에게 엄격한 명령을 내린다는 데서 '차다'의 뜻이 되었다. ※冷가슴(냉가슴) : 공연한 일을 갖고 썩히는 마음 ☞ 벙어리 냉가슴 앓다						冷戰(냉전) 冷情(냉정) 急冷(급랭)

한자 쓰기

공부한 날　　月　　日

都	一 十 土 耂 耂 者 者 者 者 者 都 都						
阝=邑, 총12획 도읍　도							
獨	ノ ノ ノ ノ ノ 犭 犭 犭 犭 犭 犭 獨 獨 獨 獨 獨						
犭=犬, 총16획 홀로　독							
落	一 十 卄 芐 芐 芐 芐 芖 落 落 落 落 落						
++=艸, 총13획 떨어질　락							
朗	丶 亠 亍 彐 良 良 良 朗 朗 朗 朗						
月, 총11획 밝을　랑							
冷	丶 冫 冫 亽 冷 冷 冷						
冫=冫, 총7획 찰　랭							

56	갑골문	금문	소전	예서	초서	행서	
量	累	童	量	量	童	量	量産(양산) 量子(양자) 分量(분량) 數量(수량)
헤아릴 **량**	(字源풀이) 깔때기에 곡식을 쏟아 부어 자루에 담아 되질하고 있는 모습에서 '헤아리다'의 뜻이 나왔다. ※度量衡(도량형) : 자와 되와 저울. 衡(저울대 형) ※裁量(재량) : 스스로 헤아려 처리함. ☞ 裁(마를 재)						

57	갑골문	금문	소전	예서	초서	행서	
良	皀	皀	皀	良	己	良	良書(양서) 良心(양심) 良藥(양약) 善良(선량)
어질 **량**	(字源풀이) 갑골문을 보면 손목시계(⌚)처럼 생긴 고대 건축물의 하나로, 가운데 사각형의 정자(亭子)모습과 상하로 길게 이어져 지붕을 얹힌 복도식 회랑(回廊)모습과 유사하다. 후에 '좋다', '어질다'의 뜻으로 빌려 사용. ☞ 廊(복도 랑)						

58	갑골문	금문	소전	예서	초서	행서	
旅	旅	旅	旅	旅	旅	旅	旅路(여로) 旅費(여비) 旅情(여정) 旅行(여행)
나그네 **려** 군사 **려**	(字源풀이) 펄럭이는 깃발을 따라서 군사 두 명이 행군 중인 모습으로 '군사', '여행', '나그네'의 뜻이 나왔다. -고대의 군대 편제 단위-<주례> 1卒:100명, 1旅:500명, 1師:2,500명, 1軍:12,500명						

59	갑골문	금문	소전	예서	초서	행서	
歷	歷	歷	歷	歷	歷	歷	歷史(역사) 來歷(내력) 病歷(병력) 學歷(학력)
지날 **력** 지낼 **력**	(字源풀이) 갑골문에는 벼 두 포기와 논, 밭을 걸어가는 사람 발자국을 그렸다. 논, 밭을 지나면서 잘 자라는지 살펴본다는 데서 '지나다'의 뜻이 나왔다. ※歷朝(역조) : 역대의 왕조						

60	갑골문	금문	소전	예서	초서	행서	
練		東	練	練	練	練	練習(연습) 洗練(세련) 調練(조련) 訓練(훈련)
익힐 **련**	(字源풀이) 양질의 실을 가려 뽑기 위해서는 푹푹 삶는 일을 반복한다는 데서 '익히다'의 뜻이 나왔다. ※練磨(연마) : 심신·지식·기능 따위를 갈고 닦음. =研磨(연마) ☞ 磨(갈 마)						

한자 쓰기

量	丶 冂 冃 日 旦 昌 昌 昌 昌 昌 量 量
里, 총12획 헤아릴 량	

良	丶 亠 尹 白 白 良 良
艮, 총7획 어질 량	

旅	丶 亠 亐 方 方 方 方 旅 旅 旅
方=方, 총10획 나그네 려	

歷	一 厂 厂 厂 厂 厂 厤 厤 厤 厤 厤 厤 厤 厤 厤 歷
止, 총16획 지날 력	

練	幺 幺 幺 幺 糸 糸 糸 糸 糸 糸 糸 糸 練 練 練
糸=糸, 총15획 익힐 련	

61	갑골문	금문	소전	예서	초서	행서
令	令	令	令	令	令	令

명령할 **령**	(字源풀이) 사람을 모이게 하는 방법으로 목탁(방울)을 치는 것이었다. 그 명령을 듣기 위해 사람이 무릎 꿇고 앉아 대기하고 있는 모습에서 '**명령**'의 뜻이 나왔다.
하여금 **령**	※令愛(영애) : 남의 딸에 대한 경칭. ※鈴(방울 령)

命令(명령)
發令(발령)
傳令(전령)
打令(타령)

62	갑골문	금문	소전	예서	초서	행서
領	領	領	領	領	領	領

거느릴 **령**	(字源풀이) 우두머리가 명령(令)을 내려 거느린다는 데서 '우두머리', '거느리다'의 뜻이 나왔다.
	※大統領(대통령), 統(거느릴 통)
	※少領(소령), 中領(중령), 大領(대령)

領內(영내)
領海(영해)
首領(수령)
要領(요령)

63	갑골문	금문	소전	예서	초서	행서
勞	勞	勞	勞	勞	勞	勞

일할 **로**	(字源풀이) 갑골문 자형은 두 개의 등불과 사람의 형상을 뜻하는 옷에 여러 개의 점이 묻어있는 모습이다. 금문에서 心으로 자형이 변화되고 소전에서는 一(집)과 力(쟁기)로 잘못 변화했다. 종합해보면 밤늦도록 불을 밝혀 온 힘을 다해 '**일하다**', '**수고롭다**'의 뜻이 되었다.
수고할 **로**	

勞苦(노고)
勞使(노사)
功勞(공로)
過勞(과로)

64	갑골문	금문	소전	예서	초서	행서
料	料	料	料	料	料	料

헤아릴 **료**	(字源풀이) 용량을 재는 국자 모양의 용기로, 쌀의 양을 헤아린다는 데서 '**재다**', '**세다**', '**헤아리다**'의 뜻이 나왔다.
	※中國料理(중국요리). ☞ 料(재료 료)
	※無料(무료) : 요금을 받지 않음. ☞ 料(요금 료)

料金(요금)
料理(요리)
飮料(음료)
材料(재료)

65	갑골문	금문	소전	예서	초서	행서
流	流	流	流	流	流	流

흐를 **류**	(字源풀이) 엄마 뱃속에서 아이 머리가 밑을 향하여 나오는 모습인데, 산모의 몸에서 흐르는 양수와 함께 그려져 있다. 이 모습에서 아이가 순조롭게 잘 흘러나옴을 그린 글자로, '**흐르다**'의 뜻이 나왔다.
	※流血成川(유혈성천) : 흐르는 피가 내를 이룸. 血(피 혈)

流動(유동)
流速(유속)
電流(전류)
海流(해류)

한자 쓰기

공부한 날   月   日

令	ノ　ハ　ム　今　令					
人, 총5획 명령할 령						
領	ノ　人　テ　今　令　夲　夲　夲　領　領　領　領　領　領					
頁, 총14획 거느릴 령						
勞	ヽ　ヽ　ハ　火　火　炒　炒　炊　燃　燃　勞　勞					
力, 총12획 일할 로						
料	ヽ　ヽ　二　半　米　米　米　米　料　料					
斗, 총10획 헤아릴 료						
流	ヽ　冫　冫　汀　汀　汸　浐　浐　流　流					
氵=水, 총10획 흐를 류						

66	갑골문	금문	소전	예서	초서	행서	
類							類別(유별) 書類(서류) 衣類(의류) 人類(인류)
무리 류	(字源풀이) 米(쌀 미)+犬(개 견)+頁(머리 혈)로 구성된 글자다. 금문에서는 그 대상(犬)인 개를 그려 넣어, 개머리에 쌀겨가 묻으면 서로의 모양이 닮아서 어떤 놈이 어떤 놈 인지 분간하기 어렵다는 데서 '닮다', '무리'의 뜻이 나왔다.						

67	갑골문	금문	소전	예서	초서	행서	
陸							陸路(육로) 陸上(육상) 內陸(내륙) 水陸(수륙)
뭍 륙	(字源풀이) 언덕이 있고 지대가 높은 장소에 집 두 채가 나란히 그려져 있다. 즉, 흙이 연이어져 있는 땅에 지어진 집이라는 데서 '뭍(땅)'의 뜻이 나왔다. ※六의 갖은자 : 陸(여섯 륙)						

68	갑골문	금문	소전	예서	초서	행서	
馬							馬夫(마부) 馬車(마차) 愛馬(애마) 鐵馬(철마)
말 마	(字源풀이) 머리, 갈기, 꼬리, 네다리가 달린 말의 옆모습을 세워 그린 글자로 '말'의 뜻이다. ※갈기 : 말, 사자 따위의 목덜미에서 난 긴 털 ※馬耳東風(마이동풍) : 말 귀에 동쪽바람. 듣지 않고 흘려버리는 말						

69	갑골문	금문	소전	예서	초서	행서	
末							末期(말기) 末年(말년) 終末(종말) 週末(주말)
끝 말	(字源풀이) 나무를 본뜬 모습에 지사부호(一)를 그어, 그 곳이 나뭇가지 끝 부분을 가리킨 데서 '끝'의 뜻이 되었다. ☞ 未(아닐 미) ※지사부호 : 글자의 모양이 직접 어떤 사물의 위치 또는 수량을 가리키는 기호. ☞ 一, 二, 三, 本, 末, 失, 凹(오목 요), 凸(볼록 철)						

70	갑골문	금문	소전	예서	초서	행서	
亡							亡國(망국) 亡身(망신) 死亡(사망) 敗亡(패망)
망할 망	(字源풀이) 끝 부분이 망가진 칼날의 모습을 그렸다. '망하다', '없다'의 뜻이 되었다. ※갑골문 亡(없다)=無(없다) 통용 ※亡羊之嘆(망양지탄) : 양을 잃어버리고 하는 탄식. 嘆(탄식할 탄)						

한자 쓰기

類	、 ` ゛ ¥ ¥ ¥ ¥ 半 类 类 类 类 郑 郑 類 類 類 類
頁, 총19획 무리 류	

陸	' ¹ ⻖ ⻖ ⻖ 阡 阡 陟 陟 陸 陸
⻖=阜, 총11획 뭍 륙	

馬	l ⺊ ⻢ ⻢ ⻢ ⻢ 馬 馬 馬 馬 馬
馬, 총10획 말 마	

末	一 ニ 丰 才 末
木, 총5획 끝 말	

亡	' 一 亡
亠, 총3획 망할 망	

71	갑골문	금문	소전	예서	초서	행서	
望							宿望(숙망)
바랄 망 바라볼 망 보름 망	(字源풀이) 갑골문은 한 사람이 높은 흙더미 위에 서서 눈을 들어 멀리 바라보고 있고, 금문은 그 대상이 달을 보는 모습으로 그려져 있다. '바라보다', '바라다'의 뜻이 되었다. ☞ 朢=望 ※바르게 쓰기 : 壬(우뚝 설 정), 壬(아홉째 천간 임)						失望(실망) 要望(요망) 有望(유망)

72	갑골문	금문	소전	예서	초서	행서	
買							買價(매가)
살 매	(字源풀이) 보배[←寶貝(보패)]조개가 그물에 걸려 있는 모습이다. 이 조개로 어떠한 물건을 살 수 있다는 데서 '사다'의 뜻이 되었다. ※買死馬骨(매사마골) : 죽은 말의 뼈를 삼. 곧, 쓸모없는 것에 희생을 치르고 원하는 바의 사물을 움켜 쥠						買食(매식) 買入(매입) 不買(불매)

73	갑골문	금문	소전	예서	초서	행서	
賣							賣買(매매)
팔 매	(字源풀이) 그물로 잡았던 보배 조개(재물)를 가지고 나가 팔러간다는 데서 '팔다'의 뜻이 되었다. ※고대문자 賣=贖(속바칠 속)으로도 썼다 ※賣盡(매진) : 남김없이 모조리 다 팔림. 盡(다할 진)						賣店(매점) 強賣(강매) 直賣(직매)

74	갑골문	금문	소전	예서	초서	행서	
無							無關(무관)
없을 무	(字源풀이) 사람이 양손에 소꼬리를 들고 춤추는 모습이다. 춤을 출 때는 남녀 구분이 없다는 데서 '없다'의 뜻이 되었다. ※그 뜻을 보존코자 舞(춤출 무)를 또 만듦[舞의 본자는 無다] ※無=无(동자 이체자) : 훈과 음이 동자이면서 자체가 다른 글자						無禮(무례) 有無(유무) 全無(전무)

75	갑골문	금문	소전	예서	초서	행서	
倍							倍加(배가)
곱 배 곱절 배	(字源풀이) 亻(사람 인) + 咅(가를 부)로 이루어진 글자다. 사람이 물건을 가르면 그 숫자가 곱절로 불어난다는 데서 '곱', '곱절'의 뜻이 되었다. ※등지다, 배반하다의 뜻과 통함. ※설문해자(허신) : [反也]라 했다						倍數(배수) 倍前(배전) 萬倍(만배)

한자 쓰기

望	ﾉ ㇐ ㇉ 亽 亍 玎 玏 玥 望 望 望 望
月, 총11획	
바랄 망	

買	ﾉ ㄇ 罒 罒 罒 罒 严 罒 買 買 買 買
貝, 총12획	
살 매	

賣	㇐ 十 士 吉 吉 声 声 声 声 声 靑 靑 賣 賣 賣
貝, 총15획	
팔 매	

無	ﾉ ㇒ 二 仁 仁 無 無 無 無 無 無 無
⺣=火, 총12획	
없을 무	

倍	ﾉ 亻 亻 亻 伫 伫 位 位 倍 倍
亻=人, 총10획	
곱 배	

76	갑골문	금 문	소 전	예 서	초 서	행 서	
法	𣲷	灋	灋	法	洁	洁	法典(법전) 法則(법칙) 方法(방법) 筆法(필법)
법 법	(字源풀이) 흘러가는 강물과 굴속에서 막 나온 사람의 모습에 사슴류의 뿔 달린 해채(해치, 해태)라는 상상의 동물이 함께 그려져 있다. 시비와 선악을 가릴 줄 아는 해채를 데려와 죄지은 자를 뿔로 들이받아 물속에 처 넣었다는 전설이 있다. '법'의 뜻이 됨. ※廌(해태 채)						

77	갑골문	금 문	소 전	예 서	초 서	행 서	
變	變	變	變	變	变	变	變速(변속) 變節(변절) 急變(급변) 事變(사변)
변할 변	(字源풀이) 긴 피리에 긴 실 두 줄을 양쪽으로 매단 장식을 한 모습인데, 이것은 손으로 현악기의 音(음)을 조화롭게 변화시킨다는 데서 '변하다'의 뜻이 나왔다. ※變化無雙(변화무쌍) : 비할데 없이 변화가 매우 심함. 雙(쌍 쌍)						

78	갑골문	금 문	소 전	예 서	초 서	행 서	
兵	𠬸	兵	兵	兵	兵	兵	兵法(병법) 兵士(병사) 新兵(신병) 勇兵(용병)
병사 병	(字源풀이) 도끼를 두 손으로 잡고 있는 모습이다. 즉, 무기를 들고 상대와 싸운다는 데서 '병사'의 뜻이 나왔다. ※兵火(병화) : 전쟁으로 인하여 일어나는 화재 ※出兵(출병) : 군사를 싸움터로 내보냄						

79	갑골문	금 문	소 전	예 서	초 서	행 서	
福	福	福	福	福	福	福	福利(복리) 福音(복음) 萬福(만복) 祝福(축복)
복 복	(字源풀이) 두 손으로 술동이를 들고 제단 위에 올리는 모습이다. 즉, 술을 따라 올림으로써 신에게 복을 달라고 비는 행위로 '복'의 뜻이 되었다. ※多福(다복) : 복이 많음						

80	갑골문	금 문	소 전	예 서	초 서	행 서	
奉	奉	奉	奉	奉	奉	奉	奉事(봉사) 奉養(봉양) 奉唱(봉창) 信奉(신봉)
받들 봉	(字源풀이) 새싹이 돋아난 초목을 두 손으로 받들고 있는 모습이다. '받들다'의 뜻이 되었다. ※奉讀(봉독) : 남의 글을 받들어 읽음 ※奉=捧(동자 이체자)						

한자 쓰기

공부한 날   月   日

法	` ` ` ` ` ` ` ` ` ` 法 法				
氵=水, 총8획 법 법					
變	` ` ` ` ` ` ` ` ` ` ` ` ` ` ` ` ` ` 變 變				
言, 총23획 변할 변					
兵	` ` ` ` 丘 兵 兵				
八, 총7획 병사 병					
福	` ` ` ` ` ` ` ` ` ` 福 福 福 福				
示=礻, 총14획 복 복					
奉	` ` ` ` ` ` 奉 奉				
大, 총8획 받들 봉					

81	갑골문	금문	소전	예서	초서	행서	
比	5555	55	55	比	ヽヽ	比	比等(비등)

견줄 비	(字源풀이) 우측을 향하여 두 사람이 앞뒤로 나란히 서 있는 모습이다. 누가 큰지 비교할 수 있으므로 '견주어보다', '비교하다'의 뜻이 나왔다. ※比比有之(비비유지) : 어떤 현상이 드물지 않고 흔히 있음	比例(비례) 比重(비중) 對比(대비)

82	갑골문	금문	소전	예서	초서	행서	
費	費	費	費	費	芳	費	費目(비목)

쓸 비	(字源풀이) 재물(貝)이나 재화를 모으려고 하나 모아지지 않고 자꾸만 쓰여지게 되는 데서 '쓰다'의 뜻이 나왔다. ※浪費(낭비) : 돈·물건 등을 필요 이상으로 헛되이 씀. 浪(물결 랑) ※旅費(여비) : 여행에 드는 비용	費用(비용) 食費(식비) 學費(학비)

83	갑골문	금문	소전	예서	초서	행서	
鼻	鼻	鼻	鼻	鼻	鼻	鼻	鼻音(비음)

코 비	(字源풀이) 사람의 코 모양을 본뜬 글자에 코로 공기를 몸 안에 공급하는 모습이 합쳐진 글자로 '코'의 뜻이 되었다. ※鼻(비)의 본래자 ☞ 自(코 자) ※鼻笑(비소) : 코웃음. 笑(웃을 소)	鼻祖(비조) **耳鼻科** (이비과)

84	갑골문	금문	소전	예서	초서	행서	
氷	仌	氷	氷	氷	氷	冰	氷山(빙산)

얼음 빙	(字源풀이) 물은 얼게 되면 위로 솟아오르는 성질이 있다. 이렇게 솟아 오른 것이 얼음이라는 데서 '얼음'의 뜻이 나왔다. 水를 덧붙인 금문의 자형은 물 위에 얼음 두 덩이가 떠 있는 모습이다. ※仌 → 冫 → 冰 → 氷	氷水(빙수) 氷魚(빙어) 氷炭(빙탄)

85	갑골문	금문	소전	예서	초서	행서	
仕	仕	仕	仕	仕	仕	仕	給仕(급사)

섬길 사 벼슬할 사	(字源풀이) 사람과 형벌용 도끼를 그렸다. 도끼를 휘두를 수 있다는 것은 선비가 벼슬을 하여야만 가능했다 한다. '벼슬하다', '섬기다'의 뜻이 나왔다. ※仕途(사도) : 벼슬길. 途(길 도)	奉仕(봉사) 出仕(출사) 致仕(치사)

한자 쓰기

比 比, 총4획 견줄 비	´ ㅏ ㅏ 比					

費 貝, 총12획 쓸 비	⌐ ⌐ 弓 弗 弗 弗 費 費 費 費 費 費					

鼻 鼻, 총14획 코 비	´ ´ ⼧ ⾃ 白 白 皀 鼻 鼻 鼻 畠 鼻 鼻 鼻					

氷 水, 총5획 얼음 빙	⼁ ⼁ ⼶ ⽕ 氷					

仕 亻=人, 총5획 섬길 사	´ 亻 仁 什 仕					

86	갑골문	금 문	소 전	예 서	초 서	행 서	
士	士	士	士	士	士	士	士氣(사기) 軍士(군사) 人士(인사) 戰士(전사)
선비 사	(字源풀이) 날이 선 하나의 도끼가 아래를 향하고 있는 모습을 그린 글자다. 도끼란 어떤 일을 쉽게 하기 위한 도구인데, 刑官(형관)의 상징적 표현으로 쓰여 '선비'의 뜻이 되었다. ※士農工商(사농공상) : 선비·농부·장인·상인을 이름						

87	갑골문	금 문	소 전	예 서	초 서	행 서	
史	史	史	史	史	史	史	史記(사기) 史話(사화) 野史(야사) 靑史(청사)
사기 사	(字源풀이) 한 손으로 어떤 필기도구를 쥐고 있는 모습을 본뜬 글자다. 이것은 역사적 사실을 기록하는 일을 담당하는 관리(記事者)라는 데서 '역사', '사기'의 뜻이 나왔다. ※史官(사관) : 역사를 상세히 기록하던 관리. 官(벼슬 관)						

88	갑골문	금 문	소 전	예 서	초 서	행 서	
寫	寫	寫	寫	寫	寫	寫	寫本(사본) 寫實(사실) 速寫(속사) 筆寫(필사)
베낄 사	(字源풀이) 집(宀:집 면)에 앉아서 나무 위에 있는 까치(鳥:까치 작)를 실물 그대로 옮겨 그리는 데서 '베끼다'의 뜻이 나왔다. ※허신이 지은 說文解字(설문해자)에는 '물건을 다른 곳에 놓아두는 곳'이라고 밝힘. ☞ 오늘날 複寫(복사)개념과 유사한 표현이다						

89	갑골문	금 문	소 전	예 서	초 서	행 서	
思	思	思	思	思	思	思	思考(사고) 思料(사료) 思春(사춘) 意思(의사)
생각 사	(字源풀이) 머리와 심장의 기능이 생각하는 역할을 담당하는 곳(田=囟정수리 신의 변형)으로 여겼던 데서 '생각하다'의 뜻이 나왔다. ※恩(은혜 은) ※思想(사상) : 생각. 想(생각 상)						

90	갑골문	금 문	소 전	예 서	초 서	행 서	
査	査	査	粗	査	査	査	査實(사실) 査定(사정) 內査(내사) 實査(실사)
조사할 사	(字源풀이) 나무를 베다 또는 뗏목이 본뜻이라고 전하나, 오히려 나무를 잘라 만든 神主(신주)모습에 가깝다. 나무를 자르고 나서 어떤 나무가 재료로 적합한지를 자세히 살핀다는 데서 '살피다', '조사하다'의 뜻이 나왔다. ※査는 柤의 예변(전서체에서 → 예서체로의 글자의 변화)						

한자 쓰기

공부한 날   月   日

士	一十士					
士, 총3획 선비 사						
史	丶口口史史					
口, 총5획 사기 사						
寫	丶丶宀宀宀宀宀宀宁宁寫寫寫寫寫					
宀, 총15획 베낄 사						
思	丶口曰甲田用思思思					
心, 총9획 생각 사						
査	一十才木木杳杳杳査					
木, 총9획 조사할 사						

91	갑골문	금문	소전	예서	초서	행서	
産	產	產	產	產	產	產	產母(산모) 産業(산업) 財産(재산) 出産(출산)
낳을 산	(字源풀이) 본래의 뜻은 잘 생긴 사내아이를 낳다 인데, 의미가 확장 되어 '생산하다', '출생하다'의 뜻이 되었다. ※産苦(산고) : 아이를 낳는 고통 ※産後(산후) : 아이를 낳은 뒤. ☞ 産=產						

92	갑골문	금문	소전	예서	초서	행서	
賞	賞	賞	賞	賞	賞	賞	賞金(상금) 金賞(금상) 銀賞(은상) 入賞(입상)
상줄 상	(字源풀이) 공로가 있는 사람을 높이 평가하여 상을 줄 때 재물(貝) 을 준다는 데서 '상주다', '칭찬하다'의 뜻이 되었다. ※賞罰(상벌) : 상과 벌 ※褒賞(포상) : 칭찬하여 상을 줌. 褒(기릴 포)						

93	갑골문	금문	소전	예서	초서	행서	
商	丙	商	商	商	商	商	商社(상사) 商號(상호) 通商(통상) 行商(행상)
장사 상 상나라 상	(字源풀이) 하나의 받침대 위에 술을 담은 항아리가 세워져 있는 모 습으로, 이것은 賞으로 주는 물건임을 의미한다. 후에, '헤아리다', '장사하다'의 뜻으로 새겼다. ※商賈(상고) : 장사하는 사람. 賈(장사 고)						

94	갑골문	금문	소전	예서	초서	행서	
相	相	相	相	相	相	相	相談(상담) 相對(상대) 相通(상통) 面相(면상)
서로 상	(字源풀이) 눈으로 나무를 살피는 모습으로, 고대에는 눈만 뜨면 보 이는 대상이 나무였다는 데서, 상대적 의미인 '서로'의 뜻이 되었다. ※刮目相對(괄목상대) : 눈을 비비고 주의하여 상대방을 다시 봄 ※刮(비빌 괄)						

95	갑골문	금문	소전	예서	초서	행서	
序		序	序	序	序	序	序曲(서곡) 序文(서문) 序說(서설) 順序(순서)
차례 서	(字源풀이) 广+予로 구성된 형성자다. 동서로 뻗친 안채와 사랑채 사이에 담을 차례로 쌓아서 구별을 짓는다는 데서 '차례'의 뜻이 나 왔다. 설문의 허신은 '東西牆也 从广予聲(동서장야 종엄여성)'이라 함. ※序說(序文) : 머리말. ☞ 牆(담 장)						

한자 쓰기

공부한 날 　月　　日

産 生, 총11획 낳을　산	` ㅗ ㅗ ㅗ 立 产 产 产 産 産 産					
賞 貝, 총15획 상줄　상	` ` ` ⺊ ⺌ 严 严 严 严 严 常 賞 賞 賞 賞					
商 口, 총11획 장사　상	` ㅗ ㅗ 立 产 产 产 商 商 商 商					
相 目, 총9획 서로　상	一 十 才 木 相 相 相 相 相					
序 广, 총7획 차례　서	` ㅗ 广 广 序 序 序					

96	갑골문	금 문	소 전	예 서	초 서	행 서	
仙		叭	儒	儒	仙	仚	仙女(선녀) 仙藥(선약) 仙人(선인) 神仙(신선)

(字源풀이) 亻+山으로 구성된 형성자로, 산속에 묻혀 살면서 선도를 닦는 사람이 신선이라는 데서 '신선'의 뜻이 나왔다.

신선 선

※仙=僊(동자 이체자)

※仙風道骨(선풍도골) : 신선의 풍채와 도인의 골격. ☞ 骨(뼈 골)

97	갑골문	금 문	소 전	예 서	초 서	행 서	
善	譱	譱	譱	善	善	善	善惡(선악) 善意(선의) 最善(최선) 親善(친선)

(字源풀이) 양을 가운데 두고 두 사람이 말을 건네주고 받는 모습이 그려져 있다. 옛날에는 양은 상서로운 동물로 간주되어 좋다는 뜻으로 사용되어 '좋다', '착하다'의 뜻이 되었다.

착할 선
좋을 선

※善男善女(선남선녀) : 성품이 착한 어진남자와 여자

98	갑골문	금 문	소 전	예 서	초 서	행 서	
選		選	選	選	選	選	選擧(선거) 選出(선출) 落選(낙선) 特選(특선)

(字源풀이) 신에게 제사를 지내러 갈 때에는 얌전히 대기하고 있는 사람 가운데 뽑아서 보낸다는 데서 '가리다', '뽑다'의 뜻이 되었다.

가릴 선
뽑을 선

※辶=辶=쉬엄쉬엄 갈 착(O), 辶(X)

※巽(유순할, 부드러울 손)

99	갑골문	금 문	소 전	예 서	초 서	행 서	
船	舟	舲	船	舟公	船	船	船長(선장) 船窓(선창) 兵船(병선) 漁船(어선)

(字源풀이) 舟(배 주)가 작은 배라면, 船(배 선)은 짐을 배 위에 싣고 늪이나 강기슭을 헤치고 물 위를 건널 수 있는 조금 더 큰 배라는 데서 '배'의 뜻이 되었다. 갑골문 자형은 역시나 작은 배(小舟)다. ☞

배 선

※一葉片舟(일엽편주) : 하나의 작은 조각배. 片(조각 편)

100	갑골문	금 문	소 전	예 서	초 서	행 서	
鮮	鱻	鱻	鮮	鮮	鮮	鮮	鮮明(선명) 生鮮(생선) 新鮮(신선) 朝鮮(조선)

(字源풀이) 물고기와 양이 입을 맞추고 있는 듯한 모습이다. 양은 깨끗함으로 인식되어 좋다는 의미이고, 깨끗한 물고기는 곱고 신선하다는 데서 '곱다'의 뜻이 나왔다. ※설문 저자 허신은 동북방에 위치한 맥국에서 난다(出貉國)는 물고기이라 칭함

고울 선

한자 쓰기

공부한 날　　月　　日

仙
亻=人, 총5획
신선　선

丿 亻 仜 仙 仙

善
口, 총12획
착할　선

丶 丷 丷 半 半 羊 羊 兰 兰 善 善 善

選
辶=辵, 총16획
가릴　선

一 コ ㄹ 만 만 巴 巴 몬 巺 巺 巽 巽 巽 巽 選 選 選

船
舟, 총11획
배　선

丿 丿 月 舟 舟 舟 舟 舠 舡 船 船

鮮
魚, 총17획
고울　선

丿 丿 丷 竹 卪 甪 甶 帘 魚 魚 魚 魚 魚 鮮 鮮 鮮 鮮

101	갑골문	금문	소전	예서	초서	행서	
說							說明(설명)
							小說(소설)
말씀 설							說客(세객)
달랠 세							說樂(열락)
기쁠 열							

(字源풀이) 말을 할 때는 상대방에게 입을 크게 벌려 기쁘게(丷)한다는 데서 '기쁘다', '말하다'의 뜻이 되었다. 兌(기쁠, 바꿀 태)
※說(기쁠 열) : 悅(기쁠 열)
※달래다 : 위로하다. 옳고 좋은 말로 잘 이끌어 꾀다

102	갑골문	금문	소전	예서	초서	행서	
性							性格(성격)
							性別(성별)
성품 성							特性(특성)
							品性(품성)

(字源풀이) 사람이 태어날 때부터 타고난 마음씨. 곧, 성질과 사람 됨됨이를 '성품'이라 한다.
※性味(성미) : 성미와 취미. 味(맛 미)
※性行(성행) : 성질과 행실

103	갑골문	금문	소전	예서	초서	행서	
洗							洗禮(세례)
							洗面(세면)
씻을 세							洗手(세수)
							洗車(세차)

(字源풀이) 한 사람이 흐르는 물에 발을 씻고 있는 모습으로 '씻다'의 뜻이 나왔다.
※대야에 발이 담긴 갑골문도 보임
※洗足(세족) : 발을 씻음

104	갑골문	금문	소전	예서	초서	행서	
歲							歲時(세시)
							歲月(세월)
해 세							萬歲(만세)
나이 세							年歲(연세)

(字源풀이) 둥근 칼날위에 두 개의 구멍이 뚫려 있는 도끼 모습으로 '자르다', '베다'가 본뜻인데, 옛날의 농작 형태는 1년에 1회 벼를 베어 수확 하므로 '세월', '나이', '해'의 뜻이 나왔다.
※歲星(세성)=木星(목성) ☞ 呰/㞢(갑) → 㞢(금) → 皇/㞢(소) → 星(별 성)

105	갑골문	금문	소전	예서	초서	행서	
束							束手(속수)
							結束(결속)
묶을 속							團束(단속)
							約束(약속)

(字源풀이) 땔나무를 새끼줄로 묶어 놓은 모습, 또는 전대나 주머니를 양쪽에서 묶은 모습이기도 하다. '묶다'의 뜻이 나왔다.
☞ 東(동녘 동 東)참조
※束手無策(속수무책) : 어쩔 도리가 없어 꼼짝 못 함. 策(꾀 책)

한자 쓰기

說	` ゛ ゠ ゠ 言 言 言 言 訃 訃 說 說 說 說						
言, 총14획 말씀 설							

性	` ` ` 忄 忄 忄 忙 性 性						
忄=心, 총8획 성품 성							

洗	` ` 氵 氵 汁 汁 泮 泮 洗						
氵=水, 총9획 씻을 세							

歲	` ﾄ ﾄ 止 止 广 产 产 芦 芦 芴 芴 歲 歲 歲						
止, 총13획 해 세							

束	一 ﾅ 冂 亩 東 東 束						
木, 총7획 묶을 속							

106	갑골문	금문	소전	예서	초서	행서
首						

머리 **수**

(字源풀이) 머리카락 세 올 巛이 나있는 짐승의 머리 부분을 크게 강조한 그림으로 '머리'의 뜻이 되었다.

※首鼠兩端(수서양단) : 쥐가 구멍에서 머리를 내밀고 나갈까 말까 망설임. 결정을 내리지 못하고 망설임. ☞ 鼠(쥐 서), 端(끝, 바를 단)

首相(수상)
首席(수석)
部首(부수)
自首(자수)

107	갑골문	금문	소전	예서	초서	행서
宿						

잘 **숙**
별자리 **수**

(字源풀이) 집에서 사람이 돗자리를 펼치고 그 위에 누워 잠자고 있는 모습에서 '자다'의 뜻이 나왔다. 후에 '별자리'의 의미도 넣었다.

※星宿(성수) : 별자리
※二十八宿(이십팔수)

宿命(숙명)
宿題(숙제)
下宿(하숙)
合宿(합숙)

108	갑골문	금문	소전	예서	초서	행서
順						

순할 **순**

(字源풀이) 사람의 얼굴에는 여러 가지 표정이 시냇물 흐르듯이 잘 나타난다는 데서 '순리', '순하다', '따르다'의 뜻이 나왔다.

※順風(순풍) : 순하게 부는 자연의 바람
※逆風(역풍) : 거슬러 부는 바람. 맞바람. 逆(거스를 역)

順理(순리)
順番(순번)
打順(타순)
筆順(필순)

109	갑골문	금문	소전	예서	초서	행서
示						

보일 **시**

(字源풀이) 神(신)에게 제사를 드리기 위해, 제물을 올려놓기 위한 돌로 만든 제단 모습을 본뜬 글자다. 이것은 神에게 자기를 드러내 보이기 위함으로 '보이다'의 뜻이 나왔다.

※示現塔(시현탑) : 자연적으로 된 탑. 塔(탑 탑)

明示(명시)
展示(전시)
表示(표시)
訓示(훈시)

110	갑골문	금문	소전	예서	초서	행서
識						

알 **식**
기록할 **지**

(字源풀이) 말 한 바를 소리 내어 창이나 칼로 새겨 누구나 다 알 수 있도록 기록한다는 데서 '알다', '기록하다'의 뜻이 나왔다.

※有識(유식) : 학문이 있어 견식이 높음
※標識(표지) : 다른 것과 구별하는데 필요한 표시. 標(표시 표)

識見(식견)
面識(면식)
知識(지식)
學識(학식)

한자 쓰기

首	` ` ⺊ ⺌ 产 首 首 首 首					
首, 총9획 머리 수						
宿	` ` ⼧ ⼧ ⼧ ⼧ ⼧ 宿 宿 宿					
⼧, 총11획 잘 숙						
順	⼃ ⼃ ⼉ �川 ⼁ ⼁ ⼁ 順 順 順 順 順					
頁, 총12획 순할 순						
示	⼀ ⼀ ⼂ 示 示					
示, 총5획 보일 시						
識	` ⼀ ⼀ ⼀ ⼀ ⼀ ⼀ 言 言 言 言 語 語 語 語 識 識 識					
言, 총19획 알 식						

111	갑골문	금 문	소 전	예 서	초 서	행 서	
臣	臣	臣	臣	臣	臣	臣	臣民(신민) 臣下(신하) 文臣(문신) 使臣(사신)

(字源풀이) 갑골문은 세로로 세워 그린 툭 불거진 눈 모습을 본뜬 글자다. 이는 주인 앞에서 복종의 의미로, 똑바로 눈을 뜰 수 없어 고개를 숙인 종이나 신하의 눈의 위치와 눈을 크게 강조한 그림으로 '신하'의 뜻이 되었다. ☞ 臣(갑골)→ 臣(금문)→ 臣(소전)→ 臣(클 거)

신하　신

112	갑골문	금 문	소 전	예 서	초 서	행 서	
實	實	實	實	實	實	實	實果(실과) 實相(실상) 結實(결실) 充實(충실)

(字源풀이) 집 안에 재물(冊:돈이 가득한 금고)이 가득 차 있다는 것은 속이 알찬 열매와도 같다는 데서 '열매'의 뜻이 나왔다.

※實科(실과) : 과실

※不實(부실) : 충실치 못함. ☞ 불실로 발음하지 말 것(不 참조)

열매　실

113	갑골문	금 문	소 전	예 서	초 서	행 서	
兒	兒	兒	兒	兒	兒	兒	兒童(아동) 健兒(건아) 男兒(남아) 育兒(육아)

(字源풀이) 정수리의 숨구멍(大泉門=대천문)이 덜 닫힌 어린 아기의 머리가 몸집 (兒)에 비해 크다는 것은 갓 태어난 아기의 특징 중 하나다. 머리를 크게 강조한 모습으로 '아기', '아이'의 뜻이 나왔다.

※幼兒(유아) : 어린아이. 幼(어릴 유)

아이　아

114	갑골문	금 문	소 전	예 서	초 서	행 서	
惡	惡	惡	惡	惡	惡	惡	惡運(악운) 惡漢(악한) 改惡(개악) 惡寒(오한)

(字源풀이) 열십자(亞) 형태로 땅을 파서 만든 은나라 왕릉의 묘실을 위에서 내려다 본 모습이다. 칠흑 같은 무덤 속은 다음으로 가는 세계라 여겨 '버금', '다음' 이라는 뜻을 나타냈다. 心을 더하여 '악하다'의 뜻이 되었고, 악한 것은 미워하는 것이기에 '미워하다'의 뜻으로 전의된 문자다.

악할　악
미워할 오

115	갑골문	금 문	소 전	예 서	초 서	행 서	
案	案	案	案	案	案	案	案件(안건) 案內(안내) 圖案(도안) 草案(초안)

(字源풀이) 글공부를 하는데 편안하게 앉아 책을 볼 수 있도록 나무로 만든 책상이라는 데서 '책상'의 뜻이 나왔다. ☞ 案=桉

※擧案齊眉(거안제미) : 밥상을 들어 눈썹과 가지런하도록 올려 바침 즉, 남편을 극진히 공경함. 齊(가지런할 제), 眉(눈썹 미)

책상　안

한자 쓰기

공부한 날   月   日

臣	一 T T T T 臣			
臣, 총6획 신하 신				
實	丶 宀 宀 宀 宀 宀 宁 宁 宁 實 實 實 實			
宀, 총14획 열매 실				
兒	丶 丶 丶 白 白 白 臼 兒			
儿, 총8획 아이 아				
惡	一 T T 巫 巫 巫 巫 亞 亞 惡 惡 惡			
心, 총12획 악할 악				
案	丶 丶 宀 宀 安 安 安 安 案 案			
木, 총10획 책상 안				

116	갑골문	금문	소전	예서	초서	행서	
約							約言(약언)
							公約(공약)
맺을 약	(字源풀이) 밧줄과 사람 모습을 그린 글자다. 즉, 밧줄에 묶여있는 사람의 모습에서 '묶다', '맺다'의 뜻이 나왔다.						規約(규약)
묶을 약	※金石盟約(금석맹약) : 쇠나 돌처럼 단단하고 변치 않는 약속						節約(절약)
	※盟(맹세할 맹)						

117	갑골문	금문	소전	예서	초서	행서	
養							養子(양자)
							養親(양친)
기를 양	(字源풀이) 갑골문에는 양과 밥이 그려져 있고, 금문은 채찍을 들고 양을 치는 목동 모습이며, 소전은 양의 밥으로 갑골문과 흡사하다. 고로, 양에게 먹이를 먹여 기른다는 데서 '기르다'의 뜻이 되었다.						教養(교양)
	※합체자일 경우 羊 → 𦍌로 변형						休養(휴양)

118	갑골문	금문	소전	예서	초서	행서	
漁							漁民(어민)
							漁夫(어부)
고기잡을 어	(字源풀이) 물속에 있는 물고기를 낚싯대로 낚아 올리는 모습을 생동감 넘치게 그린 글자로 '고기잡다'의 뜻이 됨.						漁業(어업)
	※여러형태의 갑골문(漁)						漁村(어촌)

119	갑골문	금문	소전	예서	초서	행서	
魚							魚物(어물)
							魚族(어족)
물고기 어	(字源풀이) 머리, 지느러미, 비늘, 꼬리를 사실적으로 그린 물고기 모양을 그린 전형적 상형문자로 '물고기'의 뜻이다.						大魚(대어)
	※꼬리지느러미가 灬(화)로 변함을 알 수 있다(연화발로 오인 주의!)						木魚(목어)
	※魚는 분리 해석할 수 없는 독체 상형문자다 ☞ 交, 行 등						養魚(양어)

120	갑골문	금문	소전	예서	초서	행서	
億							億萬(억만)
							億中(억중)
억(數字) 억	(字源풀이) 사람이 입으로 말할 수 있는 매우 큰 수라는 데서 '일억'의 뜻이 나왔다.						數億(수억)
	※1億=10^8						一億(일억)
	※無量大數(무량대수)=10^{68}						

한자 쓰기

約	⺯ ⺯ ⺰ ⺱ ⺲ 糸 糸 約 約 約
糸=糹, 총9획 맺을 약	
養	⺊ ⺊ ⺊ ⺊ 羊 羊 荛 荛 荞 荞 蓁 養 養
食, 총15획 기를 양	
漁	⺀ ⺀ 氵 氵 氵 汢 汢 沿 渔 渔 渔 渔 渔 漁
氵=水, 총14획 고기잡을 어	
魚	⺁ ⺁ ⺁ ⺤ 名 角 角 魚 魚 魚 魚
魚, 총11획 물고기 어	
億	⺈ 亻 亻 亻 亻 佇 佇 倍 倍 億 億 億 億 億
亻=人, 총15획 억(數字) 억	

121	갑골문	금 문	소 전	예 서	초 서	행 서	
熱							熱量(열량)
							熱望(열망)
더울 열	(字源풀이) 갑골문 자형은 어린 나무를 땅에 심는 사람과 불을 그렸다. 이것은 따뜻한 곳에 나무를 심어야 잘 자란다는 데서 '따뜻하다', '덥다'의 뜻이 나왔다. 埶(심을 예 埶) ※熱狂(열광) : 미칠 만큼 열심임. 狂(미칠 광 狂)						熱心(열심) 發熱(발열)

122	갑골문	금 문	소 전	예 서	초 서	행 서	
葉							葉書(엽서)
							葉草(엽초)
잎 엽 성 섭 땅이름 섭	(字源풀이) 초목에 달려 있는 잎사귀라는 데서 '잎'의 뜻이다. <참고> 迦葉(가섭) : 인도 姓(성)의 하나 ※一葉小船(일엽소선) : 물위에 떠있는 잎사귀 하나처럼 작은 배 ※一葉知秋(일엽지추) : 나뭇잎을 보고 장차 가을이 옴을 앎						落葉(낙엽) 末葉(말엽)

123	갑골문	금 문	소 전	예 서	초 서	행 서	
屋							屋內(옥내)
							屋上(옥상)
집 옥	(字源풀이) 사람이 이르러 머물러 사는 곳이 집이라는 데서 '집'의 뜻이 되었다. ※尸(주검 시) : 죽었다는 뜻도 있으나 살아있다는 뜻도 있다 ☞ 屎 : 똥 시[늙矢], 신음할 히						社屋(사옥) 洋屋(양옥)

124	갑골문	금 문	소 전	예 서	초 서	행 서	
完							完工(완공)
							完成(완성)
완전할 완	(字源풀이) 집안에 으뜸인 우두머리가 있으면 완전하다는 데서 '완전하다'의 뜻이 되었다. ※完結(완결) : 완전하게 끝맺음 ※完全無缺(완전무결) : 흠이 없이 모두 갖추어져 있음. 缺(흠 결)						完全(완전) 完敗(완패)

125	갑골문	금 문	소 전	예 서	초 서	행 서	
曜							曜日(요일)
							七曜(칠요)
빛날 요	(字源풀이) 날갯짓을 할 때 꿩의 아름다운 깃털(翟)이 빛에 반사되면 밝게 빛난다는 데서 '빛나다'의 뜻이 나왔다. ※翟(꿩, 꿩의 깃 적) ☞ 燿=耀=曜						金曜日 (금요일)

한자 쓰기

공부한 날   月   日

熱	一 十 土 士 未 未 幸 幸 執 執 執 熱 熱 熱 熱					
灬=火, 총15획 더울 열						
葉	一 十 卄 卄 芒 芏 苹 苹 苹 華 華 葉 葉					
++=艸, 총13획 잎 엽						
屋	一 コ ア ア 尸 屍 屍 屋 屋					
尸, 총9획 집 옥						
完	丶 丷 宀 宁 亭 完 完					
宀, 총7획 완전할 완						
曜	丨 冂 日 日 日 日 日 日 日 日 日 曜 曜 曜 曜 曜 曜 曜					
日, 총18획 빛날 요						

126	갑골문	금문	소전	예서	초서	행서	
要							要目(요목)
							要約(요약)
요긴할 요	(字源풀이) 갑골문 자형은 한 여인이 자신의 허리를 양손으로 받치고 있는 모습이다. 인체 구조상 매우 중요한 곳으로 '중요하다', '요긴하다'의 뜻이 나왔다.						要因(요인)
구할 요							必要(필요)
	※본래 뜻은 腰(허리 요) ☞ 腰下(요하) : 허리춤						

127	갑골문	금문	소전	예서	초서	행서	
浴							浴室(욕실)
							水浴(수욕)
목욕할 욕	(字源풀이) 갑골문 자형은 커다란 1인용 욕조 안에 한 사람이 서서 목욕을 하고 있는 모습이다. 몸에서는 물방울이 흘러내리고 있으며, 온 몸을 깨끗이 정화하고 있는데서 '목욕하다'의 뜻이 나왔다.						入浴(입욕)
							足浴(족욕)
	☞ 우측 谷 : 골짜기 곡으로 해석은 난센스						

128	갑골문	금문	소전	예서	초서	행서	
友							友愛(우애)
							友情(우정)
벗 우	(字源풀이) 두 사람이 오른손을 함께 들고 있는 모습이다. 같은 방향을 하고 있는 같은 편이라는 데서 '친구', '벗'의 뜻이 되었다.						交友(교우)
	※朋(벗 붕) : 같은 스승을 모시는 관계. ☞ 同師曰朋(동사왈붕)						親友(친우)
	※友(벗 우) : 뜻을 같이 하는 관계. ☞ 同志曰友(동지왈우) -주례-						

129	갑골문	금문	소전	예서	초서	행서	
牛							牛角(우각)
							牛馬(우마)
소 우	(字源풀이) 한 쌍의 위로 뻗은 뿔과 귀를 강조한 것이 소의 특징인데 부분적인 소의 머리로 소 전체를 표현함. '소'의 뜻이다.						牛黃(우황)
	※牛耳讀經(우이독경) : 소귀에 경 읽기. 經(글 경), 毛(털 모)						韓牛(한우)
	※九牛一毛(구우일모) : 아홉 마리 소 가운데 박힌 하나의 털						

130	갑골문	금문	소전	예서	초서	행서	
雨							雨期(우기)
							雨水(우수)
비 우	(字源풀이) 하늘에서 비가 내리는 모습을 그렸다. 위쪽의 가로선은 하늘을 표시하고, 아래 세로선은 빗방울을 표시하는데 '비'의 뜻이다.						雨衣(우의)
	※雨夜(우야) : 비오는 밤						風雨(풍우)
	※雨靴(우화) : 비올 때 신는 신. 靴(신 화)						

한자 쓰기

要	一 一 一 一 一 西 要 要 要				
西=西=西, 총9획 요긴할 요					
浴	丶 冫 冫 汐 汐 汐 汐 汐 浴 浴				
冫=水, 총10획 목욕할 욕					
友	一 ナ 方 友				
又, 총4획 벗 우					
牛	丿 ㅗ 二 牛				
牛, 총4획 소 우					
雨	一 一 一 币 币 雨 雨 雨				
雨, 총8획 비 우					

131	갑골문	금문	소전	예서	초서	행서	
雲							雲集(운집)
							雲海(운해)
구름 운							戰雲(전운)
							風雲(풍운)

(字源풀이) 갑골문을 보면 두 개의 가로선은 하늘의 구름층을 표시하고 갈고리처럼 휘어진 모양은 구름 덩어리를 나타낸다. 소전에 와서 雨를 붙이어 하늘 위에 떠 있는 한 조각의 구름 모습을 표현한 글자로 '구름'의 뜻이 되었다.

132	갑골문	금문	소전	예서	초서	행서	
雄							雄建(웅건)
							雄大(웅대)
수컷 웅							雄性(웅성)
							英雄(영웅)

(字源풀이) 새 옆에 남성의 상징인 팔뚝과 알통이 그려져 있고 오른쪽은 새의 모습이다. 이것은 암컷을 거느리는 뛰어난 수컷 새라는 데서 '수컷'의 뜻이 되었다.
※雌雄(자웅) : 암컷과 수컷. <우열, 승패 등의 비유> 雌(암컷 자)

133	갑골문	금문	소전	예서	초서	행서	
元							元來(원래)
							元首(원수)
으뜸 원							多元(다원)
							身元(신원)

(字源풀이) 갑골문 자형은 인체(𡗕)의 중요한 부분이 머리(二)라는 데서 '으뜸', '근원', '첫째'라는 뜻이 나왔으며 '우두머리'라는 뜻으로도 발전된 한자다.
※元旦(원단) : 설날아침. 旦(아침 단)

134	갑골문	금문	소전	예서	초서	행서	
院							院長(원장)
							病院(병원)
집 원							醫院(의원)
							通院(통원)

(字源풀이) 담장으로 튼튼히 둘러싸인 곳에 사람이 살고 있는 큰 집이라는 데서 '집', '학교', '관청'의 뜻이 되었다.
※完(완전할, 튼튼할 완)
※寺院(사원)=사찰=절

135	갑골문	금문	소전	예서	초서	행서	
原							原理(원리)
							原産(원산)
언덕 원							草原(초원)
							平原(평원)

(字源풀이) 낭떠러지 중간 부위에서 물의 근원인 샘물이 흘러 내려가는 모양을 형상화한 글자다. 본래 근원의 뜻이나 언덕의 의미로 널리 쓰이자 源(근원 원)자를 새로 만들어 사용. 즉, 源(원)의 본래의 글자가 原자인 것이다. '언덕'의 뜻이 되었다.

한자 쓰기

雲 雨, 총12획 구름 운	一 一 一 一 一 一 一 一 一 一 一 雲 雲				

雄 隹, 총12획 수컷 웅	一 ナ 左 左 左 太 太 太 雄 雄 雄 雄				

元 儿, 총4획 으뜸 원	一 二 テ 元				

院 阝=阜, 총10획 집 원	一 一 阝 阝 阝 阝 阝 阵 陀 院				

原 厂, 총10획 언덕 원	一 厂 厂 厂 厂 厉 厉 原 原 原				

136	갑골문	금문	소전	예서	초서	행서	
願	願	願	願	頖	頖	願	願望(원망) 願書(원서) 所願(소원) 祝願(축원)

원할 원

(字源풀이) 생각의 근원은 머리로부터 샘물이 솟아나듯이 바라고 원한다는 데서 '원하다'의 뜻이 되었다.

※祈願(기원) : 바라는 바가 이루어지기를 빎. 祈(빌 기), 乞(빌 걸)

※願乞終養(원걸종양) : 부모가 돌아가시는 날까지 봉양하기를 원함

137	갑골문	금문	소전	예서	초서	행서	
位	立	立	位	位	位	位	位相(위상) 方位(방위) 水位(수위) 地位(지위)

자리 위

(字源풀이) 사람은 신분과 지위에 따라 그 자리가 정해진다는 데서 '자리'의 뜻이 되었다.

※尸位素餐(시위소찬) : 시동의 자리에서 공밥만 먹음. 직책을 다하지 못하면서 녹만 받아먹는 것. ☞ 尸(시동 시), 素(흴 소), 餐(먹을 찬)

138	갑골문	금문	소전	예서	초서	행서	
偉	偉	偉	偉	偉	偉	偉	偉大(위대) 偉力(위력) 偉業(위업) 偉人(위인)

클 위

(字源풀이) 평범한 사람들과는 다르게 걷는 사람으로 이루어진 글자다. 더 큰 일을 해 나가는 사람이라는 데서 '크다', '위대하다'의 뜻이 되었다.

※偉業(위업) : 위대한 업적

139	갑골문	금문	소전	예서	초서	행서	
以	以	以	以	以	以	以	以來(이래) 以北(이북) 以下(이하) 以後(이후)

써 이

(字源풀이) 논밭을 갈기 위한 농기구인 쟁기와 사람을 함께 그린 글자다. 즉, 사람이 쟁기를 가지고 사용하고 있다는 데서 '쓰다'가 본뜻으로, 오늘날 '~로써', '이유로' 등의 허사(虛辭)로 쓰이게 되었다.

※以의 부수명칭은 사람 인(人=亻)방

140	갑골문	금문	소전	예서	초서	행서	
耳	耳	耳	耳	耳	耳	耳	耳力(이력) 耳目(이목) 耳門(이문) 耳順(이순)

귀 이

(字源풀이) 옆에서 보았을 때 한쪽 귀의 모양을 본뜬 글자로 '귀'의 뜻이다. ☞ (耳)의 기능 : 소리를 듣는 감각 기관

※耳懸鈴鼻懸鈴(이현령비현령) : 귀에 걸면 귀걸이, 코에 걸면 코걸이

※懸(매달 현), 鈴(방울 령) ☞ 耳朵(이타) : 귓불. 朵(꽃송이 타)

한자 쓰기

願 頁, 총19획 원할 원	一 厂 厂 厂 尸 尸 原 原 原 原 原 原 原 原 願 願 願 願 願					
位 亻=人, 총7획 자리 위	丿 亻 亻 仁 仁 位 位					
偉 亻=人, 총11획 클 위	丿 亻 亻 亻 仁 佇 佇 佇 偉 偉 偉					
以 人, 총5획 써 이	丨 レ レ 以 以					
耳 耳, 총6획 귀 이	一 丁 丌 F 耳 耳					

141	갑골문	금문	소전	예서	초서	행서	
因	因	因	因	因	圀	因	因果(인과) 因習(인습) 基因(기인) 敗因(패인)

인할 인

(字源풀이) 바닥에 깔아 놓은 돗자리 위에 사람이 누워 있는 모습을 본뜬 글자다. 누워 있는 것은 까닭이 있으므로 '까닭', '인하다'의 뜻이 되었다.

※茵 : 돗자리 인이 본자

142	갑골문	금문	소전	예서	초서	행서	
任	任	任	任	任	任	任	任期(임기) 任命(임명) 信任(신임) 歷任(역임)

맡길 임

(字源풀이) 한 사람이 어떤 짐을 짊어지도록 책임을 맡다, 맡기다는 데서 '맡기다'의 뜻이 되었다.

※任重道遠(임중도원) : 등에 짊어진 물건은 무겁고 가야 할 길은 멂

※任天(임천) : 하늘에 맡김

143	갑골문	금문	소전	예서	초서	행서	
再	再	再	再	再	再	再	再建(재건) 再生(재생) 再現(재현) 再會(재회)

두 재

(字源풀이) 한 마리의 물고기 머리와 꼬리 부분에 가로선이 위아래로 그어져 있는 모습이다. 이것은 물고기 한 마리를 잡은 후 또 다시 잡아 올린다는 데서 '다시', '거듭', '두 번'의 뜻이 되었다.

☞ 再三(재삼) : 두세 번, 여러 번

144	갑골문	금문	소전	예서	초서	행서	
材	材	十	材	材	材	材	材木(재목) 敎材(교재) 藥材(약재) 題材(제재)

재목 재

(字源풀이) 집이나 건물을 지을 때 바탕이 될 수 있는 나무가 재목감이라는 데서 '재목'의 뜻이 되었다.

※材質(재질) : 목재의 성질

※器材(기재) : 기구와 재료. 器(그릇 기)

145	갑골문	금문	소전	예서	초서	행서	
財	財	財	財	財	財	財	財界(재계) 財團(재단) 財力(재력) 財物(재물)

재물 재

(字源풀이) 바탕이 되는 재물(貝)을 모은다는 데서 '재물'의 뜻이 되었다.

※財物(재물) : 돈과 값나가는 물건

※財交(재교) : 재물로써 사람을 사귀는 일

한자 쓰기

因	l 冂 冂 因 因 因					
口, 총6획						
인할 인						
任	ノ イ 亻 仁 仟 任					
亻=人, 총6획						
맡길 임						
再	一 厂 厅 冎 再 再					
冂, 총6획						
두 재						
材	一 十 才 木 木 村 材					
木, 총7획						
재목 재						
財	l 冂 冂 目 目 貝 貝 貝 財 財					
貝, 총10획						
재물 재						

146	갑골문	금 문	소 전	예 서	초 서	행 서	
災							災害(재해) 人災(인재) 天災(천재) 火災(화재)
재앙 재	(字源풀이) 갑골문은 자연재해가 강물로 인하여 일어나는 모습이고, 금문은 강물이 진동을 하며 흐르는 모습과 불을 그렸다. 외부에서의 홍수와 집안에서의 화재가 동시에 일어난 모습에서 '재앙'의 뜻이 되었다. ☞ 灾(수재)=灾(화재)=烖(병재)						

147	갑골문	금 문	소 전	예 서	초 서	행 서	
爭							競爭(경쟁) 分爭(분쟁) 言爭(언쟁) 戰爭(전쟁)
다툴 쟁	(字源풀이) 갑골문에는 세 번 꺾인 물건 하나를 가지고 위아래손이 서로 뺏으려고 다투고 있는 모습에서 '싸우다', '다투다'의 뜻이 됨. ※爭先恐後(쟁선공후) : 앞을 다투고 뒤처지는 것을 두려워함 ※恐(두려울 공)						

148	갑골문	금 문	소 전	예 서	초 서	행 서	
貯							貯金(저금) 貯水(저수) 貯油(저유) 貯炭(저탄)
쌓을 저	(字源풀이) 바다에 사는 조개껍데기 한 개가 네모난 상자에 담겨져 있는 모습이다. 재물을 상징하는 조개를 쌓아둔다는 데서 '쌓다'의 뜻이 되었다. ※貯炭(저탄) : 석탄·무연탄·숯 따위를 저장함						

149	갑골문	금 문	소 전	예 서	초 서	행 서	
的							的當(적당) 的中(적중) 公的(공적) 量的(양적)
과녁 적	(字源풀이) 흰 동그라미 판에 조그만 중심점을 찍어, 한 가운데에 그 점을 향하여 화살을 쏜다는 데서 '과녁'의 뜻이 되었다. ※的實(적실) : 틀림없이 확실함 ※的知(적지) : 확실히 앎. ☞ 旳은 的의 본자						

150	갑골문	금 문	소 전	예 서	초 서	행 서	
赤							赤旗(적기) 赤道(적도) 赤字(적자) 赤化(적화)
붉을 적	(字源풀이) 사람이 불 가까이 접근하면 불빛을 받아 얼굴이 붉은색을 띤다는 데서 '붉다'의 뜻이 되었다. ※赤手空拳(적수공권) : 맨손과 맨주먹. 아무것도 가진 것이 없음 ※赤裸裸(적나라) : 벌거벗음. 裸(벌거벗을 라), 拳(주먹 권)						

한자 쓰기

災	㇀ ㇀㇀ ㇀㇀㇀ ㇀㇀㇀㇀ ㇀㇀㇀㇀㇀ 灾 災					
火=灬, 총7획 재앙 재						
爭	㇀ ㇀ ㇀ ㇀ 乺 乺 争 爭					
ㅉ=ㅉ, 총8획 다툴 쟁						
貯	㇑ ㇆ ㅕ ㅕ 目 貝 貝 貯 貯 貯 貯 貯					
貝, 총12획 쌓을 저						
的	㇀ ㇀ ㇀ ㅆ 白 白 的 的					
白, 총8획 과녁 적						
赤	一 十 土 チ 才 赤 赤					
赤, 총7획 붉을 적						

151	갑골문	금문	소전	예서	초서	행서	
傳	傳	傳	傳	傳	傳	傳	傳記(전기) 傳說(전설) 口傳(구전) 自傳(자전)

전할 전 | (字源풀이) 실을 감는 방추차(=실감개)를 오른손으로 방추를 빙빙 돌리고 있는 기본 동작과 동시에, 왼쪽에 서 있는 사람에게 다음 공정을 전달하기 위한 모습으로 그려져 있다. 여기에서 '전하다'의 뜻이 나왔다.

152	갑골문	금문	소전	예서	초서	행서	
典	典	典	典	典	典	典	典當(전당) 古典(고전) 字典(자전) 出典(출전)

법 전
책 전 | (字源풀이) 두 손으로 책을 받들어 윗사람에게 바치고 있는 모습을 그린 글자다. 고대사회는 법을 기록한 중요한 책을 의미하여 '법전', '법'의 뜻이 나왔다.
※典範(전범) : 법. 範(법 범)

153	갑골문	금문	소전	예서	초서	행서	
展	展	II	展	展	展	展	展開(전개) 展望(전망) 美展(미전) 發展(발전)

펼 전 | (字源풀이) 갑골문은 두 개의 일직선으로 나란하게 펴져있음을 말하고 있다. 금문을 거쳐 소전에서는 몸과 옷이 추가되어, 몸을 비스듬히 구부리게 되면 옷이 펴진다는 데서 '펼치다', '펴다'의 뜻이 나왔다. ☞ 尸=尸=尸(여기서는 몸을 구부린 사람의 모습). ※屐이 본자

154	갑골문	금문	소전	예서	초서	행서	
切	切	切	切	切	切	切	切感(절감) 切親(절친) 切品(절품) 一切(일체)

끊을 절
온통 체 | (字源풀이) 칼(刀)을 사용하여 어떤 물건을 열십자(十)형태로 나눈다는 데서 '끊다'의 뜻이 나왔다.
☞ 切齒腐心(절치부심) : 몹시 분하여 이를 갈며 속을 썩임
※齒(이 치 齒), 腐(썩을 부)

155	갑골문	금문	소전	예서	초서	행서	
節	節	節	節	節	節	節	節氣(절기) 時節(시절) 禮節(예절) 調節(조절)

마디 절 | (字源풀이) 갑골문에는 따뜻한 음식이 있는 곳에 한 사람이 앞으로 나아가 무릎을 꿇고 앉아있는 모습에서 사람의 무릎마디를 강조했다. 이것은 대나무의 마디를 상징적으로 표현한 것으로, 대나무가 자라남으로써 마디가 생기므로 '마디'의 뜻이 나왔다. ☞ 皀 (밥 고소할 급, 흡), 卽(나아갈 즉), 節=卪

한자 쓰기

傳 亻=人, 총13획 전할 전	ノ 亻 亻 亻 佢 佢 佢 佢 傅 傅 傅 傳 傳						
典 八, 총8획 법 전	丨 冂 曰 由 曲 典 典 典						
展 尸, 총10획 펼 전	一 コ ヲ 尸 尸 尸 屍 屈 屈 展 展						
切 刀, 총4획 끊을 절	一 七 切 切						
節 竹=竹, 총15획 마디 절	ノ 亠 广 竹 竹 竹 竹 竹 笆 笆 笆 笆 節 節 節						

156	갑골문	금 문	소 전	예 서	초 서	행 서	
店			店	店	店	店	店主(점주) 開店(개점) 商店(상점) 書店(서점)
가게 점	(字源풀이) 물건을 사고파는 한쪽이 터진 건물과 점치는 모습이 그려져 있다. 이것은 점쟁이가 말하여 준 곳에 차린 가게라는 데서 '가게'의 뜻이 나왔다. ☞ 갑골문과 금문이 보이지 않는다 ※店房(점방) : 상점. 房(방 방)						

157	갑골문	금 문	소 전	예 서	초 서	행 서	
停	停	亭	停	停	停	停	停年(정년) 停戰(정전) 停止(정지) 調停(조정)
머무를 정	(字源풀이) 사람(亻)이 정자(亭子)에 올라가서 잠시 머물러 쉰다는 데서 '머무르다'의 뜻이 나왔다. ※停工(정공) : 하던 일을 멈춤 ※停會(정회) : 회의를 임시 중지함						

158	갑골문	금 문	소 전	예 서	초 서	행 서	
情			情	情	情	情	情感(정감) 情死(정사) 感情(감정) 物情(물정)
뜻 정	(字源풀이) 사람의 마음은 푸른 풀처럼 맑고 깨끗하다는 데서 '뜻', '정'의 뜻이 나왔다. ※情歌(정가) : 남녀 간의 연정을 읊은 노래 ※情恨(정한) : 마음속의 원한. 恨(원통할 한)						

159	갑골문	금 문	소 전	예 서	초 서	행 서	
調	調	調	調	調	調	調	調査(조사) 調和(조화) 順調(순조) 語調(어조)
고를 조	(字源풀이) 말이 고르게 미치도록 서로서로 잘 어울리게 한다는 데서 '고르다'의 뜻이 나왔다. ※주일 주(週) 참조 ※調習(조습) : 정숙하게 배워 익힘						

160	갑골문	금 문	소 전	예 서	초 서	행 서	
操	操	操	操	操	操	操	操心(조심) 操業(조업) 操作(조작) 體操(체조)
잡을 조	(字源풀이) 나무에 앉아서 입으로 지저귀는 새를 손으로 잡는다는 데서 '잡다'의 뜻이 나왔다. ※喿=喿(새 무리지어 울 소) ☞ 喿는 "뭇 새들이 우는 것이다"《鳥羣鳴也》 -설문해자-						

한자 쓰기

공부한 날   月   日

店	` 亠 广 广 庐 庄 店 店					
广, 총8획 가게 점						
停	ノ 亻 亻 广 疒 停 停 停 停 停					
亻=人, 총11획 머무를 정						
情	` ` 忄 忄 忙 忙 忭 情 情 情 情					
忄=心, 총11획 뜻 정						
調	` 亠 二 主 主 言 言 訁 訓 訓 調 調 調 調					
言, 총15획 고를 조						
操	一 十 才 扌 扩 护 护 押 押 操 操 摇 操 操 操					
手=扌, 총16획 잡을 조						

161	갑골문	금문	소전	예서	초서	행서	
卒							卒兵(졸병) 卒本(졸본) 卒業(졸업) 高卒(고졸)

군사 졸 마칠 졸	(字源풀이) 갑골문은 소매와 옷깃을 여민 저고리 모양에 앞가슴에는 두 개의 x자가 위아래로 새겨진 모습이다. 본래 노예나 하인들이 입는 옷으로 최하위 군졸을 가리켰는데, 일단 전쟁이 불붙으면 제일선에서 먼저 싸우다 죽으므로 '죽다', '마치다'의 뜻이 나왔다.

162	갑골문	금문	소전	예서	초서	행서	
種							種類(종류) 種族(종족) 特種(특종) 品種(품종)

씨 종	(字源풀이) 사람이 밭에 씨를 뿌리고 나면 알찬 벼이삭이 나온다는 데서 '씨', '씨 뿌리다', '심는다'는 뜻이 나왔다. ※種瓜得瓜(종과득과) : 오이를 심으면 오이를 얻게 됨 ☞ 瓜(오이 과), 得(얻을 득)

163	갑골문	금문	소전	예서	초서	행서	
終							終結(종결) 終禮(종례) 始終(시종) 最終(최종)

마칠 종	(字源풀이) 고치실을 추운 겨울이 오기 전에 실패에 다 감아 매듭을 짓는 것(Ω)으로 일을 끝마쳤다는 데서 '마치다'의 뜻이 되었다. 終의 본래의 글자는 冬이었다. ☞ 復(다시 부) ※終而復始(종이부시) : 어떠한 일을 마치고 다시 잇따라 시작함

164	갑골문	금문	소전	예서	초서	행서	
罪							罪名(죄명) 罪惡(죄악) 原罪(원죄) 重罪(중죄)

허물 죄	(字源풀이) 죄를 다스리기 위하여 '법을 어긴 자는 형벌용 칼(辛)로 코를 베는 처벌'을 받는다는 데서 '죄', '허물'의 뜻이 나왔다. ☞ 갑골문을 해서체로 쓰면 皐=罪와 같다. 진시황제가 자신의 皇(황)자가 皐와 같다하여 금지시킨 글자체로, 罪로 고쳐 쓰게 함(설문해자)

165	갑골문	금문	소전	예서	초서	행서	
週							週間(주간) 週期(주기) 今週(금주) 每週(매주)

주일 주	(字源풀이) 갈 착(辶) + 두루 주(周)의 형성자다. 갑골문 周는 잘 구획된 밭 안에 농작물이 모든 영역에 골고루, 두루 차있는 회의글자로 구성되어 있음을 볼 수 있는데, 농작물이 잘 되어 있는지 둘레를 한 바퀴 돈다(辶)는 데서 '돌다'의 뜻이 되었다. '週日(주일)'의 뜻은 여기에서 파생. ※周=週 통용

한자 쓰기

공부한 날　　　月　　　日

卒 十, 총8획 군사 졸	、 亠 广 广 卒 卒 卒 卒						
種 禾, 총14획 씨 종	ノ 二 千 千 禾 禾 禾 秆 秆 秆 稻 稻 種 種						
終 糸=糹, 총11획 마칠 종	㇉ 幺 幺 幺 糸 糸 糸 糸 終 終 終						
罪 罒=网=㓁, 총13획 허물 죄	、 冂 罒 罒 罒 罒 罪 罪 罪 罪 罪 罪 罪						
週 辶=辵, 총12획 주일 주	ノ 冂 冂 用 用 周 周 周 周 调 调 週						

166	갑골문	금문	소전	예서	초서	행서	
州							公州(공주) 光州(광주) 原州(원주) 清州(청주)
고을 주	(字源풀이) 강 하류에 작은 섬 하나가 서 있는 모습으로 물 가운데 있는 '모래톱 △'은 사람이 살 수 있는 곳을 가리키는데 행정구역 단위로서 '고을'의 뜻이 되었다. ※州里(주리) : 마을						

167	갑골문	금문	소전	예서	초서	행서	
止							止水(지수) 終止(종지) 中止(중지) 休止(휴지)
그칠 지	(字源풀이) 땅 위에 서있는 발모양을 본뜬 글자다. 발이란 가기도 하지만 땅에 붙어있어 멈추기도 하는 발의 동작에 포인트를 맞추고 있다. 전진보다는 정지 쪽에 무게를 두어 '그치다'의 뜻이 되었다. ※본래의 뜻을 회복코자 趾(발 지)를 만듦. ※趾骨(지골) : 발가락뼈						

168	갑골문	금문	소전	예서	초서	행서	
知							知能(지능) 知性(지성) 感知(감지) 親知(친지)
알 지	(字源풀이) 사람이 한 말을 화살처럼 재빠르게 알아듣는다는 데서 '알다'의 뜻이 되었다. ☞ 고대에는 知=智 통용 ※一文不知(일문부지) : 한 글자도 알지 못함 ※知行合一(지행합일) : 지식과 행동이 하나로 일치함						

169	갑골문	금문	소전	예서	초서	행서	
質							質量(질량) 質責(질책) 性質(성질) 體質(체질)
바탕 질 모탕 질	(字源풀이) 재물은 인간이 살아가는 데 있어서 밑바탕이 된다는 데서 '바탕'의 뜻이 나왔다. ※모탕 : 나무를 패거나 쪼개거나 또는 죄인의 목을 자를 때 괴는 나무토막. ☞ 斦(모탕 은)						

170	갑골문	금문	소전	예서	초서	행서	
着							着陸(착륙) 着實(착실) 發着(발착) 定着(정착)
붙을 착	(字源풀이) 고대 자형에서 갈라져 나온 着은 후대에 자형이 많이 바뀌었다. 본래는 '젓가락'의 뜻이었으나 著(저)의 속자로 이미 쓰이기 시작하였으며, 음(저→착)도 변화되었다. 예서의 자형은 양의 털이 눈에 착 달라붙은 모습에서 '붙다'의 뜻이 됨. ☞ 고대에는 著(저),箸(저),着(착)은 뿌리가 동일						

한자 쓰기

공부한 날   月   日

州 《《=川, 총6획 고을 주	' 丿 丿丶 州 州 州
止 止, 총4획 그칠 지	' 卜 山 止
知 矢, 총8획 알 지	' ' 广 广 矢 矢 知 知 知
質 貝, 총15획 바탕 질	' 广 广 斤 斤' 斤' 斤斤 斤斤 斦 斦 斦 質 質 質 質
着 目, 총12획 붙을 착	' ' ' 二 芏 芏 芏 芏 芏 着 着 着

171	갑골문	금문	소전	예서	초서	행서	
參							參見(참견) 參席(참석) 不參(불참) 參十(삼십)
참여할 참 석 삼	(字源풀이) 사람의 머리 위에서 세 개의 별이 반짝반짝 빛나는 모습을 그린 글자다. '별자리', '셋', '참여하다'의 뜻이 되었다. ※三의 갖은자 : 參(석 삼) ※參觀(참관) : 어떤 자리에 나아가서 직접 봄						

172	갑골문	금문	소전	예서	초서	행서	
唱							唱歌(창가) 唱法(창법) 歌唱(가창) 愛唱(애창)
부를 창	(字源풀이) 입을 크게 벌려 풍성하고 아름다운 노래를 부른다는 데서 '부르다'의 뜻이 되었다. ※唱和(창화) : 한쪽에서 부르고 다른 한쪽에서 이에 화답하는 노래 ※唱劇(창극) : 판소리와 창을 중심으로 꾸민 가극. 劇(연극 극)						

173	갑골문	금문	소전	예서	초서	행서	
責							責望(책망) 責任(책임) 問責(문책) 罪責(죄책)
꾸짖을 책	(字源풀이) 가시나무로 가슴을 콕콕 찌르듯 돈으로 贖(속)바칠 것을 요구하는 풍습에서 '꾸짖다'의 뜻이 나왔다. ※責善(책선) : 착한 일을 하도록 권함 ※叱責(질책) : 꾸짖어 나무람. 叱(꾸짖을 질)						

174	갑골문	금문	소전	예서	초서	행서	
鐵							鐵道(철도) 鐵板(철판) 古鐵(고철) 電鐵(전철)
쇠 철	(字源풀이) 도가니에 든 쇳물을 주형틀에 부어 철제 농기구나 창 같은 날카로운 무기를 만드는데 가공하기 쉬운 금속제가 쇠라는 데서 '쇠'의 뜻이 되었다. ※설문해자(허신)는 '철은 흑금이다'라고 함 ☞ 고대 東夷族(동이족)은 철의 제조 기술이 우수했다. 鐵=銕(금문)						

175	갑골문	금문	소전	예서	초서	행서	
初							初級(초급) 初等(초등) 最初(최초) 太初(태초)
처음 초	(字源풀이) 고대인은 동물의 가죽으로 옷을 만들어 입었는데, 옷을 만들기 위해서는 옷감에 처음으로 칼을 잘 대는 일이 마름질의 시작이라는 데서 '시작', '처음'의 뜻이 나왔다. ☞ 貫(꿸 관) ※初志一貫(초지일관) : 처음에 세운 뜻을 굽히지 않고 밀고 나감						

한자 쓰기

參	' ' ' ' ' ' ' ' ' ' ' 夕 关 华 华 参 参				
ム, 총11획 참여할 참						

唱	' ' ' ' ' ' ' ' ' ' 唱 唱 唱				
口, 총11획 부를 창						

責	一 二 十 主 丰 青 青 青 青 責 責				
貝, 총11획 꾸짖을 책						

鐵	' ' ' ' 上 车 车 车 金 金 金 針 針 針 針 鉎 鉎 鉎 鏇 鐵 鐵				
釒=金, 총21획 쇠 철						

初	' ラ ネ ネ ネ 初 初				
刀, 총7획 처음 조						

176	갑골문	금문	소전	예서	초서	행서	
最	冏	冐	冐	冣	声	最	最強(최강) 最高(최고) 最新(최신) 最後(최후)
가장 최	(字源풀이) 오른손으로 모자를 귀 하단까지 푹 눌러 덮어 쓴 모습이다. 여기에서 '가장'의 뜻이 나왔다. ☞ 속자인 寂(최) 참조 ☞ 본래는 모자 모양인 冃(모자 모)자로, 曰로 자형이 변형됨 ※最의 부수는 曰(가로 왈) 머리부						

177	갑골문	금문	소전	예서	초서	행서	
祝	祝	祝	祝	祝	祝	祝	祝歌(축가) 祝文(축문) 祝電(축전) 自祝(자축)
빌 축	(字源풀이) 한 사람이 제단 앞에 무릎을 꿇고 앉아, 입을 크게 벌려 神(신)에게 무엇인가를 해 달라고 빌고 있는 모습에서, '기원하다', '빌다'의 뜻이 나왔다. ※祝福(축복) : 앞으로의 행복을 빎						

178	갑골문	금문	소전	예서	초서	행서	
充	充	充	充	充	充	充	充當(충당) 充分(충분) 充電(충전) 充足(충족)
채울 충	(字源풀이) 아기를 낳아 기를 때에는 성장할 수 있도록 모든 것을 풍성히 채워 키운다는 데서 '채우다'의 뜻이 되었다. ※充滿(충만) : 가득하게 참. 滿(가득할 만) ※充電(충전) : 콘덴서나 축전기 등에 전기를 축적하는 일						

179	갑골문	금문	소전	예서	초서	행서	
致	致	致	致	致	致	致	致命(치명) 景致(경치) 才致(재치) 筆致(필치)
이를 치	(字源풀이) 화살(옷)이 날아와 땅(一)에 꽂힌 모습에 오른쪽에는 막대기를 손으로 잡고 있는 장면이다. 즉, 어떠한 행동이 목적지에 이를 수 있도록 가리킨다는 데서 '이르다'의 뜻이 나왔다. ※到(이를 도), 至(이를 지), 臻(이를 진)						

180	갑골문	금문	소전	예서	초서	행서	
則	則	則	則	則	則	則	校則(교칙) 鐵則(철칙) 會則(회칙) 然則(연즉)
법칙 칙 본받을 칙 곧 즉	(字源풀이) 청동기로 제작된 솥(鼎)에 예리한 칼(刂)로 문자를 새겨 후세인들로 하여금 법칙으로 삼게 하였다는 데서 '법칙'의 뜻이 되었다. ☞ 則效(칙효) : 본받음. 憚(꺼릴 탄) ※過則勿憚改(과즉물탄개) : 허물이 있으면 고치는 것을 꺼리지 마라						

한자 쓰기

공부한 날　　　月　　　日

最 曰, 총12획 가장　최	一 冂 冂 曰 曰 冒 冒 冒 冒 冒 最 最					
祝 示=ネ, 총10획 빌　축	一 二 亍 亍 齐 齐 剂 剂 剂 祝					
充 儿, 총6획 채울　충	丶 一 亠 云 产 充					
致 至, 총10획 이를　치	一 云 云 岙 至 至 到 致 致 致					
則 刂=刀, 총9획 법칙　칙	丨 冂 冂 冃 冃 貝 貝 則 則					

181	갑골문	금 문	소 전	예 서	초 서	행 서	他界(타계)
他	竾	神	幍	他	伐	他	他國(타국)

	(字源풀이) 사람과 뱀이 그려져 있다. 직립 보행하는 인간과, 땅 바닥 에 꾸불꾸불하게 기어 다니는 뱀과는 근본적으로 다른 동물이라는 데서 '**다르다**'의 뜻이 되었다. ☞ 3인칭으로 많이 쓰임(他人)	自他(자타) 出他(출타)

다를 타

182	갑골문	금 문	소 전	예 서	초 서	행 서	打算(타산)
打	屮口	打	邘	打	打	打	打數(타수)

	(字源풀이) 망치로 못을 때려 박는다는 데서 '**때리다**', '**치다**'의 뜻이 나왔다. ※丁 : 본래, 못 정자다. 본래의 뜻을 회복코자 釘(못 정)을 다시 만들어 썼다 ☞ 우측 丁(정) → 타로 변음 됨	强打(강타) 安打(안타)

칠 타

183	갑골문	금 문	소 전	예 서	초 서	행 서	卓球(탁구)
卓	阜	阜	阜	卓	阜	阜	卓上(탁상)

	(字源풀이) 높이 날고 있는 새와 잡기 위해 긴 막대기 모양을 한 매 미채(그물) 모습이 그려져 있다. 새는 높이 날기 때문에 그물로 잡는 다는 데서 '**높다**'의 뜻이 나왔다. ※卓效(탁효) : 뛰어난 효험	敎卓(교탁) 食卓(식탁)

높을 탁

184	갑골문	금 문	소 전	예 서	초 서	행 서	炭水(탄수)
炭		炭	炭	炭	炭	炭	炭火(탄화)

	(字源풀이) 고대 금문의 자형은 산언덕 아래에 위치한 움푹 들어간 곳에 나무를 불살라 숯을 만들고 있는 데서 '**숯**'의 뜻이 되었다. ※氷炭不相容(빙탄불상용) : 얼음과 숯은 서로 화합하기 어려움 ※容(얼굴, 용납할 용)	木炭(목탄) 石炭(석탄)

숯 탄

185	갑골문	금 문	소 전	예 서	초 서	행 서	宅地(택지)
宅	全	全	宅	宅	宅	宅	家宅(가택)

	(字源풀이) 사람이 지붕 아래에 의지하고 사는 곳이 집이라는 데서 '**집**'의 뜻이 되었다. ※乇(의지할 탁) ※宅心(택심) : 마음에 새겨두고 잊지 않음	住宅(주택) 宅內(댁내)

집 택
집 댁

한자 쓰기

他	ノ　イ　イ゛　イ也　他					
イ =人, 총5획 다를　타						
打	一　寸　扌　打　打					
扌=手, 총5획 칠　　타						
卓	ト　ト　占　占　卣　卓　卓					
十, 총8획 높을　탁						
炭	一　山　山　出　产　产　岸　炭　炭					
火, 총9획 숯　탄						
宅	丶　宀　宀　宅　宅　宅					
宀, 총6획 집　택						

186	갑골문	금 문	소 전	예 서	초 서	행 서	
板	㣁	版	桎	板	板	板	板子(판자) 氷板(빙판) 畫板(화판) 黑板(흑판)
널 판 널빤지 판	(字源풀이) 나무를 얇게 켜내 앞뒤로 뒤집을 수 있게 만든 얇은 널빤지라는 데서 '널빤지', '널'의 뜻이 나왔다. ※板橋(판교) : 널다리 ※板子(판자) : 나무로 만든 널조각						

187	갑골문	금 문	소 전	예 서	초 서	행 서	
敗	敗	敗	敗	敗	敗	敗	敗北(패배) 敗戰(패전) 勝敗(승패) 失敗(실패)
패할 패 질 패	(字源풀이) 청동으로 만든 귀한 솥을 몽둥이로 파괴 시키는 장면을 사실적으로 그린 작품이다. '부수다'가 본래의 뜻으로, 고대사회는 솥의 파괴를 패배로 인정했다는 데서 '패하다'의 뜻이 나왔다. ※鼎(솥 정)은 권위의 상징						

188	갑골문	금 문	소 전	예 서	초 서	행 서	
品	品	品	品	品	品	品	品貴(품귀) 品質(품질) 賞品(상품) 食品(식품)
물건 품	(字源풀이) 세 개의 그릇을 늘어놓은 모습으로, 그릇에 담을 물건의 가지 수가 많다는 데서 '물건'의 뜻이 나왔다. ※品切(품절) : 물건이 다 팔려 하나도 없음 ※人品(인품) : 사람의 품격						

189	갑골문	금 문	소 전	예 서	초 서	행 서	
必	必	必	必	必	必	必	必讀(필독) 必死(필사) 必勝(필승) 必然(필연)
반드시 필	(字源풀이) 퍼 담을 수 있는 손잡이가 긴 국자에서 물방울이 떨어지고 있는 모양을 그렸다. 알갱이가 작은 곡식이나 물 같은 액체는 반드시 자루가 달린 국자를 사용했다는 데서 '반드시'의 뜻이 나왔다. ※必有曲折(필유곡절) : 반드시 무슨 연유가 있다. ☞ 折(꺾을 절)						

190	갑골문	금 문	소 전	예 서	초 서	행 서	
筆	筆	聿	筆	筆	筆	筆	筆記(필기) 筆答(필답) 筆體(필체) 畫筆(화필)
붓 필	(字源풀이) 손으로 붓을 쥐고(聿)있는 모습에 대나무를 덧붙인 것은 대나무로 만든 필기도구인 '붓'을 더욱 분명히 하기 위함이었다. '붓'의 뜻이다. ☞ 聿(붓 율)이 본자이며 갑골시대에 함께 쓰인 자형 ※은·상시대(갑골시대)에도 필기구가 칼(刀)과 붓(筆)임을 알 수 있다						

한자 쓰기

板 木, 총8획 널 판	一 十 才 木 术 板 板 板					
敗 攵=攴, 총11획 패할 패	丨 冂 冂 目 目 貝 貝 貯 貯 敗 敗					
品 口, 총9획 물건 품	丨 冂 口 口 品 品 品 品 品					
必 心, 총5획 반드시 필	丶 丿 必 必 必					
筆 竹=竹, 총12획 붓 필	丿 亠 竺 竺 竺 竹 竺 竺 笃 筆 筆 筆					

191	갑골문	금문	소전	예서	초서	행서	
河							河川(하천) 河海(하해) 氷河(빙하) 銀河(은하)
물 하	(字源풀이) 원래 중국 북쪽의 황하(黃河)를 가리키는 고유명사였다. 굽이쳐 흐르는 물이라는 데서 '강', '물'의 뜻이 되었다. ※可(가 → 하) : 소리부호인 하(河)로 변음 ※江(참조) : 남쪽 장강(長江) 유역						

192	갑골문	금문	소전	예서	초서	행서	
寒							寒氣(한기) 寒冷(한랭) 寒食(한식) 大寒(대한)
찰 한	(字源풀이) 집 안에서 한 사람이 차디 찬 얼음 두덩이 위에 맨 발로 서 있는 모습과 풀이 사람을 감싸 보인다. 이 장면을 보면 오늘날 난방이 되지 않은 차가운 집을 연상케 한다. 여기에서 '차다'의 뜻이 나왔다. ※부수가 宀(집 면)에 있다. ☞ 舜(짚북더기 망)						

193	갑골문	금문	소전	예서	초서	행서	
害							害惡(해악) 公害(공해) 水害(수해) 利害(이해)
해할 해	(字源풀이) 집에 모여 앉은 자리에서 상대를 해칠 목적으로 어지럽게 입을 놀리는 사람은 집안을 해친다는 데서 '해치다'의 뜻이 되었다. ※丯(풀 어지럽게 날 개) ※害蟲(해충) : 사람에게 해를 끼치는 벌레. 蟲(벌레 충)						

194	갑골문	금문	소전	예서	초서	행서	
許							許可(허가) 許多(허다) 許心(허심) 特許(특허)
허락할 허	(字源풀이) 절굿공이(떡메)로 떡을 칠 때, 내려쳐 찧어도 좋다는 의사 표시로 '허락하다'의 뜻이 나왔다. ※午가 杵(절굿공이 저)의 본래자 ※許婚(허혼) : 혼인을 허락함. 婚(혼인할 혼)						

195	갑골문	금문	소전	예서	초서	행서	
湖							湖南(호남) 湖水(호수) 湖心(호심) 江湖(강호)
호수 호	(字源풀이) 흘러 들어오는 물이 입안에 고여 가득한 것처럼 입구에 들어온 많은 물을 모아둔 곳이 호수라는 데서 '호수'의 뜻이 나왔다. ※火口湖(화구호) : 화산의 분화구에 생긴 호수 ※湖月(호월) : 호수에 비친 달						

한자 쓰기

공부한 날　　月　　日

河	丶丶氵氵沪沪河河河				
氵=水=氺, 총8획 물　하					
寒	丶丷宀宀审审审寒寒寒寒寒				
宀, 총12획 찰　한					
害	丶丷宀宀宝宔害害害				
宀, 총10획 해할　해					
許	丶亠亠言言言言許許許				
言, 총11획 허락할　허					
湖	丶丶氵氵沽沽沽沽湖湖湖湖				
氵=水=氺, 총12획 호수　호					

5급　243

196	갑골문	금 문	소 전	예 서	초 서	행 서	
化	化	化	化	化	化	化	化石(화석) 化學(화학) 感化(감화) 消化(소화)
될 화	(字源풀이) 똑바로 선 사람과 머리가 반대로 뒤집힌 사람 모습이다. 그러나 곡예나 마술 따위를 부리고 있는 한 사람의 변화된 모습으로 '변화하다', '변화되다', '되다'의 뜻이 나왔다. ※化(x), 化(o) ☞ 化의 본자는 匕(될 화). ※匕(비수 비)						
197	갑골문	금 문	소 전	예 서	초 서	행 서	患部(환부) 患者(환자) 病患(병환) 宿患(숙환) 重患者 (중환자)
患		患	患	患	患	患	
근심 환	(字源풀이) 꼬챙이로 심장을 찌르면 가슴을 도려내는 것처럼 아파 괴로움과 근심으로 가득하다는 데서 '아프다', '근심'의 뜻이 나왔다. ※患難(환난) : 근심과 재난 ※串(꿸 천), 忠(충성 충), 難(어려울 난)						
198	갑골문	금 문	소 전	예 서	초 서	행 서	效果(효과) 效用(효용) 失效(실효) 藥效(약효)
效	效	效	效	效	效	效	
본받을 효	(字源풀이) 다리를 묶고(爻) 회초리로 때리고(攴) 있는 모습이다. 착한 행실을 본받도록 가르치는 데서 '본받다'의 뜻이 나왔다. ※効는 效의 약자 ※效力(효력) : 보람						
199	갑골문	금 문	소 전	예 서	초 서	행 서	凶家(흉가) 凶年(흉년) 凶惡(흉악) 吉凶(길흉)
凶	凶	凶	凶	凶	凶	凶	
흉할 흉	(字源풀이) 땅이 움푹 파인 함정 속에 뾰족한 죽창이나 가시가 흉하게 꽂혀있어, 주위 환경이 매우 불길한 느낌을 주고 있다. 여기에서 길하지 못하고 흉하다는 데서 '흉하다'의 뜻이 나왔다. ☞ 兇=凶 (갑골문 통용)						
200	갑골문	금 문	소 전	예 서	초 서	행 서	黑馬(흑마) 黑白(흑백) 黑字(흑자) 黑炭(흑탄)
黑	黑	黑	黑	黑	黑	黑	
검을 흑	(字源풀이) 갑골, 금문을 보면 분명히 얼굴과 몸에 검은 점이나 선으로 문신한 무당 모습이다(샤먼). 굴뚝에서 연기 나오는 모습과는 거리가 있어 보인다. 오늘날 무당이 춤출 때 이러한 모습으로 의식을 거행하는데, 여기에서 '검다'는 뜻이 나왔다.						

한자 쓰기

化	ノ イ 化 化
匕, 총4획 될 **화**	
患	、 ハ ロ ロ 吕 吕 串 串 患 患 患
心, 총11획 근심 **환**	
效	、 亠 亠 六 亥 亥 交 效 効 效
攵=攴, 총10획 본받을 **효**	
凶	ノ メ 凶 凶
凵, 총4획 흉할 **흉**	
黑	ヽ 冂 冂 冋 网 四 四 里 里 黑 黑 黑
黑, 총12획 검을 **흑**	

배정한자 200字 【정답 : 배정한자 참고】

加		關	
價		廣	
可		橋	
改		具	
客		救	
去		舊	
擧		局	
件		貴	
建		規	
健		給	
格		基	
見		期	
決		技	
結		己	
景		汽	
敬		吉	
輕		念	
競		能	
固		團	
告		壇	
考		談	
曲		當	
課		德	
過		到	
觀		島	

배정한자 200字 【정답 : 배정한자 참고】

都		法	
獨		變	
落		兵	
朗		福	
冷		奉	
量		比	
良		費	
旅		鼻	
歷		氷	
練		仕	
令		士	
領		史	
勞		寫	
料		思	
流		査	
類		産	
陸		賞	
馬		商	
末		相	
亡		序	
望		仙	
買		善	
賣		選	
無		船	
倍		鮮	

배정한자 200字 【정답 : 배정한자 참고】

說		要	
性		浴	
洗		友	
歲		牛	
束		雨	
首		雲	
宿		雄	
順		元	
示		院	
識		原	
臣		願	
實		位	
兒		偉	
惡		以	
案		耳	
約		因	
養		任	
漁		再	
魚		材	
億		財	
熱		災	
葉		爭	
屋		貯	
完		的	
曜		赤	

배정한자 200字 【정답 : 배정한자 참고】

傳		最	
典		祝	
展		充	
切		致	
節		則	
店		他	
停		打	
情		卓	
調		炭	
操		宅	
卒		板	
種		敗	
終		品	
罪		必	
週		筆	
州		河	
止		寒	
知		害	
質		許	
着		湖	
參		化	
唱		患	
責		效	
鐵		凶	
初		黑	

5 級 (한자 쓰기) — 1
배정한자 200字 【정답 : 배정한자 참고】

더할 가		관계할 관	
값 가		넓을 광	
옳을 가		다리 교	
고칠 개		갖출 구	
손 객		구원할 구	
갈 거		예 구	
들 거		판 국	
물건 건		귀할 귀	
세울 건		법 규	
굳셀 건		줄 급	
격식 격		터 기	
볼 견		기약할 기	
결단할 결		재주 기	
맺을 결		몸 기	
볕 경		물끓는김 기	
공경 경		길할 길	
가벼울 경		생각 념	
다툴 경		능할 능	
굳을 고		둥글 단	
고할 고		단 단	
생각할 고		말씀 담	
굽을 곡		마땅 당	
공부할 과		큰 덕	
지날 과		이를 도	
볼 관		섬 도	

배정한자 200字【정답 : 배정한자 참고】

도읍 도		법 법	
홀로 독		변할 변	
떨어질 락		병사 병	
밝을 랑		복 복	
찰 랭		받들 봉	
헤아릴 량		견줄 비	
어질 량		쓸 비	
나그네 려		코 비	
지날 력		얼음 빙	
익힐 련		섬길 사	
명령할 령		선비 사	
거느릴 령		사기 사	
일할 로		베낄 사	
헤아릴 료		생각 사	
흐를 류		조사할 사	
무리 류		낳을 산	
뭍 륙		상줄 상	
말 마		장사 상	
끝 말		서로 상	
망할 망		차례 서	
바랄 망		신선 선	
살 매		착할 선	
팔 매		가릴 선	
없을 무		배 선	
곱 배		고울 선	

배정한자 200字 【정답 : 배정한자 참고】

말씀	설		요긴할	요	
성품	성		목욕할	욕	
씻을	세		벗	우	
해	세		소	우	
묶을	속		비	우	
머리	수		구름	운	
잘	숙		수컷	웅	
순할	순		으뜸	원	
보일	시		집	원	
알	식		언덕	원	
신하	신		원할	원	
열매	실		자리	위	
아이	아		클	위	
악할	악		써	이	
책상	안		귀	이	
맺을	약		인할	인	
기를	양		맡길	임	
고기잡을	어		두	재	
물고기	어		재목	재	
억(數字)	억		재물	재	
더울	열		재앙	재	
잎	엽		다툴	쟁	
집	옥		쌓을	저	
완전할	완		과녁	적	
빛날	요		붉을	적	

5 級 (한자 쓰기) — 4

배정한자 200字【정답 : 배정한자 참고】

전할 전		가장 최	
법 전		빌 축	
펼 전		채울 충	
끊을 절		이를 치	
마디 절		법칙 칙	
가게 점		다를 타	
머무를 정		칠 타	
뜻 정		높을 탁	
고를 조		숯 탄	
잡을 조		집 택	
마칠 졸		널 판	
씨 종		패할 패	
마칠 종		물건 품	
허물 죄		반드시 필	
주일 주		붓 필	
고을 주		물 하	
그칠 지		찰 한	
알 지		해할 해	
바탕 질		허락할 허	
붙을 착		호수 호	
참여할 참		될 화	
부를 창		근심 환	
꾸짖을 책		본받을 효	
쇠 철		흉할 흉	
처음 초		검을 흑	

동의어(유의결합어)

歌 – 曲 (가곡)	文 – 章 (문장)	約 – 束 (약속)
家 – 室 (가실)	物 – 件 (물건)	言 – 語 (언어)
歌 – 樂 (가악)	法 – 式 (법식)	永 – 遠 (영원)
家 – 屋 (가옥)	法 – 典 (법전)	英 – 特 (영특)
歌 – 唱 (가창)	法 – 則 (법칙)	完 – 全 (완전)
家 – 宅 (가택)	變 – 化 (변화)	偉 – 大 (위대)
強 – 健 (강건)	兵 – 士 (병사)	衣 – 服 (의복)
擧 – 動 (거동)	兵 – 卒 (병졸)	意 – 思 (의사)
格 – 式 (격식)	奉 – 仕 (봉사)	戰 – 爭 (전쟁)
結 – 束 (결속)	費 – 用 (비용)	停 – 止 (정지)
結 – 約 (결약)	思 – 考 (사고)	正 – 直 (정직)
計 – 算 (계산)	思 – 念 (사념)	調 – 和 (조화)
計 – 數 (계수)	算 – 數 (산수)	終 – 末 (종말)
京 – 都 (경도)	生 – 産 (생산)	終 – 止 (종지)
競 – 爭 (경쟁)	生 – 出 (생출)	知 – 識 (지식)
過 – 去 (과거)	生 – 活 (생활)	質 – 問 (질문)
過 – 失 (과실)	善 – 良 (선량)	土 – 地 (토지)
觀 – 見 (관견)	選 – 別 (선별)	河 – 川 (하천)
告 – 白 (고백)	說 – 話 (설화)	河 – 海 (하해)
告 – 示 (고시)	世 – 界 (세계)	學 – 習 (학습)
敎 – 訓 (교훈)	世 – 代 (세대)	寒 – 冷 (한랭)
規 – 則 (규칙)	樹 – 林 (수림)	海 – 洋 (해양)
根 – 本 (근본)	樹 – 木 (수목)	行 – 動 (행동)
技 – 術 (기술)	習 – 練 (습련)	幸 – 福 (행복)
年 – 歲 (연세)	時 – 期 (시기)	許 – 可 (허가)
談 – 話 (담화)	始 – 初 (시초)	形 – 式 (형식)
道 – 路 (도로)	式 – 典 (식전)	話 – 說 (화설)
到 – 着 (도착)	身 – 體 (신체)	話 – 言 (화언)
圖 – 畫 (도화)	實 – 果 (실과)	和 – 平 (화평)
明 – 朗 (명랑)	失 – 敗 (실패)	會 – 社 (회사)
陸 – 地 (육지)	心 – 情 (심정)	會 – 集 (회집)
命 – 令 (명령)	兒 – 童 (아동)	凶 – 惡 (흉악)
文 – 書 (문서)	安 – 全 (안전)	

반대어(反對語), 상대어(相對語)

江 ↔ 山 (강산)	山 ↔ 河 (산하)	晝 ↔ 夜 (주야)
强 ↔ 弱 (강약)	上 ↔ 下 (상하)	中 ↔ 外 (중외)
去 ↔ 來 (거래)	生 ↔ 死 (생사)	着 ↔ 發 (착발)
輕 ↔ 重 (경중)	善 ↔ 惡 (선악)	天 ↔ 地 (천지)
苦 ↔ 樂 (고락)	先 ↔ 後 (선후)	初 ↔ 終 (초종)
曲 ↔ 直 (곡직)	成 ↔ 敗 (성패)	春 ↔ 秋 (춘추)
功 ↔ 過 (공과)	水 ↔ 陸 (수륙)	出 ↔ 入 (출입)
敎 ↔ 學 (교학)	手 ↔ 足 (수족)	學 ↔ 問 (학문)
根 ↔ 源 (근원)	水 ↔ 火 (수화)	海 ↔ 空 (해공)
吉 ↔ 凶 (길흉)	勝 ↔ 敗 (승패)	海 ↔ 陸 (해륙)
男 ↔ 女 (남녀)	始 ↔ 末 (시말)	兄 ↔ 弟 (형제)
南 ↔ 北 (남북)	始 ↔ 終 (시종)	和 ↔ 戰 (화전)
內 ↔ 外 (내외)	新 ↔ 舊 (신구)	後 ↔ 先 (후선)
多 ↔ 少 (다소)	心 ↔ 身 (심신)	訓 ↔ 學 (훈학)
當 ↔ 落 (당락)	愛 ↔ 惡 (애오)	凶 ↔ 吉 (흉길)
大 ↔ 小 (대소)	言 ↔ 文 (언문)	黑 ↔ 白 (흑백)
東 ↔ 西 (동서)	言 ↔ 行 (언행)	
動 ↔ 止 (동지)	熱 ↔ 冷 (열랭)	
冬 ↔ 夏 (동하)	溫 ↔ 冷 (온랭)	
勞 ↔ 使 (노사)	遠 ↔ 近 (원근)	
老 ↔ 少 (노소)	有 ↔ 無 (유무)	
陸 ↔ 海 (육해)	音 ↔ 訓 (음훈)	
利 ↔ 害 (이해)	因 ↔ 果 (인과)	
賣 ↔ 買 (매매)	日 ↔ 月 (일월)	
問 ↔ 答 (문답)	自 ↔ 他 (자타)	
物 ↔ 心 (물심)	昨 ↔ 今 (작금)	
發 ↔ 着 (발착)	長 ↔ 短 (장단)	
本 ↔ 末 (본말)	戰 ↔ 和 (전화)	
北 ↔ 南 (북남)	前 ↔ 後 (전후)	
氷 ↔ 炭 (빙탄)	朝 ↔ 夕 (조석)	
士 ↔ 民 (사민)	祖 ↔ 孫 (조손)	
死 ↔ 活 (사활)	左 ↔ 右 (좌우)	
山 ↔ 川 (산천)	主 ↔ 客 (주객)	

약자(略字)

정자	약자	훈음		정자	약자	훈음		정자	약자	훈음	
價	価	값	가	樂	楽	즐길	락	醫	医	의원	의
擧	挙	들	거	來	来	올	래	者	者	놈	자
輕	軽	가벼울	경	練	練	익힐	련	爭	争	다툴	쟁
觀	覌观観	볼	관	禮	礼	예도	례	戰	战戦	싸움	전
關	関	관계할	관	勞	労	일할	로	傳	伝	전할	전
廣	広	넓을	광	萬	万	일만	만	節	節	마디	절
敎	教	가르칠	교	賣	売	팔	매	定	空	정할	정
區	区	구분할	구	發	発	필	발	卒	卆	마칠	졸
舊	旧	예	구	變	変	변할	변	晝	昼	낮	주
國	国	나라	국	寫	写写寫	베낄	사	質	貭	바탕	질
氣	気	기운	기	船	舩	배	선	參	参	참여할	참
內	内	안	내	歲	岁歲	해	세	鐵	鉄	쇠	철
團	団	둥글	단	數	数	셈	수	體	体	몸	체
當	当	마땅	당	實	実	열매	실	學	学	배울	학
對	対	대할	대	兒	児	아이	아	號	号	이름	호
德	徳	큰	덕	惡	悪	악할	악	畫	画	그림	화
圖	図	그림	도	藥	薬	약	약	會	会	모일	회
獨	独	홀로	독	溫	温	따뜻할	온	效	効	본받을	효
讀	読	읽을	독	遠	遠	멀	원	黑	黒	검을	흑

사자성어(四字成語)

家家門前(**가가문전**) : 집집마다의 문 앞.

家給人足(**가급인족**) : 집집마다 먹고 사는 것에 부족함이 없이 넉넉함.

可東可西(**가동가서**) : 동쪽도 좋고 서쪽도 좋다. <이러나저러나 상관없다>

家書萬金(**가서만금**) : 집에서 온 반갑고 소중한 편지를 이르는 말.

家庭敎育(**가정교육**) : 가정에서 일상생활을 통하여 어른이 자녀들에게 주는 가르침.

各人各色(**각인각색**) : 각 사람마다 언동이나 모양새 등이 모두 다름.

各自圖生(**각자도생**) : 제각기 살아 나갈 방안을 꾀함.

擧一反三(**거일반삼**) : 한 가지를 들어서 세 가지를 돌이켜 앎.

格物致知(**격물치지**) : 사물을 철저히 연구하여 그 이치를 잘 알게 됨.

見物生心(**견물생심**) : 물건을 보면 갖고 싶은 마음이 생김.

敬老孝親(**경로효친**) : 노인을 공경하고 어버이에게 효도하는 것.

敬天愛人(**경천애인**) : 하늘을 공경하고 사람을 사랑함.

公明正大(**공명정대**) : 어떠한 일이나 행동에 사사로움이 없이 공명하고 매우 정대함.

空山明月(**공산명월**) : 사람이 없는 빈산에 외로이 비치는 밝은 달.

共生共死(**공생공사**) : 함께 살고 함께 죽음. <삶과 죽음을 같이 함>

公序良俗(**공서양속**) : 공공의 질서와 선량한 풍속.

過門不入(**과문불입**) : 아는 사람의 문 앞을 지나면서도 들어가지 않음.

過失致死(**과실치사**) : 과실 행위로 말미암아 사람을 죽게 함. <실수로 죽게 함>

交友以信(**교우이신**) : 벗을 사귐에 있어 믿음으로써 함.

敎學相長(**교학상장**) : 남을 가르치는 일과 배우는 일이 함께 되어야 자신의 학업이 향상된다는
　　　　　　　　　　　 의미.

區郡邑面(**구군읍면**) : 행정단위.

九死一生(**구사일생**) : 여러 차례 죽을 고비에서 헤매다가 겨우 살아남.

九十春光(**구십춘광**) : 석 달 동안의 화창한 봄 날씨. <90일>

九天直下(**구천직하**) : 하늘에서 땅으로 곧장 떨어진다는 뜻으로, 고치기 어려운 형세를 이름.

國利民福(**국리민복**) : 국가의 이익과 국민의 행복.

今時初見(**금시초견**) : 이제야 비로소 처음 봄.

今時初聞(**금시초문**) : 이제야 비로소 처음 들음.

落木寒月(**낙목한월**) : 낙엽이 지는 추운 계절.

落木寒風(**낙목한풍**) : 잎이 진 나무와 몹시 추운 바람.

落花流水(**낙화유수**) : 떨어지는 꽃과 흐르는 물. <낙화에 정이 있으면 유수 또한 정이 있어 그
　　　　　　　　　　　 것을 띄워 흐를 것이란 뜻으로 남녀가 서로 그리워하는 정이 있다는 말>

南男北女(**남남북녀**) : 남쪽 지방은 남자가 잘 나고 북쪽 지방은 여자가 곱다는 뜻.

男女有別(**남녀유별**) : 남자와 여자 사이에는 서로 지켜야 할 예의에 반드시 분별이 있음.

南船北馬(**남선북마**) : 옛날 중국의 교통수단은, 남쪽은 강이 많아 배를 이용하고, 북쪽은 산과 사막이 많은 관계로 말을 많이 탔다는 데서 '쉴 사이 없이 바쁘게 돌아다님'의 비유.

男中一色(**남중일색**) : 남자로서 얼굴이 아름다운 사람.

男兒一言 重千金(**남아일언 중천금**) : 남자의 말 한 마디는 천금의 무게를 지닌다.

老少同樂(**노소동락**) : 노인과 젊은이가 나이를 가리지 않고 함께 즐김.

能小能大(**능소능대**) : 작은 일에나 큰일에나 두루 능함.

代代孫孫(**대대손손**) : 대대로 내려오는 자손.

大明天地(**대명천지**) : 환하게 밝은 세상.

大書特筆(**대서특필**) : 특히 드러내어 큰 글자로 씀.

獨立獨行(**독립독행**) : 남에게 의지하지 않고 독자적으로 행동함.

讀書三到(**독서삼도**) : 독서의 법은 구도(口到), 안도(眼到), 심도(心到)에 있다고 보는 것.

同苦同樂(**동고동락**) : 괴로움도 즐거움도 함께 함.

東問西答(**동문서답**) : 동쪽을 물으니 서쪽으로 대답함. <엉뚱한 대답=問東答西>

東西古今(**동서고금**) : 동양과 서양, 옛날이나 지금.

東西南北(**동서남북**) : 동쪽.서쪽.남쪽.북쪽. 곧 사방을 말함.

同姓同名(**동성동명**) : 같은 성에 이름도 같음.

同姓同本(**동성동본**) : 성과 본관이 모두 같음.

頭寒足熱(**두한족열**) : 머리는 차게 두고 발은 덥게 하는 일.

馬耳東風(**마이동풍**) : 남의 말을 조금도 귀담아 듣지 않고 흘려버림을 말함.

萬古江山(**만고강산**) : 오랜 역사를 통하여 변함이 없는 산천.

萬古不變(**만고불변**) : 오랜 세월을 두고 길이 없어지지 않음.

萬古千秋(**만고천추**) : 천만년의 기나긴 세월. <영원한 세월>

萬里同風(**만리동풍**) : 하늘과 땅 사이 이르는 곳마다 같은 바람이 분다는 뜻으로, 천하가 통일되어 태평한 것의 비유.

萬里長天(**만리장천**) : 끝없이 높고 먼 하늘. <한없이 잇닿은 하늘>

萬不成說(**만불성설**) : 말이 전혀 사리에 맞지 않음. 語不成說(어불성설).

萬不失一(**만불실일**) : 조금도 과실이 없음. <조금도 틀림이 없음>

明明白白(**명명백백**) : 매우 명백함.

木人石心(**목인석심**) : 나무로 만든 사람에 돌 같은 마음. <의지가 매우 굳음>

無法天地(**무법천지**) : 법이 없는 것과 같은 세상. <주먹 세상>

無不通知(**무불통지**) : 환히 통하여 모르는 것이 없음.

無事通過(**무사통과**) : 아무 탈 없이 지나감.

無所不知(**무소부지**) : 죄다 안다는 뜻으로, 모르는 것이 없음.

無一不成(**무일불성**) : 이루지 못할 일이 하나도 없음. <안 되는 일이 없음>

聞一知十(**문일지십**) : 하나를 듣고 열 가지를 미루어 앎.

門前成市(**문전성시**) : 어떤 집 문 앞이 방문객이 많아 시장을 이루다시피 한다는 말.

物各有主(**물각유주**) : 물건에는 제각기 그 주인이 있는 법.

物外閒人(**물외한인**) : 세상 물정에 관여하지 않고 한가롭게 지내려는 사람을 이르는 말.

美男美女(**미남미녀**) : 얼굴이 썩 잘 생긴 남자와 썩 아름다운 여자. <착한 남자와 착한 여자>

百年大計(**백년대계**) : 먼 훗날까지 내다보고 세우는 큰 계획.

百年河淸(**백년하청**) : 아무리 오래 되어도 사물이 이루어지기 어려움을 이르는 말.

白面書生(**백면서생**) : 오로지 글만 읽어서 세상 물정에 어두운 사람을 이름.

百發百中(**백발백중**) : 백발을 정확히 백번 가운데 명중시킴. <하는 일마다 잘 됨>

白衣民族(**백의민족**) : 옛날부터 흰 옷을 숭상하여 즐겨 입은 데서 '한민족'을 이름.

百戰百勝(**백전백승**) : 백번 싸워 백번 이김. <싸움마다 이김>

父子有親(**부자유친**) : 아버지와 아들 사이에는 친애함이 있어야 한다.《오륜의 하나》

父傳子傳(**부전자전**) : 대대로 아버지가 아들에게 전함.

北窓三友(**북창삼우**) : 거문고와 술과 詩(시)를 아울러 이르는 말.

不老長生(**불로장생**) : 언제까지나 늙지 않고 오래 삶.

不立文字(**불립문자**) : 도를 깨달음은 문자나 말로 하는 것이 아니라 마음에서 마음으로 전하는
　　　　　　　　　　　　　것이다. 以心傳心(이심전심).

不問可知(**불문가지**) : 묻지 아니하여도 가히 알 수 있음.

不問曲直(**불문곡직**) : 일의 옳고 그름을 묻지 아니함.

不要不急(**불요불급**) : 필요하지도 않고 급하지도 않음.

不遠千里(**불원천리**) : 천리 길도 멀다 여기지 않음.

不學無識(**불학무식**) : 배우지 못하여 아는 것이 없음.

四苦八苦(**사고팔고**) : 온갖 쓰라린 심한 고통.

士農工商(**사농공상**) : 선비 · 농부 · 공장 · 상인의 네 가지 계급.

事半功倍(**사반공배**) : 들인 공은 적어도 이루어진 공이 많음.

四方八方(**사방팔방**) : 여기저기. <모든 방면>

死生有命(**사생유명**) : 죽고 사는 것은 모두 하늘에 달려있음.

事事件件(**사사건건**) : 모든 일. <하는 일마다>

四時長靑(**사시장청**) : 소나무처럼 사계절 늘 푸름.

事實無根(**사실무근**) : 근거 없는 헛소문.

事親以孝(**사친이효**) : 어버이 섬기기를 효로써 하여야 한다는 말.《원광법사 5계율 中》

四海兄弟(**사해형제**) : 온 세상 사람이 모두 형제와 같음.

山林綠化(**산림녹화**) : 황폐한 산에 식목 · 산림 보호 등을 하여 초목이 무성하게 하는 일.

山戰水戰(**산전수전**) : 산에서 싸웠고 물에서 싸웠다는 뜻으로, 세상의 온갖 고초를 겪음.

山川草木(**산천초목**) : 산천과 초목, 곧 산과 물과 나무와 풀이라는 뜻으로, '자연'을 이름.

三三五五(**삼삼오오**) : 이삼 인 또는 사오 인씩 흩어져 있음.

三位一體(**삼위일체**) : 기독교에서 성부·성자·성신을 동일한 신격으로 여기는 교의.

三日天下(**삼일천하**) : 짧은 기간 동안 권력을 잡았다가 이내 밀려 나가게 되는 일.

三寒四溫(**삼한사온**) : 사흘 동안 춥고 나흘 동안 따뜻한 현상을 되풀이하는 것.

生老病死(**생로병사**) : 나고, 늙고, 병들고, 죽고 하는 일. <일평생 받아야 하는 고통>

生面不知(**생면부지**) : 서로 한 번도 만나 본 일이 없어서 전연 알지 못하는 사람.

先見之明(**선견지명**) : 닥쳐올 일을 미리 짐작하는 밝은 판단력. <미리 아는 지혜>

善男善女(**선남선녀**) : 善男子善女人(선남자선녀인). <착하고 순결한 남자와 여자>

先禮後學(**선례후학**) : 예의를 먼저 배우고 나중에 학문을 배우라는 말. <예의가 첫째>

世上萬事(**세상만사**) : 세상에서 일어나는 모든 일.

歲寒三友(**세한삼우**) : 추위에 잘 견디어내는 겨울철 관상용의 세 가지 나무. 곧, 소나무, 대나무, 매화나무. 松竹梅(송죽매).

身老心不老(**신로심불로**) : 몸은 늙어도 마음은 늙지 않음. 곧, 젊었다는 뜻.

身土不二(**신토불이**) : 몸과 흙은 본디 하나다. 즉, 우리 땅에서 나는 농산물이 우리 체질에 잘 맞는다는 말.

十年知己(**십년지기**) : 오래 전부터 사귀어 온 절친한 친구.

十中八九(**십중팔구**) : 열에 여덟이나 아홉. <거의 예외 없이 그렇게 될 것이란 뜻>

惡事千里(**악사천리**) : 악한 일은 소문이 세상에 널리 퍼진다는 말.

惡衣惡食(**악의악식**) : 나쁜 옷과 맛없는 음식. <변변치 않은 의식(衣食)>

惡因惡果(**악인악과**) : 나쁜 일을 하면 반드시 나쁜 결과가 따라온다는 말.

安分知足(**안분지족**) : 자기 분수를 지키며 만족 할 줄을 앎.

安心立命(**안심입명**) : 하늘의 명을 깨닫고 생사·이해를 초월하여 마음의 평안을 얻음.

愛親敬長(**애친경장**) : 부모를 사랑하고 어른을 공경 함.

良工苦心(**양공고심**) : 재주가 능한 사람의 가슴속에는 항상 고심이 가득함.

良藥苦口(**양약고구**) : 좋은 약은 입에 쓰다.

語不近理(**어불근리**) : 말이 조금도 이치에 맞지 않음. 어불성설.

語不成說(**어불성설**) : 말이 조금도 조리에 닿지 않음. 어불근리.

言行一致(**언행일치**) : 하는 말과 행동이 늘 같음.

年年世世(**연년세세**) : '매년'을 강조하는 말. 세세연년(世世年年).

五風十雨(**오풍십우**) : 닷새에 한 번씩 바람이 불고 열흘 만에 한 번씩 비가 온다는 뜻으로 기후가 순조롭고 풍년이 들어 천하가 태평한 모양을 이르는 말.

樂山樂水(**요산요수**) : 知者樂水 仁者樂山(지자요수 인자요산)의 **준말**로 지혜로운 사람은 물을 좋아하고, 어진 사람은 산을 좋아한다는 뜻으로 산수의 경치를 좋아함.

月下老人(**월하노인**) : 달빛 아래 있는 노인. <부부의 인연을 맺어주는 신이나 사람>

有口無言(**유구무언**) : 입은 있으나 할 말은 없다는 뜻으로, 변명할 말이 없음.

有口不言(**유구불언**) : 입은 있으나 말이 없다는 뜻으로, 변명할 말이 있어도 못함을 이름.

有名無實(**유명무실**) : 이름만 있고 실상은 없음. <겉치레보다는 실속이 있어야 함을 비유>

有事以來(**유사이래**) : 인류의 역사가 생긴 뒤 이제껏.

耳目口鼻(**이목구비**) : 귀, 눈, 입, 코를 통틀어 이르는 말.

以小事大(**이소사대**) : 작은 것으로써 큰 것을 섬김. 곧, 작은 나라가 큰 나라를 섬기는 일.

以實直告(**이실직고**) : 사실 있는 그대로 바르게 고함.

以心傳心(**이심전심**) : 마음에서 마음으로 전함. <텔레파시>

人命在天(**인명재천**) : 사람의 목숨은 하늘에 매어 있음.

人事不省(**인사불성**) : 사람으로서 지켜야 할 예절을 차릴 줄을 모름. <정신을 잃은 상태>

人山人海(**인산인해**) : 사람들이 헤아릴 수 없이 많이 모인 상태를 비유한 말.

一口二言(**일구이언**) : 한 입으로 두 가지 말을 함. 곧, 말을 이랬다저랬다 함.

一心同體(**일심동체**) : 한 마음 한 몸. <여러 사람이 뜻이나 행동을 함께함>

一葉落知天下秋(**일엽낙지천하추**) : 오동잎 하나가 떨어지는 것으로 가을을 앎. 즉, 사물의 일면을 보고 대세를 미루어 짐작함.

一日三秋(**일일삼추**) : 하루가 3년 같다는 뜻으로, 몹시 애태우며 기다림의 비유.

一字無識(**일자무식**) : 한 글자도 알지 못함. <아무것도 모름>

一字千金(**일자천금**) : 한 글자가 천금의 값어치가 있음. <지극히 빼어난 글자나 시문을 말함>

一長一短(**일장일단**) : 한 장점과 한 단점. <장점도 있고 단점도 있음>

一朝一夕(**일조일석**) : 하루아침이나 하루저녁. <짧은 시간을 말함>

自古以來(**자고이래**) : 예로부터 내려오면서. 自(부터 **자**).

自給自足(**자급자족**) : 자기 것만으로, 넉넉하게 자기의 소요에 충당함.

自問自答(**자문자답**) : 스스로 묻고 스스로 대답함.

子孫萬代(**자손만대**) : 자손의 여러 대. 子子孫孫(자자손손).

自手成家(**자수성가**) : 물려받은 재산이 없는 사람이 자기의 노력으로 한 살림을 이룩함.

自業自得(**자업자득**) : 자기가 저지른 일의 업을 자기가 받는다는 말.

子子孫孫(**자자손손**) : 자손의 여러 대.

作心三日(**작심삼일**) : 먹은 마음이 사흘을 못 감. <결심이 굳지 못한 사람을 말함>

電光石火(**전광석화**) : 번개나 부싯돌의 불이 번쩍이는 것처럼 '몹시 짧은 시간'이나 '매우 빠른 동작'의 비유.

前無後無(**전무후무**) : 이전에도 없었고 그 후에도 없음.

前後左右(**전후좌우**) : 앞쪽과 뒤쪽과 왼쪽과 오른쪽. 곧, 四方(사방).

正正堂堂(**정정당당**) : 정당하고 떳떳함.

朝聞夕死(**조문석사**) : 아침에 진리를 깨달았으면 그날 저녁에 죽어도 한이 없다는 뜻. <짧은 인생이라도 값있게 살아야 한다는 말>

朝變夕改(**조변석개**) : 아침저녁으로 뜯어 고친다는 뜻으로, 계획, 따위를 이랬다저랬다 함. <모든 일을 결정함에는 신중해야한다는 말>

晝夜長川(**주야장천**) : 밤낮으로 쉬지 않고 잇따라서. <언제나 늘>

知者樂水(**지자요수**) : 지자는 사리에 통달하여 막힘이 없는 것이 마치 물이 자유자재로 흐르는 것과 비슷하므로 늘 물과 친숙하여 물을 즐긴다는 말.《논어》

知行合一(**지행합일**) : 지식과 행위가 일치함. 知行一致(지행일치).

千客萬來(**천객만래**) : 많은 손이 계속 찾아옴.

千軍萬馬(**천군만마**) : 아주 썩 많은 수효의 병마.

千萬多幸(**천만다행**) : 매우 다행함.

千變萬化(**천변만화**) : 무궁하게 변화함. <심한 변화>

天災地變(**천재지변**) : 지진·홍수·태풍 따위의 자연의 재앙. <천재와 지변>

天下一色(**천하일색**) : 세상에 하나뿐인 미모. <아름다운 미인>

天下一品(**천하일품**) : 이 세상에 오직 하나밖에 없는 것.

天下絶色(**천하절색**) : 세상에 끊어진 미모. <아름다운 미인>

天下第一(**천하제일**) : 세상에서 견줄 만한 것이 없음. <세상에서의 으뜸>

千幸萬福(**천행만복**) : 대단히 행복함.

靑山流水(**청산유수**) : 푸른 산과 흐르는 물. <말을 막힘없이 대단히 잘함의 비유>

靑天白日(**청천백일**) : 푸른 하늘의 밝은 태양이라는 말로, 누구나 다 볼 수 있도록 공개된 상황이나 일을 뜻함.

淸風明月(**청풍명월**) : 맑은 바람과 밝은 달의 뜻으로, 결백하고 온건한 성격을 이름.

草綠同色(**초록동색**) : 서로 같은 처지나 동류의 사람들끼리 함께 행동함을 이름.

秋風落葉(**추풍낙엽**) : 가을바람에 우수수 떨어지는 나뭇잎. <있던 세력이 갑자기 기울어짐>

春夏秋冬(**춘하추동**) : 봄, 여름, 가을, 겨울의 4계절.

特別活動(**특별활동**) : 교과활동 이외의 특별한 목적을 위한 교육활동.

八方美人(**팔방미인**) : 어느 모로 보나 아름다운 미인. <온갖 방면의 일에 두루 능통한 사람을 가리킬 때 쓰는 말>

敗家亡身(**패가망신**) : 집안의 재산을 탕진하고 몸을 망침.

風月主人(**풍월주인**) : 맑은 바람과 밝은 달. <자연을 즐기는 사람을 이름>

行動擧止(**행동거지**) : 몸을 움직이어 하는 모든 짓.

行旅病者(**행려병자**) : 나그네의 신세로 병이 들어 치료·구호할 이가 없는 사람.

行雲流水(**행운유수**) : 떠가는 구름과 흐르는 물이라는 뜻으로, 일을 거침없이 처리하거나 마음씨가 시원시원하고 씩씩하거나 일정한 형체가 없이 항상 변함을 비유.

向方不知(**향방부지**) : 어디가 어디인지 방향을 전혀 분간하지 못함.

形形色色(**형형색색**) : 형상과 종류 따위가 서로 다른 가지가지. <가지각색>

花朝月夕(**화조월석**) : 꽃피는 아침과 달뜨는 저녁이란 뜻으로 '경치가 좋은 시절'을 이름.

黃口書生(**황구서생**) : 어리고 젖내 나는 선비라는 뜻으로, 젊은 서생을 가볍게 낮잡아 이를 때 쓰는 말.

黃口小兒(**황구소아**) : 누런 부리를 가진 새 새끼 같은 어린아이란 뜻으로 철없이 미숙한 사람을 낮잡아 이를 때 쓰는 말.

8級 배정한자 50字

한자	훈음 / 부수	한자	훈음 / 부수
教	가르칠 교 / 칠 복(攵=攴)방부	先	먼저 선 / 어진 사람 인(儿)발부
校	학교 교 / 나무 목(木)변부	小	작을 소 / 작을 소(小)부
九	아홉 구 / 새 을(乙=乚)부	水	물 수 / 물 수(水=氵=氺)부
國	나라 국 / 에울 위(囗)몸부	室	집 실 / 방 실 / 집 면(宀)머리부
軍	군사 군 / 수레 거(車)발부	十	열 십 / 열 십(十)부
金	쇠 금 / 성(姓) 김 / 쇠 금(金)부	五	다섯 오 / 두 이(二)부
南	남녘 남 / 열 십(十)머리부	王	임금 왕 / 구슬 옥(王=玊=玉)부
女	계집 녀 / 계집 녀(女)부	外	바깥 외 / 저녁 석(夕)변부
年	해 년 / 방패 간(干)부	月	달 월 / 달 월(月)부
大	큰 대 / 큰 대(大)부	二	두 이 / 두 이(二)부
東	동녘 동 / 나무 목(木)부	人	사람 인 / 사람 인(人=亻)부
六	여섯 륙 / 여덟 팔(八= =八)발부	一	한 일 / 한 일(一)부
萬	일만 만 / 풀 초(艹=艸)머리부	日	날 일 / 해 일 / 해 일(日)부 / 날 일부
母	어미 모 / 말 무(毋)부	長	긴 장 / 어른 장 / 긴 장(長)부
木	나무 목 / 나무 목(木)부	弟	아우 제 / 활 궁(弓)부
門	문 문 / 문 문(門)부	中	가운데 중 / 뚫을 곤(丨)부
民	백성(百姓) 민 / 성씨 씨(氏)부 / 각시 씨(氏)부	青	푸를 청 / 푸를 청(靑)부
白	흰 백 / 흰 백(白)부	寸	마디 촌 / 마디 촌(寸)부
父	아비 부 / 아비 부(父)부	七	일곱 칠 / 한 일(一)부
北	북녘 북 / 달아날 배 / 비수 비(匕)방부	土	흙 토 / 흙 토(土)부
四	넉 사 / 에울 위(囗)몸부	八	여덟 팔 / 여덟 팔(八=八=)부
山	메 산 / 메 산(山)부	學	배울 학 / 아들 자(子)발부
三	석 삼 / 한 일(一)부	韓	한국 한 / 나라 한 / 다룸가죽 위(韋)방부
生	날 생 / 날 생(生)부	兄	형 형 / 어진 사람 인(儿)발부
西	서녘 서 / 덮을 아(西=覀=襾)부	火	불 화 / 불 화(火=灬)부

7級 배정한자 100字

한자	훈음 / 부수	한자	훈음 / 부수
家	집 가 / 집 면(宀)머리부	林	수풀(forest) 림 / 나무 목(木)부
歌	노래 가 / 하품 흠(欠)방부	立	설 립 / 설 립(立)부
間	사이 간 / 문 문(門)몸부	每	매양(每樣) 매 / 말 무(毋)발부
江	강 강 / 물 수(氵=氺=水=氺)변부	面	낯 면 / 낯 면(面)부
車	수레 거 / 수레 차 / 수레 거(車)부	名	이름 명 / 입 구(口)발부
工	장인(匠人) 공 / 장인 공(工)부	命	목숨 명 / 명령할 명 / 입 구(口)부
空	빌 공 / 구멍 혈(穴=穴)머리부	問	물을 문 / 입 구(口)부
口	입 구 / 입 구(口)부	文	글월 문 / 글월 문(文)부
旗	기(旗) 기 / 모 방(方=方)변부	物	물건 물 / 소 우(牛=牛)변부
記	기록(記錄)할 기 / 말씀 언(言)변부	方	모 방 / 모 방(方=方)부
氣	기운 기 / 기운 기(气)엄부	百	일백 백 / 흰 백(白)발부
男	사내 남 / 밭 전(田)머리부	夫	지아비 부 / 큰 대(大)부
內	안 내 / 들 입(入=入)부	不	아닐 불 / 아닐 부 / 한 일(一)머리부
農	농사(農事) 농 / 별 진(辰)발부	事	일 사 / 갈고리 궐(亅)부
答	대답(對答) 답 / 대 죽(竹)머리부	算	셈 산 / 산가지 산 / 대 죽(竹)머리부
道	길 도 / 쉬엄쉬엄 갈 착(辶)받침부	上	윗 상 / 한 일(一)발부
冬	겨울 동 / 얼음 빙(冫=氷)발부	色	빛 색 / 빛 색(色)부
動	움직일 동 / 힘 력(力)방부	夕	저녁 석 / 저녁 석(夕)부
同	한가지 동 / 같을 동 / 입 구(口)부	姓	성(姓) 성 / 성씨 성 / 계집 녀(女)변부
洞	골 동 / 밝을 통 / 물 수(氵=氺=水=氺)변부	世	인간(人間) 세 / 한 일(一)부
登	오를 등 / 필 발(癶)머리부	少	적을 소 / 작을 소(小)머리부
來	올 래 / 사람 인(人=亻)부	所	바 소 / 지게 호(戶)변부
力	힘 력 / 힘 력(力)부	手	손 수 / 손 수(手=扌=才)부
老	늙을 로 / 늙을 로(耂=老)엄부	數	셈 수 / 자주 삭 / 촘촘할 촉 / 칠 복(攵=攴)방부
里	마을 리 / 마을 리(里)부	時	때 시 / 해 일(日)변부

7級 배정한자 100字

한자	훈·음 / 부수	한자	훈·음 / 부수
市	저자 시 / 수건 건(巾)발부	住	살(dwell) 주 / 사람 인(亻=人)변부
植	심을 식 / 나무 목(木)변부	重	무거울 중 / 마을 리(里)부
食	밥 식 / 먹을 식 / 밥 식(食=飠=食)부	地	따 지 / 땅 지 / 흙 토(土)변부
心	마음 심 / 마음 심(心=忄=小)부	紙	종이 지 / 실 사(糸=糸)변부
安	편안 안 / 집 면(宀)머리부	直	곧을 직 / 눈 목(目)부
語	말씀 어 / 말씀 언(言)변부	千	일천 천 / 열 십(十)발부
然	그럴 연 / 불 화(火=灬)발부 / 연화발부	天	하늘 천 / 큰 대(大)발부
午	낮 오 / 열 십(十)발부	川	내 천 / 내 천(川=巛)부
右	오를 우 / 오른 우 / 입 구(口)발부	草	풀 초 / 풀 초(艹=艸)머리부
有	있을 유 / 육(肉)달월(月=月=肉)발부	村	마을 촌 / 나무 목(木)변부
育	기를 육 / 육(肉)달월(月=月=肉)발부	秋	가을 추 / 벼 화(禾)부
邑	고을 읍 / 고을 읍(邑=阝)부	春	봄(spring) 춘 / 해 일(日)발부
入	들 입 / 들 입(入=入)부	出	날 출 / 입 벌릴 감(凵)몸부
子	아들 자 / 아들 자(子)부	便	편할 편 / 똥오줌 변 / 사람 인(亻=人)변부
字	글자 자 / 아들 자(子)발부	平	평평할 평 / 방패 간(干)부
自	스스로 자 / 스스로 자(自)부	下	아래 하 / 한 일(一)머리부
場	마당 장 / 흙 토(土)변부	夏	여름 하 / 천천히 걸을 쇠(夊)발부
全	온전 전 / 들 입 (入=入)머리부	漢	한수 한 / 한나라 한 / 물 수(氵=氺=水=氺)변부
前	앞 전 / 선칼 도(刂=刀)부	海	바다 해 / 물 수(氵=氺=水=氺)변부
電	번개 전 / 전기 전 / 비 우(雨)머리부	花	꽃 화 / 풀 초(艹=艸)머리부
正	바를 정 / 그칠 지(止)발부	話	말씀 화 / 말씀 언(言)변부
祖	할아비 조 / 보일 시(示=礻)변부	活	살 활 / 물 수(氵=氺=水=氺)변부
足	발 족 / 발 족(足=足)부	孝	효도 효 / 아들 자(子)발부
左	왼 좌 / 장인 공(工)부	後	뒤 후 / 자축거릴 척(彳)변부
主	임금 주 / 주인 주 / 점 주(丶)머리부	休	쉴 휴 / 사람 인(亻=人)변부

6級 배정한자 150字

한자	훈·음 / 부수	한자	훈·음 / 부수
各	각각 각 / 입 구(口)발부	急	급할 급 / 마음 심(心=忄=小)발부
角	뿔 각 / 뿔 각(角)부	多	많을 다 / 저녁 석(夕)부
感	느낄 감 / 마음 심(心=忄=小)발부	短	짧을 단 / 화살 시(矢)변부
強	강할 강 / 활 궁(弓)변부	堂	집 당 / 흙 토(土)발부
開	열 개 / 문 문(門)몸부	代	대신 대 / 사람 인(亻=人)변부
京	서울 경 / 돼지해(亥) 머리(亠)부	對	대할 대 / 마디 촌(寸)방부
界	지경(地境) 계 / 밭 전(田)머리부	待	기다릴 대 / 자축거릴 척(彳)변부
計	셀 계 / 말씀 언(言)변부	圖	그림 도 / 에울 위(囗)몸부
古	예 고 / 입 구(口)발부	度	법도 도 / 헤아릴 탁 / 집 엄(广)엄부 / 엄호엄부
苦	쓸 고 / 풀 초(艹=艸)머리부	讀	읽을 독 / 구절 두 / 말씀 언(言)변부
高	높을 고 / 높을 고(高)부	童	아이 동 / 설 립(立)머리부
共	한가지 공 / 함께 공 / 여덟 팔(八=八=丷)발부	頭	머리 두 / 머리 혈(頁)방부
公	공평할 공 / 공변될 공 / 여덟 팔(八=八)머리부	等	무리 등 / 대 죽(竹=竹)머리부
功	공 공 / 힘 력(力)방부	樂	즐길 락 / 풍류 악 / 좋아할 요 / 나무 목(木)발부
果	실과 과 / 나무 목(木)부	例	법식 례 / 사람 인(亻=人)변부
科	과목 과 / 벼 화(禾)변부	禮	예도 례 / 보일 시(示=礻)변부
光	빛 광 / 어진 사람 인(儿)발부	路	길 로 / 발 족(⻊=足)변부
交	사귈 교 / 돼지해(亥) 머리(亠)부	綠	푸를 록 / 실 사(糸=糸)변부
區	구분할 구 / 지경 구 / 감출 혜(匚)몸부	利	이할 리 / 날카로울 리 / 선칼 도(刂=刀)방부
球	공 구 / 구슬 옥(玊=王=玉)변부	李	오얏 리 / 성(姓) 리 / 나무 목(木)머리부
郡	고을 군 / 고을 읍(阝=邑)방부	理	다스릴 리 / 구슬 옥(玊=王=玉)변부
近	가까울 근 / 쉬엄쉬엄 갈 착(辶=辵)받침부	明	밝을 명 / 해 일(日)변부
根	뿌리 근 / 나무 목(木)변부	目	눈 목 / 눈 목(目)부
今	이제 금 / 사람 인(人=亻)머리부	聞	들을 문 / 귀 이(耳)부
級	등급 급 / 실 사(糸=糸)변부	米	쌀 미 / 쌀 미(米)부

6級 배정한자 150字

한자	훈·음	부수	한자	훈·음	부수
美	아름다울(beautiful) 미 / 양 양	양(羋=羊)머리부	速	빠를 속	쉬엄쉬엄 갈 착(辶=辵)받침부
朴	성(姓) 박	나무 목(木)변부	孫	손자 손 / 아들	자(子=孑)변부
半	반 반 / 절반 반	열 십(十)부	樹	나무 수	나무 목(木)변부
反	돌아올 반 / 돌이킬 반	또 우(又)부	術	재주 술	다닐 행(行)몸부
班	나눌 반	구슬 옥(王=王=玉)변부	習	익힐 습	깃 우(羽)머리부
發	필 발	필 발(癶)머리부	勝	이길 승	힘 력(力)부
放	놓을 방	칠 복(攵=攴)방부	始	비로소 시	계집 녀(女)변부
番	차례 번	밭 전(田)발부	式	법 식	주살 익(弋)부
別	다를 별 / 나눌 별	선칼 도(刂=刀)방부	神	귀신 신	보일 시(示=礻)변부
病	병 병	병질(病疾)엄(疒)부	信	믿을 신	사람 인(亻=人)변부
服	옷 복	달 월(月)변부	新	새 신	도끼 근(斤)방부
本	근본 본	나무 목(木)부	身	몸 신	몸 신(身)부
部	떼 부	고을 읍(阝=邑)방부	失	잃을 실	큰 대(大)부
分	나눌 분	칼 도(刀=刂)발부	愛	사랑(love) 애	마음 심(心=忄=小)부
使	하여금 사 / 부릴 사	사람 인(亻=人)변부	夜	밤 야	저녁 석(夕)부
社	모일 사	보일 시(示=礻)변부	野	들 야	마을 리(里)변부
死	죽을 사	죽을사변(歹=歺=알)부	弱	약할 약	활 궁(弓)부
書	글 서 / 책 서 / 쓸 서	가로 왈(曰)발부	藥	약 약	풀 초(艹=艸)머리부
席	자리 석	수건 건(巾)부	陽	볕 양	언덕 부(阝=阜)변부
石	돌 석	돌 석(石)부	洋	큰바다 양	물 수(氵=氺=水=氷)변부
線	줄 선	실 사(糸=糸)변부	言	말씀 언	말씀 언(言)부
雪	눈 설	비 우(雨)머리부	業	업 업	나무 목(木)부
成	이룰 성	창 과(戈)부	永	길 영	물 수(水=氵)부
省	살필 성 / 덜 생	눈 목(目)발부	英	꽃부리 영	풀 초(艹=艸)머리부
消	사라질 소	물 수(氵=氺=水=氷)변부	溫	따뜻할 온	물 수(氵=氺=水=氷)변부

6級 배정한자 150字

한자	훈·음	부수	한자	훈·음	부수
勇	날랠 용 / 힘	력(力)발부	族	겨레 족 / 모	방(方=方)변부
用	쓸 용	쓸 용(用)부	注	부을 주 / 물댈 주	물 수(氵=氺=水=氷)변부
運	옮길 운	쉬엄쉬엄 갈 착(辶=辵)받침부	晝	낮 주 / 해	일(日)부 / 날 일부
園	동산 원 / 에울	위(囗)몸부	集	모을 집 / 새	추(隹)머리부
遠	멀 원	쉬엄쉬엄 갈 착(辶=辵)받침부	窓	창 창 / 구멍	혈(穴)머리부
油	기름 유	물 수(氵=氺=水=氷)변부	淸	맑을 청	물 수(氵=氺=水=氷)변부
由	말미암을 유 / 밭	전(田)부	體	몸 체 / 뼈	골(骨)변부
銀	은 은 / 쇠	금(金)변부	親	친할 친 / 어버이 친 / 볼	견(見)방부
音	소리 음 / 소리	음(音)부	太	클 태 / 처음 태 / 클	대(大)부
飮	마실 음 / 밥	식(飠=𩙿=食)변부	通	통할 통	쉬엄쉬엄 갈 착(辶=辵)받침부
意	뜻 의 / 마음	심(心=忄=小)발부	特	특별할 특 / 소	우(牛=牛)변부
衣	옷 의 / 옷	의(衣=衤)부	表	겉 표 / 옷	의(衣=衤)부
醫	의원 의 / 닭	유(酉)발부	風	바람 풍 / 바람	풍(風)부
者	놈 자 / 사람 자 / 늙을	로(耂=老)엄부	合	합할 합 / 입	구(口)발부
作	지을 작 / 사람	인(亻=人)변부	幸	다행 행 / 방패	간(干)발부
昨	어제 작 / 해	일(日)변부 / 날 일변부	行	다닐 행 / 항렬(行列) 항 / 다닐	행(行)부
章	글 장 / 글월 장 / 설	립(立)머리부	向	향할 향 / 입	구(口)부
在	있을 재 / 흙	토(土)부	現	나타날 현 / 구슬	옥(王=玉=王)변부
才	재주 재 / 손	수(才=手)부	形	모양 형 / 터럭	삼(彡)방부
戰	싸움 전 / 창	과(戈)방부	號	이름 호 / 부를 호 / 범	호(虍)부
定	정할 정 / 집	면(宀)머리부	和	화할 화 / 화목할 화 / 입	구(口)방부
庭	뜰 정 / 집	엄(广)엄부 / 엄호엄부	畫	그림 화 / 그을 획(=劃) / 밭	전(田)부
題	제목 제 / 머리	혈(頁)부	黃	누를 황 / 누를	황(黃)부
第	차례 제 / 대	죽(竹=竹)머리부	會	모일 회 / 가로	왈(曰)발부
朝	아침 조 / 달	월(月)방부	訓	가르칠 훈 / 말씀	언(言)부

한자	훈음 / 부수	한자	훈음 / 부수	한자	훈음 / 부수	한자	훈음 / 부수
加	더할 가 / 힘 력(力)변부	關	관계할 관 / 빗장 관 / 문 문(門)몸부	都	도읍 도 / 고을 읍(阝=邑)방부	法	법 법 / 물 수(氵=氵=水=氺)변부
價	값 가 / 사람 인(亻=人)변부	廣	넓을 광 / 집 엄(广)엄부 / 엄호엄부	獨	홀로 독 / 개 견(犭=犬)변부/개사슴록변부	變	변할 변 / 말씀 언(言)부
可	옳을 가 / 입 구(口)부	橋	다리(bridge) 교 / 나무 목(木)변부	落	떨어질 락 / 풀 초(艹=艸)머리부	兵	병사 병 / 여덟 팔(丶=八=八)발부
改	고칠 개 / 칠 복(攵=攴)방부	具	갖출 구 / 여덟 팔(丶=八=八)발부	朗	밝을 랑 / 달 월(月)방부	福	복 복 / 보일 시(示=礻)변부
客	손 객 / 집 면(宀)머리부	救	구원할 구 / 칠 복(攵=攴)방부	冷	찰 랭 / 얼음 빙(冫=冫)변부	奉	받들 봉 / 큰 대(大)부
去	갈 거 / 마늘 모(厶)발부	舊	예 구 / 절구 구(臼)발부	量	헤아릴 량 / 마을 리(里)다리부	比	견줄 비 / 견줄 비(比)부
舉	들 거 / 손 수(手=扌=𠂔)발부	局	판 국 / 주검 시(尸)엄부	良	어질 량 / 괘이름 간(艮)발부	費	쓸 비 / 조개 패(貝)발부
件	물건 건 / 사람 인(亻=人)변부	貴	귀할 귀 / 조개 패(貝)발부	旅	나그네 려 / 군사 려 / 모 방(方=方)변부	鼻	코 비 / 코 비(鼻)부
建	세울 건 / 길게 걸을 인(廴)받침부	規	법 규 / 볼 견(見)방부	歷	지날 력 / 그칠 지(止)부	氷	얼음 빙 / 물 수(氵=氵=水=氺)부
健	굳셀 건 / 사람 인(亻=人)변부	給	줄 급 / 실 사(糸=糸)변부	練	익힐 련 / 실 사(糸=糸)변부	仕	섬길 사 / 벼슬할 사 / 사람 인(亻=人)변부
格	격식 격 / 나무 목(木)변부	基	터 기 / 흙 토(土)발부	令	하여금 령 / 명령할 령 / 사람 인(人=亻)머리부	士	선비 사 / 선비 사(士)부
見	볼 견 / 뵈올 현 / 볼 견(見)부	期	기약할 기 / 달 월(月)방부	領	거느릴 령 / 머리 혈(頁)방부	史	사기(史記) 사 / 입 구(口)부
決	결단할 결 / 물 수(氵=氵=水=氺)변부	技	재주 기 / 손 수(扌=才=手)변부	勞	일할 로 / 힘 력(力)발부	寫	베낄 사 / 집 면(宀)머리부
結	맺을 결 / 실 사(糸=糸)변부	己	몸 기 / 몸 기(己)부	料	헤아릴 료 / 말 두(斗)방부	思	생각 사 / 마음 심(心=忄=㣺)발부
景	볕 경 / 해 일(日)머리부	汽	물끓는김 기 / 물 수(氵=氵=水=氺)변부	流	흐를 류 / 물 수(氵=氵=水=氺)변부	査	조사할 사 / 나무 목(木)머리부
敬	공경 경 / 칠 복(攵=攴)방부	吉	길할 길 / 입 구(口)발부	類	무리 류 / 머리 혈(頁)방부	産	낳을 산 / 날 생(生)부
輕	가벼울 경 / 수레 거(車)변부	念	생각 념 / 마음 심(心=忄=㣺)발부	陸	뭍 륙 / 언덕 부(阝=阜)변부	賞	상줄 상 / 조개 패(貝)발부
競	다툴 경 / 설 립(立)부	能	능할 능 / 육(肉)달월(月=𦣻=肉)부	馬	말 마 / 말 마(馬)부	商	장사 상 / 상나라 상 / 입 구(口)부
固	굳을 고 / 에울 위(囗)몸부	團	둥글 단 / 에울 위(囗)몸부	末	끝 말 / 나무 목(木)부	相	서로 상 / 눈 목(目)방부
告	고할 고 / 입 구(口)발부	壇	단 단 / 제터 단 / 흙 토(土)변부	亡	망할 망 / 돼지해(亥) 머리(亠)부	序	차례 서 / 집 엄(广)엄부 / 엄호엄부
考	생각할 고 / 늙을 로(耂=老)엄부	談	말씀 담 / 말씀 언(言)변부	望	바랄 망 / 달 월(月)부	仙	신선 선 / 사람 인(亻=人)변부
曲	굽을 곡 / 가로 왈(曰)부	當	마땅 당 / 밭 전(田)발부	買	살 매 / 조개 패(貝)발부	善	착할 선 / 입 구(口)발부
課	공부할 과 / 과정 과 / 말씀 언(言)변부	德	큰 덕 / 자축거릴 척(彳)변부	賣	팔 매 / 조개 패(貝)발부	選	가릴 선 / 뽑을 선 / 쉬엄쉬엄 갈 착(辶=辶)받침부
過	지날 과 / 허물 과 / 쉬엄쉬엄 갈 착(辶=辶)받침부	到	이를 도 / 선칼 도(刂=刀)방부	無	없을 무 / 불 화(灬=火)발부 / 연화발부	船	배 선 / 배 주(舟)변부
觀	볼 관 / 볼 견(見)방부	島	섬 도(=嶋) / 메 산(山)부 / 산 산부	倍	곱 배 / 곱절 배 / 사람 인(亻=人)변부	鮮	고울 선 / 물고기 어(魚)변부

5級 배정한자 200字

한자	뜻·음 / 부수	한자	뜻·음 / 부수
說	말씀 설/달랠 세/기쁠 열(=悅) / 말씀 언(言)변부	要	요긴할 요 / 덮을 아(襾=西=罒)머리부
性	성품(性品) 성 / 마음 심(忄=心=㣺)변부	浴	목욕할 욕 / 물 수(氵=氺=水=氺)변부
洗	씻을 세 / 물 수(氵=氺=水=氺)변부	友	벗 우 / 또 우(又)부
歲	해 세 / 그칠 지(止)머리부	牛	소 우 / 소 우(牛=牜)부
束	묶을 속 / 나무 목(木)부	雨	비(rain) 우 / 비 우(雨)부
首	머리 수 / 머리 수(首)부	雲	구름 운 / 비 우(雨)머리부
宿	잘 숙/별자리 수 / 집 면(宀)머리부	雄	수컷 웅 / 새 추(隹)방부
順	순할 순 / 머리 혈(頁)방부	元	으뜸 원 / 어진 사람 인(儿)발부
示	보일 시 / 보일 시(示=礻)부	院	집 원 / 언덕 부(阝=阜)변부
識	알 식/기록할 지 / 말씀 언(言)변부	原	언덕 원 / 민엄호(厂)부/언덕한(厂)엄부
臣	신하 신 / 신하 신(臣)부	願	원할 원 / 머리 혈(頁)방부
實	열매 실 / 집 면(宀)머리부	位	자리 위 / 사람 인(亻=人)변부
兒	아이 아 / 어진 사람 인(儿)발부	偉	클 위 / 사람 인(亻=人)변부
惡	악할 악/미워할 오 / 마음 심(心=忄=㣺)발부	以	써 이 / 사람 인(人=亻)방부
案	책상 안/생각할 안 / 나무 목(木)발부	耳	귀 이 / 귀 이(耳)부
約	맺을 약 / 실 사(糸=糹)변부	因	인할 인 / 에울 위(囗)몸부
養	기를 양 / 밥 식(食=飠=𩙿)발부	任	맡길 임 / 사람 인(亻=人)변부
漁	고기잡을 어 / 물 수(氵=氺=水=氺)변부	再	두 재/다시 재 / 멀 경(冂)몸부
魚	물고기 어/고기 어 / 물고기 어(魚)부	材	재목 재 / 나무 목(木)변부
億	억(數字) 억 / 사람 인(亻=人)변부	財	재물 재 / 조개 패(貝)변부
熱	더울 열 / 불 화(灬=火)발부/연화발부	災	재앙 재 / 불 화(灬=火)발부/연화발부
葉	잎 엽 / 풀 초(++=艸)머리부	爭	다툴 쟁 / 손톱 조(爪=爫=爫)머리부
屋	집 옥 / 주검 시(尸)엄부	貯	쌓을 저 / 조개 패(貝)변부
完	완전할 완 / 집 면(宀)머리부	的	과녁 적 / 흰 백(白)변부
曜	빛날 요(曜=耀=燿) / 해 일(日)변부	赤	붉을 적 / 붉을 적(赤)부

5級 배정한자 200字

한자	뜻·음 / 부수	한자	뜻·음 / 부수
傳	전할 전 / 사람 인(亻=人)변부	最	가장 최 / 가로 왈(曰)머리부
典	법 전/책 전 / 여덟 팔(八=八)발부	祝	빌(celebrate) 축 / 보일 시(示=礻)변부
展	펼 전 / 주검 시(尸)엄부	充	채울 충 / 어진 사람 인(儿)발부
切	끊을 절/온통 체 / 칼 도(刀=刂)방부	致	이를 치 / 이를 지(至)변부
節	마디 절 / 대 죽(竹=竹)머리부	則	법칙 칙/곧 즉 / 선칼 도(刂=刀)방부
店	가게 점 / 집 엄(广)엄부/엄호엄부	他	다를 타 / 사람 인(亻=人)변부
停	머무를 정 / 사람 인(亻=人)변부	打	칠 타 / 손 수(扌=手=才)변부
情	뜻 정 / 마음 심(忄=心=㣺)변부	卓	높을 탁 / 열 십(十)발부
調	고를 조 / 말씀 언(言)변부	炭	숯 탄 / 불 화(火=灬)부
操	잡을 조 / 손 수(扌=手)변부/재방변부	宅	집 택/집 댁 / 집 면(宀)머리부
卒	마칠 졸/군사 졸 / 열 십(十)발부	板	널 판/널빤지 판 / 나무 목(木)변부
種	씨 종 / 벼 화(禾)변부	敗	패할 패 / 칠 복(攵=攴)방부
終	마칠 종 / 실 사(糸=糹)변부	品	물건 품 / 입 구(口)부
罪	허물 죄 / 그물 망(罒=网=𠔃=罓)머리부	必	반드시 필 / 마음 심(心=忄=㣺)부
週	주일 주 / 쉬엄쉬엄 갈 착(辵=辶)받침부	筆	붓 필 / 대 죽(竹=竹)머리부
州	고을 주 / 내 천(川=巛)부	河	물 하 / 물 수(氵=氺=水=氺)변부
止	그칠 지 / 그칠 지(止)부	寒	찰 한 / 집 면(宀)머리부
知	알 지 / 화살 시(矢)변부	害	해할 해 / 집 면(宀)머리부
質	바탕 질 / 조개 패(貝)발부	許	허락할 허 / 말씀 언(言)변부
着	붙을 착 / 눈 목(目)발부	湖	호수 호 / 물 수(氵=氺=水=氺)변부
參	참여할 참/석 삼(三) / 마늘 모(厶)부	化	될 화 / 비수 비(匕)방부
唱	부를 창 / 입 구(口)변부	患	근심 환 / 마음 심(心=忄=㣺)발부
責	꾸짖을 책 / 조개 패(貝)발부	效	본받을 효 / 칠 복(攵=攴)방부
鐵	쇠 철 / 쇠 금(金=釒)변부	凶	흉할 흉 / 입 벌릴 감(凵)몸부
初	처음 초 / 칼 도(刀=刂)방부	黑	검을 흑 / 검을 흑(黑)부

서예작품 감상

초 서

반드시 배우고 나서 또 온숙하는 공을 더한

연후에야 첩후한 맛이 있게된다

퇴계 선생

詩

참 | 고 | 문 | 헌

갑골문자전(서중서), 사천사서출판사, 2006.

갑골문자고림(우성오), 중화서국, 1999.

갑골문묵장필휴(나진옥), 운림당, 1988.

갑골문 · 금문구결(류중홍), 요령미술출판사, 2008.

갑골문상용자휘(복모좌), 상해서점출판사, 2007.

갑골문사의논고(진연복), 상해고적, 2007.

고문자고림12권(이포), 중화서국, 2004.

갑골문해독(양동숙), 서예문인화, 2005.

한자학강의(최영애), 통나무, 1995.

갑금전예대자전(사천사전출판사), 2005.

갑골에새겨진신화와역사(김성재), 동녘, 2003.

설문해자금주(강서교육출판사), 2004.

설문해자통론(육종달-김근역), 계명대학교, 2004.

전서자전(흑룡강미술출판사), 2006.

전각상용자자전(류강-주편), 서령인쇄출판발행, 2008.

7체대자전(등원학래편저), 교육출판공사, 1988.

중국고대신화(김희영), 육문사, 2001.

세설한자및부수(좌민안), 구주출판사, 2005.

도설은허갑골문(한감당), 문물출판사, 2002.

한자연변오백례(이낙의), 북경언어대학, 2002.

한자정해(이낙의-박기봉역), 비봉출판사, 1996.

한어문자학(송균분), 북경출판사, 2005.

한자의이해(김동진 · 이경숙), 보성출판사, 2008.

중국언어와문자(박홍수), 한국외국어대학교출판부, 2004.

중국고대사회(허진웅-영남대중국문학연구실옮김),
    지식산업사, 1993.

김경일교수의제대로배우는한자교실(김경일), 바다출판사,
    2003.

문자강화(시라카와시즈카-심경호역), 바다출판사, 2008.

한자의핵(진태하), 키출판사, 2005.

상용자자첩(상해서화출판사), 2006.

한자원류자전(곡연규), 화하출판사, 2006.

한자사전및옥편(민중서림), 1999.

한한대자전(민중서림), 2004.

백년옥편(두산동아), 2008.

한자의뿌리(김언종), 문학동네, 2007.

부수한자(김종혁), 학민사, 1996.

연상한자(하영삼), 위즈덤하우스, 2004.

한자왕국(세실리아링크비스트-김하림 · 하영삼역), 청년사,
    2004.

고사성어 · 숙어대백과(오문영), 동아일보사, 2004.

세계의문자(김승일), 범우사, 1997.

새우리말큰사전上下(신기철 · 신용철), 삼성출판사, 1986.

한자한문사이트htty://www.chineseetymology.org/

자기주도한자

초판 1쇄 인쇄일 | 2012년 11월 9일
초판 1쇄 발행일 | 2012년 11월 12일

지은이 | 박종대
펴낸이 | 정구형
출판이사 | 김성달
편집이사 | 박지연
책임편집 | 정유진
편집/디자인 | 이하나 이원숙 이호진 전용완
마케팅 | 정찬용
영업관리 | 한미애 권준기 천수정 심소영
인쇄처 | 미래프린팅
펴낸곳 | 북치는 마을
　　　　등록일 2006 11 02 제2007-12호
　　　　서울시 강동구 성내동 447-11 현영빌딩 2층
　　　　Tel 442-4623 Fax 442-4625
　　　　www.kookhak.co.kr
　　　　kookhak2001@hanmail.net

ISBN | 978-89-93047-42-4 *03700
가격 | 19,000원